Les thématiques de L'ENCYCLO des filles

L'ENCYCLO de la danseuse

ISBN : 978-2-259-20987-8

www.plon.fr
www.lencyclodesfilles.fr

L'ENCYCLO de la danseuse

Claudine Colozzi

Illustrations
Catel

Collection dirigée par Sonia Feertchak

Direction artistique
Delphine Renon

Couleurs
Nathalie Plée

Plon

A Christian, mon « valseur à mille temps »

PRÉFACE

Je dois à Rudolf Noureev ma première émotion artistique née de la danse. Ce soir-là, une chaîne de télévision programmait *Le Jeune Homme et la Mort*, dans sa version filmée datant de 1965. J'ai été immédiatement fascinée par ce chef-d'œuvre de Roland Petit. Mais, au-delà des acrobaties de la gestuelle, de la succession de sauts et de chutes au ralenti, de la virtuosité nécessaire à l'exécution d'une telle chorégraphie, j'ai été saisie par les tempêtes intérieures qui semblaient agiter celui que je voyais pour la première fois danser. Dépouillé de toute parure, torse nu, presque frêle, noueux, il excellait dans ce personnage de jeune homme tourmenté, en proie à l'amour et à la mort.

J'avais douze ans et je suis restée des semaines la tête fourmillante d'images noir et blanc disparates d'un danseur en déséquilibre parfait sur une épaule, affrontant avec morgue les assauts d'une femme. Puis ces images ont été rejointes par d'autres émotions dansantes, Maurice Béjart, Sylvie Guillem, Pina Bausch, Mikhail Baryshnikov, Carolyn Carlson, Anne Teresa De Keersmaeker…

Janvier 2009. Un froid intense s'est abattu sur l'Essonne, ridicule sans doute en comparaison de celui qui saisit la Bachkirie, dans l'Oural, au plus fort de l'hiver. L'atmosphère est paisible dans le cimetière russe de Sainte-Geneviève-des-Bois. Je laisse mes pas me guider au hasard des allées. La tombe de Noureev apparaît, recouverte d'une mosaïque aux chaudes teintes rouge et or, représentant un luxueux kilim. Comme un de ceux que le Prince, par goût de l'Orient, affectionnait tant. Dans ce lieu où la mort a nivelé les différences, cette sépulture me renvoie l'image du danseur qu'a été Rudolf Noureev. Unique par sa personnalité exigeante et tyrannique, par son talent perfectionniste, par sa vie tourbillonnante d'excès. L'image d'une jeunesse insoumise et vibrante. Éternelle.

C'est cette image-là qui a guidé l'écriture de ce livre •

C.C.

Table des entrées

A

Accessoires .... p. 10
Africaine (danse) .... p. 12
Allure .... p. 14
Arabesque .... p. 15
Astaire (Fred) .... p. 16
Audition .... p. 18

B

Bagouet (Dominique) .... p. 19
Baker (Joséphine) .... p. 20
Balanchine (George) .... p. 21
Ballerine .... p. 22
Ballets classiques .... p. 24
Barre .... p. 28
Battle .... p. 30
Bausch (Pina) .... p. 31
Béjart (Maurice) .... p. 32
Bharata natyam .... p. 34
Bien-être .... p. 35
Billy Elliot .... p. 36
Blessures et bobos .... p. 37
Boîte de nuit (danser en) .... p. 38
Bolchoï .... p. 39
Bollywood (danse) .... p. 40
Boutella (Sofia) .... p. 41
Breakdance .... p. 42
Butô .... p. 43

C

Capoeira .... p. 44
Caractère (danse de) .... p. 45
Carlson (Carolyn) .... p. 46
CCN .... p. 48
Certitude (Catherine) .... p. 50
Chaussons .... p. 51
Chaussures .... p. 52
Cheveux .... p. 53
Chignon .... p. 54
Chorégraphie .... p. 56
Cinéma (danse au) .... p. 58
Cinémathèque (de la danse) .... p. 60
Cirque .... p. 61
Citations .... p. 62
Claquettes .... p. 64
Classique (danse) .... p. 66
Collant .... p. 68
Colophane .... p. 69
Comédies musicales .... p. 70
Compagnie .... p. 72
Complexes .... p. 73
Contemporaine (danse) .... p. 74
Corps - 1 (généralités) .... p. 76
Corps - 2 (en prendre soin) .... p. 77
Costumes .... p. 78
Cou-de-pied .... p. 80
Coulisses .... p. 81
Country (danse) .... p. 82
Cours de danse (bien choisir son) ... p. 83
Cunningham (Merce) .... p. 84

D

Danse ! .... p. 85
Danser (quand on n'ose pas) .... p. 86
Danseuse professionnelle .... p. 87
Decouflé (Philippe) .... p. 88
Degas (Edgar) .... p. 90
Deux (danses à) .... p. 91
Diététique .... p. 92
Discipline .... p. 93
Disco .... p. 94
Dos .... p. 96
Duncan (Isadora) .... p. 98
Dupond (Patrick) .... p. 100

E

Échauffement .... p. 102
École de danse .... p. 104
En-dehors .... p. 105
Énergie .... p. 106
Équilibre .... p. 107
Étoile .... p. 108
Expressivité .... p. 110

F

Fame .... p. 111
Festivals .... p. 112
Flamenco .... p. 114
Folkloriques (danses) .... p. 116
Forsythe (William) .... p. 118

G

Garçons .... p. 120
Glace (danse sur) .... p. 121
Grâce .... p. 122
Graham (Martha) .... p 123
Guillem (Sylvie) .... p. 124

H

Hip-hop .... p. 126

I

Improvisation .... p. 128
Interpréter .... p. 129
Intimité .... p. 130

Table des entrées

J
Jackson (Michael) .... p. 131
Jambes .... p. 132
Jazz (danse) .... p. 134
Jeune danse française .... p. 136
Juilliard School .... p. 137

L
Lectures .... p. 138
Le Riche (Nicolas) .... p. 140

M
Madonna .... p. 141
Mains .... p. 142
Maintien .... p. 143
Maquillage .... p. 144
Marin (Maguy) .... p. 145
Métiers .... p. 146
Milieu .... p. 148
Miroir .... p. 149
Mode .... p. 150
Moderne (danse) .... p. 152
Monroe (Marilyn) .... p. 154
Mouvement .... p. 156
Muscles-1 (en prendre soin) .... p. 157
Muscles-2 (les respecter) .... p. 158
Musicalité .... p. 159
Musique .... p. 160

N
Natation synchronisée .... p. 162
Nijinski (Vaslav) .... p. 164
Nikolais (Alwin) .... p. 166
Notation .... p. 167
Noureev (Rudolf) .... p. 168

O
Opéra de Paris (Ballet de) .... p. 170
Option danse (au baccalauréat) .... p. 171
Orientale (danse) .... p. 172

P
Pantomime .... p. 174
Partenaire .... p. 175
Pas .... p. 176
Passion .... p. 177
Pavlova (Anna) .... p. 178
Perfection (quête de la) .... p. 180
Petit (Roland) .... p. 181
Pieds .... p. 182
Pietragalla (Marie-Claude) .... p. 183
Pilates (méthode) .... p. 184
Pirouette .... p. 185
Pliés .... p. 186
Poids .... p. 187
Pointes .... p. 188
Port de bras .... p. 190
Positions .... p. 191
Preljocaj (Angelin) .... p. 192
Professeur-1 (devenir) .... p. 194
Professeur-2 (choisir son) .... p. 195

R
Rat (petit) .... p. 196
Relaxation .... p. 198
Répertoire .... p. 200
Répétitions .... p. 201
Repetto .... p. 202
Rêve .... p. 204
Révérence .... p. 205
Rock. .... p. 206
Roller dance. .... p. 207

S
Salsa .... p. 208
Saluts .... p. 210
Samba .... p. 211
Sauts .... p. 212
Scène .... p. 214
Séduction .... p. 215
Sensibilité .... p. 216
Shuffle (Melbourne) .... p. 217
Silhouette .... p. 218
Slow .... p. 219
Souffle .... p. 220
Souplesse .... p. 221
Sourire .... p. 222
Spectacle .... p. 223
Sportive (danse) .... p. 224
Stretching .... p. 226

T
Tango .... p. 228
Tecktonik .... p. 230
Tenue vestimentaire .... p. 232
Trac .... p. 233
Tutu .... p. 234

V
Valse .... p. 236

W
West Side Story .... p. 238

On n'imagine pas le bric-à-brac que peut contenir le sac d'une danseuse ! Rares sont celles qui ne s'encombrent que du strict minimum. Tout doit être à portée de main, on ne sait jamais.

UN SAC DÉDIÉ À LA DANSE

Entre la besace, le sac à dos ou le grand sac, choisis celui qui sera le plus adapté à ton usage et ta morphologie. Attention à ne pas jouer les tortues qui portent leur maison sur leur dos. Ton sac doit pouvoir contenir toutes tes affaires sans être un boulet. Surtout si tu dois le transporter toute la journée avec toi avant de te rendre à ton cours de danse. Lorsque tu l'as trouvé, il devient ton sac de danse. Inutile de le vider entièrement chaque fois. Tu éviteras les oublis. Contente-toi d'enlever les vêtements (collants, justaucorps, tee-shirt…) sales. Et n'y laisse jamais tes pointes ou demi-pointes humides. Une fois que tout a été lavé, prépare ton sac à l'avance. N'attends pas le dernier moment au risque de ne pas avoir tes affaires prêtes le jour du prochain cours.

POUR LES CHEVEUX…

Confectionne une petite trousse avec une brosse, un miroir de poche, des filets à chignons, des épingles et des élastiques. Tu peux rajouter du gel ou de la laque pour les cheveux récalcitrants.

POUR LE CORPS…

Prévois toujours plusieurs vêtements en double. Si tu enchaînes les cours, il est préférable que tu te changes pour ne pas attraper froid avec un justaucorps ou un tee-shirt mouillé. C'est aussi plus agréable. N'oublie pas ton cache-cœur, tes jambières ou tes guêtres. Certains professeurs de danse classique recommandent de porter un élastique de taille. Cette ceinture permet aux danseurs de respecter l'alignement de leurs hanches.

POUR LES PIEDS…

Veille à avoir toujours sur toi du sparadrap pour prévenir les ampoules, des embouts de protection en silicone ou en gel à placer à l'intérieur de tes pointes et des pansements.

Que mettre dans ton sac de danse ?

Après avoir sondé plusieurs sacs de danse de filles, voici quelques suggestions. Libre à toi d'allonger la liste :

- un mini-brumisateur d'eau minérale (veille à bien éponger ton visage avec un mouchoir en papier après)
- un stick pour les lèvres
- un déodorant en stick ou à bille (… pour ne pas laisser de traces blanches sous les aisselles !)
- un petit nécessaire à couture (tu n'es pas à l'abri d'un ruban, d'un élastique ou d'une bretelle qui craque)
- une bouteille d'eau
- des barres énergétiques, une pomme
- une serviette-éponge
- du gel douche et du shampooing (si tu as la possibilité de prendre une douche après le cours)
- des lingettes pour bébé, des mouchoirs en papier…
- un sac en toile pour isoler et protéger tes pointes.

Africaine (danse)

La danse fait partie de la culture africaine. Elle accompagne les moments heureux ou malheureux de la vie (cérémonies, activités quotidiennes...). Exubérante, énergique, elle se pratique pieds nus au rythme du djembé, un instrument à percussion.

INSPIRÉE DES DANSES TRADITIONNELLES

Les cours de danse africaine s'inspirent des danses traditionnelles du Cameroun, de Guinée, de Côte-d'Ivoire, du Sénégal… C'est dire la diversité et la richesse de cette danse ! Selon ses origines, ton professeur apportera sa touche personnelle à son enseignement. Très énergique, la danse africaine sollicite tout le corps et nécessite une grande mobilité des hanches et du buste. Bassin et dos (colonne vertébrale) relâchés, jambes écartées, pieds bien ancrés dans le sol, buste (sternum) ouvert vers le ciel : voici les bases essentielles pour entrer dans cette danse.

LES PIEDS SUR TERRE

La danse africaine se pratique pieds nus. Sans doute pour mieux ressentir le contact avec le sol. C'est là que tu vas puiser ton énergie pour la faire circuler dans tout ton corps. Les Africains parlent d'ancrage dans la terre d'où jaillit une force qui élève vers le ciel. Une fois ce principe acquis, tu verras qu'il existe plusieurs manières de prendre appui sur le sol : en étant plus ou moins lourde, plus ou moins rapide ou en traînant plus ou moins les pieds… Le professeur invite ses élèves à sentir leur propre rythme.

UNE DANSE QUI FAIT DU BIEN

Pratiquer la danse africaine est très ludique et revigorant. On se laisse porter par le rythme des percussions et on en ressort épuisée mais heureuse ! Les mouvements permettent d'acquérir une grande souplesse, de renforcer les articulations et développent le souffle. Peut-être as-tu envie de ce mode d'expression qui te permettra de te défouler et de laisser libre cours aux mouvements ? Si tu as l'occasion d'assister à un cours, tu pourras constater la vitalité débordante qui se dégage des danseurs ! Parfois, en fin de cours, le professeur définit un cercle et chacun improvise à tour de rôle au milieu.

Du bon usage des stages

Faire un stage d'un week-end est un bon moyen de découvrir une nouvelle forme de danse. Tu te rendras compte que la danse africaine est peut-être complémentaire de celle que tu pratiques déjà. Une chose est sûre : plonger dans un univers inconnu, danser avec d'autres personnes, apprendre à se connaître, partager des émotions différentes avec un groupe, cela fait un bien fou !

QUELQUES MOUVEMENTS DE BASE

• Le dooplé

Ce mouvement de base est l'un des premiers que tu apprendras en danse africaine. Tu es debout, les genoux fléchis, les cuisses un peu écartées, les pieds parallèles solidement ancrés dans le sol, le buste tendu vers l'avant.

• Le soumplé

Ce mouvement est quasiment identique au dooplé. La seule différence est que les jambes et les pieds sont joints.

• Le tchinkoui

Toujours debout, les genoux fléchis, les pieds parallèles, tout le poids de ton corps pèse sur ta jambe droite. Ta hanche droite est sortie.

• Le kagnioulé

Mouvement du soumplé avec un pied placé en demi-pointe. Le poids du corps repose sur une seule jambe.

À quoi reconnaît-on quelqu'un qui pratique la danse ? Bien souvent à une manière de se déplacer souple, élégante et naturelle, qui n'a rien à voir avec la beauté. Comment l'acquérir ?

UNE FIERTÉ SANS PRÉTENTION

Laissons pour commencer la parole au couturier Karl Lagerfeld, une référence en matière d'élégance. « L'allure est inconsciente, spontanée et sophistiquée. C'est être en accord avec soi-même. Un vêtement peut aider, il peut camoufler pas mal de choses, mais ce n'est pas une garantie. L'allure c'est une espèce de fierté sans prétention, une aisance naturelle. »

L'ALLURE, UN COCKTAIL D'INGRÉDIENTS

Quand on parle de l'allure de quelqu'un, on évoque généralement une façon de bouger son corps. L'allure d'une danseuse est reconnaissable entre toutes. C'est souvent une démarche souple, un port de tête altier, une grâce naturelle. Peu importe que la fille soit jolie ou pas. Il n'est pas ici question de beauté ou de perfection physique. Souligner l'allure d'une personne c'est vouloir dire qu'il émane de ses attitudes une sorte de lumière qui pousse à tourner les yeux vers elle.

UN MYSTÉRIEUX « JE-NE-SAIS-QUOI »

Il est parfois difficile d'expliquer pourquoi on se retourne sur telle ou telle personne dans la rue ou pourquoi l'on « accroche » sur tel ou tel interprète dans un spectacle. Cette fascination tient souvent à un mystérieux « je-ne-sais-quoi » qui fait que la personne sort du lot et séduit tous ceux qui la croisent. C'est comme si le monde lui appartenait.

TRAVAILLE TON ALLURE

La danse te permet de mieux prendre conscience de ton corps. Au fil des exercices, fini les épaules en dedans et le dos voûté ! Tu redresses la tête, tu ouvres ta cage thoracique, ta taille est dégagée, ton dos s'allonge, tu repousses la terre avec tes pieds. Soudain, tu as l'impression d'avoir gagné quelques centimètres. Pour peu que tu regardes au loin, un léger sourire accroché à tes lèvres tout en respirant le bonheur, et le tour est joué ! Tu es en train d'adopter une allure de danseuse.

Figure chorégraphique d'une grande pureté esthétique, elle symbolise la légèreté.

EN APPUI SUR UNE JAMBE

L'arabesque est une pose très épurée dans laquelle la danseuse lève une jambe tendue à l'arrière, un bras vers l'avant prolongeant la ligne de la jambe levée. La jambe de terre peut être tendue ou demi-pliée. Il existe plusieurs types d'arabesques : ouverte (bras droit devant et bras gauche tendu à l'arrière), croisée (bras gauche devant, main droite le long de la jambe droite tendue à l'arrière).

ALLONGÉE, PENCHÉE, RENVERSÉE...

La position du buste ou la disposition des bras peuvent varier pour donner de multiples déclinaisons de l'arabesque. Par exemple, la danseuse peut croiser ses bras sur sa poitrine pour obtenir une arabesque romantique, plonger son buste en avant, à la perpendiculaire du sol, etc. Au final, l'important est que la ligne du corps soit toujours élégante.

GISELLE : LE « BALLET DE L'ARABESQUE »

Quand on parle d'arabesque, on ne peut s'empêcher de penser au ballet *Giselle*, notamment à l'acte II où apparaissent les Wilis, les fantômes de ces jeunes filles mortes avant de se marier. Dans l'un des passages les plus émouvants, les danseuses en ligne parallèle se croisent en avançant en arabesque. Le mouvement doit donner l'impression qu'elles ne touchent pas le sol. Ce qui est particulièrement beau, c'est quand les jambes des danseuses sont parfaitement alignées.

Conseils pour lever tes arabesques

Prends appui sur ta jambe de terre puis lève ta jambe libre. Tends bien ton genou. Rentre tes côtes, monte ton buste. Place bien ton dos. Surtout ne « casse » pas, cherche plutôt à t'allonger, à te « grandir » au maximum.

? LE SAIS-TU ? L'arabesque fait référence à la position du *Mercure* de Jean Bologne, un sculpteur du XVIe siècle.

Astaire (Fred)

VOIR AUSSI
Comédie musicale

C'est la plus grande star de la comédie musicale hollywoodienne. Prince de l'élégance et de la légèreté, tout le monde s'accorde à voir en lui le meilleur danseur de tous les temps au cinéma.

Ginger Rogers et Fred Astaire dans *Swing Time* (1936).

EN DUO AVEC SA SŒUR

Si Frederick Austerlitz – plus connu sous son nom de scène Fred Astaire – commence la danse très jeune, c'est pour plaire à sa maman et imiter sa sœur Adele. En 1907, à peine âgé de huit ans, il débute avec elle dans les cabarets. Pendant dix ans, leur duo connaît un grand succès qui les mène jusqu'à Broadway. Pour arriver au niveau d'Adele, danseuse particulièrement douée, Fred met les bouchées doubles et travaille jusqu'à l'épuisement. En 1932, Adele épouse Charles Cavendish, un lord anglais, et abandonne la scène… et son frère. Fred a trente-trois ans et se retrouve à débuter une carrière en solo.

GINGER ROGERS, PARTENAIRE IDÉALE…

1933. Dans toutes les salles de bal des États-Unis, les couples dansent front contre front. Cette mode a été lancée quelques semaines plus tôt par Ginger Rogers et Fred Astaire dans *The Carioca*. Dans ce film, les deux partenaires ne partagent qu'un seul numéro, mais avec quel brio ! Après quelques pas de claquettes, ils entament un tango qu'ils terminent en collant leur front l'un contre l'autre, et en effectuant un tour sur eux-mêmes sans se séparer. Il n'en faut pas plus pour créer le couple le plus célèbre de la comédie musicale américaine.

… ET COMPAGNE MYTHIQUE

Jusqu'en 1939, Ginger et Fred vont tourner neuf films ensemble et défrayer la chronique en multipliant les disputes et les réconciliations. Comme quoi on peut incarner le couple idéal à l'écran et ne pas être les meilleurs amis du monde dans la vraie vie !

Mon top 6 des films à voir absolument

- *Top Hat* (Le danseur du dessus), de Mark Sandrich (1935)
- *Swing Time* (Sur les ailes de la danse), de George Stevens (1936)
- *Shall We Dance* (L'Entreprenant M. Petrov), de Mark Sandrich (1937)
- *Mariage Royal* (Royal Wedding), de Stanley Donen (1951)
- *Tous en scène* (The Band Wagon), de Vincente Minnelli (1953)
- *La Belle de Moscou* (Silk Stockings), de Rouben Mamoulian (1957)

CELA S'APPELLE LE CHARME

Fred Astaire a tenu dans ses bras les plus belles femmes du monde, de Rita Hayworth à Cyd Charisse, mais il n'était pas ce qu'on pourrait appeler un sex-symbol ! Lors de son premier bout d'essai, le verdict des producteurs sera d'ailleurs impitoyable : « Ne sait ni jouer, ni chanter. Un peu chauve. Sait un peu danser. » C'est vrai qu'il est petit, maigrichon, qu'il a les oreilles décollées et le front dégarni, mais quelle métamorphose quand il se met à danser ! Son style est aérien, sa rapidité d'exécution des pas est éblouissante et il a l'allure d'un parfait gentleman. La légèreté et l'humour en plus. De fait, on tombe sous le charme, aujourd'hui encore.

? LE SAIS-TU ? Au sommet de sa gloire, Fred Astaire recevait environ 70 000 lettres d'admiratrices chaque mois.

C'est le passage obligé pour entrer dans une école ou décrocher son premier contrat.

AVOIR « L'ÉTINCELLE »

Pour sortir du lot et se faire remarquer, il ne suffit pas de bien exécuter les pas, il faut être présent à 100 % le jour de l'audition. Les qualités recherchées ? La personnalité, l'assurance, la capacité d'adaptation, la polyvalence, la créativité, la sincérité, l'expressivité, l'énergie, l'esprit d'équipe... Les professeurs ou les chorégraphes recherchent généralement des personnes avec un « petit plus ». Certains appellent ça « l'étincelle ».

AUDITION MODE D'EMPLOI

Chaque candidat est muni d'un dossard avec un numéro pour être identifié par le jury. Généralement, une audition se déroule sur une journée ou deux. Elle comprend une barre d'échauffement classique, une variation classique, une variation moderne et/ou jazz, selon les écoles. Parfois, il est demandé une courte variation personnelle (2 à 3 minutes maximum) que l'on peut préparer à l'avance, sur une musique de son choix. La formation musicale peut être aussi évaluée et le candidat invité à chanter quelque chose. Enfin, un entretien de présentation clôt parfois l'audition dans le but de mieux connaître le parcours du candidat.

Comment s'y préparer ?

- Bien dormir la nuit précédente pour être en pleine forme.
- Évacuer le stress avec quelques exercices de respiration.
- Manger équilibré en augmentant légèrement l'apport calorique.
- Arriver en avance.
- Prévoir des barres énergétiques et de l'eau pour éviter les coups de pompe.
- S'habiller et se coiffer de manière à dégager le visage et le corps (parfois la tenue est imposée). Éviter les couleurs sombres.
- Sourire (sans en faire des tonnes !), afficher motivation et détermination.
- Ne pas se décourager en cas d'échec. Chaque audition est une expérience qui permet de s'aguerrir et de gagner en sérénité.

VOIR AUSSI
Jeune danse française

Bagouet (Dominique)

Ce danseur et chorégraphe – foudroyé à quarante et un ans par le sida – est l'une des figures emblématiques de la « jeune danse française ».

« LE SAUT DE L'ANGE »

Né le 9 juillet 1951, Dominique Bagouet débute par une formation en danse classique dans l'école de Rosella Hightower, à Cannes. En 1974, il est interprète chez Maurice Béjart à Bruxelles puis il découvre Carolyn Carlson à l'Opéra de Paris. Il part ensuite aux États-Unis, où il travaille avec Merce Cunningham. De retour en France en 1976, il remporte le premier prix au concours de Bagnolet avec sa première pièce, *Chansons de nuit*. En 1980, il fonde sa compagnie et s'installe à Montpellier. Il y reste jusqu'en 1992.

MONTPELLIER, SON PORT D'ATTACHE

En 1980, Dominique Bagouet est directeur de l'un des premiers centres chorégraphiques régionaux qui deviendra Centre chorégraphique national de Montpellier en 1984. En 1981, il crée le Festival international « Montpellier Danse ». Aujourd'hui, ce festival est un rendez-vous pour tous les amateurs de danse. Pendant ces douze années, le chorégraphe créera de nombreuses pièces au style élégant, subtil et d'une précision extrême, qui mettent à l'honneur les interprètes.

LES HÉRITIERS

Dominique Bagouet a marqué l'histoire de la danse contemporaine en France. Sa disparition a posé la question de la préservation et de la transmission des chorégraphies contemporaines qui jusqu'alors n'étaient pas écrites. Elles n'étaient donc pas reproductibles par un danseur étranger à la compagnie. En 1992, justement, des danseurs proches de Bagouet ont décidé de créer la compagnie « Les Carnets Bagouet » et de noter tous les pas de ses chorégraphies. C'est ainsi que ses pièces les plus importantes ont pu être remontées et continuent de l'être aujourd'hui encore.

? LE SAIS-TU ? En 1986, il crée *Fantasia semplice* pour l'Opéra de Paris. Une première pour un chorégraphe de cette nouvelle génération !

Émouvante, drôle, provocante, elle était tout cela à la fois. Dans les années 1920, cette danseuse élastique séduit le public parisien vêtue d'une seule ceinture de bananes !

UNE AMÉRICAINE À PARIS

De son nom de jeune fille, Freda Josephine McDonald, Joséphine Baker est née le 3 juin 1906 à Saint Louis, dans le Missouri. Elle apprend à danser dans la rue et remporte son premier concours de danse à dix ans. Adolescente, elle enchaîne les petits boulots pour gagner sa vie : serveuse, chanteuse de ragtime (une des sources de la musique jazz)... À seize ans, elle débarque à Broadway. Très vite, elle brûle les planches avec ses numéros où elle danse et chante en faisant le clown. À dix-neuf ans, elle débute à Paris dans la Revue nègre, au théâtre des Champs-Élysées.

OSÉE JOSÉPHINE !

Le 2 octobre 1925, son apparition ne laisse personne indifférent ! Presque nue, vêtue d'une simple ceinture de bananes, elle se lance dans une danse frénétique sur un rythme de charleston. Elle n'a pas son pareil pour faire des grimaces, rouler les yeux, onduler les hanches. Il se dégage de ce corps élastique une incroyable énergie, un formidable sens du rythme, une extraordinaire liberté. Difficile de résister à ses trémoussements ! Certains crient au scandale, d'autres ne jurent que par cette « perle noire ».

J'AI DEUX AMOURS...

Après une tournée en Europe, Joséphine Baker mène la revue des Folies-Bergère, le plus célèbre cabaret parisien de l'époque, en 1927. Puis, la jeune star se lance dans la chanson. Elle obtient un vif succès avec *J'ai deux amours...*, qui restera, jusqu'à sa mort en 1975, sa chanson fétiche. Elle tourne aussi dans une dizaine de films. Sous des airs nonchalants et fantasques, se cache une perfectionniste. Elle ira jusqu'à prendre des cours de danse classique avec George Balanchine. « Oui, je danserai toute ma vie, je suis née pour danser, seulement pour cela, disait-elle. Vivre c'est danser, j'aimerais mourir à bout de souffle, épuisée, à la fin d'une danse... »

? LE SAIS-TU ? Vers 1930, les femmes s'arrachaient la Bakerfix, un gel pour lisser leurs cheveux courts, comme Joséphine Baker.

Balanchine (George)

Danseur et chorégraphe américain d'origine russe, Georgi Melitonovitch Balanchivadzé (son vrai nom !) est une figure majeure de la danse au XXe siècle. Par son style épuré, il a insufflé une nouvelle énergie au ballet classique.

UN RUSSE À NEW YORK

Né en 1904, il fait ses classes à l'École impériale du Ballet de Saint-Pétersbourg dès l'âge de dix ans. En 1925, profitant d'une tournée en Allemagne, il fuit son pays pour la France. Il rencontre Diaghilev, fondateur des Ballets russes, et devient son maître de ballet. En 1935, aux États-Unis, il crée l'école de l'American Ballet. En 1948, il fonde le New York City Ballet (aujourd'hui l'une des plus prestigieuses compagnies de ballet) dont il sera le chorégraphe attitré jusqu'à sa mort en 1983. Il est considéré comme l'inventeur du ballet néoclassique et abstrait. Sa danse ne raconte plus une histoire. Elle est une « visualisation » de la musique… « Voyez la musique et écoutez la danse », disait-il.

LA BALLERINE BALANCHINIENNE

George Balanchine a passionnément aimé les danseuses. Pour lui, « la femme est la reine de la danse et l'homme n'est que son serviteur ». Il les choisit généralement avec de très longues jambes. Ce physique met en valeur la pureté des lignes de son style et la virtuosité des combinaisons de pas. Balanchine se pique aussi d'épurer les costumes, imposant une simple jupette de voile sur un justaucorps échancré.

JEWELS, UNE ŒUVRE À FACETTES

Jewels (« joyaux » en français) est un étincelant triptyque créé en 1967, inspiré par les vitrines des joailliers de la Cinquième Avenue. Il célèbre les trois écoles de danse et les trois villes de la carrière de Balanchine. *Émeraudes* évoque Paris, son romantisme élégant et tragique, *Rubis*, New York et sa vitalité jazzy, et *Diamants*, Saint-Pétersbourg et l'inimitable style académique russe.

? LE SAIS-TU ? En 2000, *Joyaux* entre au répertoire de l'Opéra de Paris, avec des décors et des costumes signés Christian Lacroix.

Danseuse de ballet classique, elle fascine par sa grâce, sa légèreté, sa technique et son élégance.

UNE ORIGINE ITALIENNE

Le mot « ballerine » vient de l'italien *ballerina* dérivé du verbe *ballare* qui signifie « danser ». Il entre dans le vocabulaire de la danse en France vers le milieu du XIXe siècle. À l'époque, l'école de la Scala de Milan révèle des danseuses talentueuses qui rayonnent sur les grandes scènes européennes. Au début du XXe siècle, les étoiles féminines des Ballets russes comme Anna Pavlova ou Tamara Karsavina s'imposent comme de grandes ballerines. On a longtemps utilisé le terme « ballerine » pour désigner une soliste. Pour évoquer une étoile, on parle même de *prima ballerina assoluta*, l'équivalent de la diva dans un opéra. Aujourd'hui, on appelle « ballerine » toute danseuse de ballet.

LES QUALITÉS D'UNE GRANDE BALLERINE

Chacune possède sa propre personnalité et sa sensibilité. On reconnaît une grande ballerine à ses exceptionnelles qualités physiques : une allure majestueuse, un port de tête de reine, un maintien aristocratique, des bras souples et expressifs, une élégance naturelle et une précision extrême. Elle a également une technique prodigieuse. Ses interprétations des plus grands rôles laissent souvent sans voix.

QUELQUES GRANDES BALLERINES

- Marie Taglioni (1804-1884)

La première grande ballerine romantique. Elle est aussi la première à avoir chaussé des pointes.

- Fanny Elssler (1810-1884)

Cette danseuse autrichienne était dotée d'une grande expressivité.

- Carlotta Grisi (1819-1899)

Avec Marie Taglioni et Fanny Elssler, elle fait partie du trio de ballerines romantiques qui a marqué le XIXe siècle.

- Anna Pavlova (1881-1931)

Son souvenir est à jamais lié à sa mémorable interprétation de *La Mort du cygne*.

- Tamara Karsavina (1885-1978)

D'une grande beauté, cette artiste russe était exceptionnellement douée.

- Margot Fonteyn (1919-1991)

La plus grande ballerine anglaise au XXe siècle. Rudolf Noureev adorait danser avec elle.

- Yvette Chauviré (1917)

L'une des plus grandes étoiles françaises. Son interprétation de *Giselle* n'a, semble-t-il, jamais été égalée.

- Alicia Alonso (1921)

Directrice et étoile principale du Ballet national de Cuba. Elle a dansé presque aveugle pendant un demi-siècle.

- Maïa Plissetskaïa (1925)

Cette grande dame est une figure du Bolchoï de Moscou et de la danse de la deuxième moitié du XXe siècle.

HISTOIRE D'UNE CHAUSSURE

Tu connais bien sûr les ballerines, ces chaussures légères et sans talon qui ressemblent par leur forme aux chaussons de danse. Si la marque la plus célèbre est Repetto, cette chaussure décolletée à bout rond est devenue un classique. Il suffit de jeter un regard dans la rue sur les pieds des filles !

Ballerina, ode à la ballerine russe

Pour qui aime la danse classique, la Russie est par excellence le pays de la ballerine. Le documentaire de Bertrand Normand, sorti sur les écrans en juillet 2008, suit le parcours de cinq danseuses du ballet du Kirov à Saint-Pétersbourg. Tu découvriras le quotidien et l'univers de ces jeunes femmes tout entières dévouées à leur art.

? LE SAIS-TU ? En 1986, le chanteur américain Lionel Richie (le papa de Nicole !) a composé une très jolie chanson intitulée *Ballerina Girl*.

VOIR AUSSI
Répertoire, Pantomime

Certains chefs-d'œuvre classiques traversent les années sans prendre une ride ! Point commun de ces cinq ballets qu'il te faut absolument découvrir : ils racontent tous une histoire d'amour. Même si la fin n'est pas toujours très heureuse... Sache qu'il peut exister plusieurs versions différentes d'un même ballet. Quelques chorégraphes contemporains en ont aussi proposé des relectures originales et souvent très réussies.

- *LA BELLE AU BOIS DORMANT*
Le plus féerique des ballets. Le célèbre Adage à la rose *dansé par la princesse Aurore nécessite une grande virtuosité.*
Ballet en trois actes créé en 1890
Musique : Piotr Ilyitch Tchaïkovski
Chorégraphie : Marius Petipa

Pour se venger de ne pas avoir été invitée au baptême de la princesse Aurore, la méchante fée Carabosse lui jette un terrible sort. Avant ses vingt ans, la jeune fille se piquera avec un fuseau et mourra. La fée Lilas atténue la malédiction : Aurore s'endormira pour cent ans avant d'être réveillée par le baiser d'un prince courageux.

- *GISELLE*
Le ballet romantique par excellence. En 1982, le chorégraphe suédois Mats Ek en signe une relecture très originale en situant la totalité de l'acte II dans un asile psychiatrique.
Ballet en deux actes créé en 1841
Musique : Adolphe Adam
Chorégraphie : J. Coralli et J. Perrot

Le prince Albrecht séduit Giselle, une jeune paysanne qui ignore sa véritable identité. Hilarion, amoureux de Giselle, découvre la supercherie et lui avoue la tromperie d'Albrecht qu'elle perçoit comme une trahison. Folle de désespoir, elle sombre dans la folie et meurt. Ayant rejoint les Wilis, les fantômes des jeunes filles mortes de chagrin avant leur mariage, elle tue Hilarion mais épargne Albrecht dans un ultime geste d'amour.

- *COPPÉLIA*
De très beaux moments de pantomime (gestuelle). En 1975, Roland Petit propose une relecture qui met en avant l'histoire d'amour entre Coppélius et sa poupée.
Ballet en trois actes créé en 1870
Musique : Léo Delibes
Chorégraphie : Arthur Saint-Léon

Frantz ne rêve que d'une chose : rencontrer Coppélia aperçue dans l'atelier de Coppélius. Jalouse, sa fiancée Swanilda entre chez le vieux savant et découvre que Coppélia est une automate.

Alina Cojocaru et Johan Kobborg dans *La Belle au bois dormant*. Royal Ballet, Londres (2006).

Elle prend sa place. Frantz pénètre à son tour dans l'atelier et se retrouve piégé par Coppélius qui veut insuffler l'âme du jeune homme à sa poupée. Soudain, Swanilda déguisée en Coppélia s'anime et sauve Frantz. Tout finit par le mariage des deux tourtereaux.

- *LE LAC DES CYGNES*

Une très belle partition musicale. Incarner le double rôle Odette-Odile est un challenge pour une ballerine.

Ballet en quatre actes créé en 1895
Musique : Piotr Ilyitch Tchaïkovski
Chorégraphie : M. Petipa et L. Ivanov

Âgé de vingt ans, le prince Siegfried est à la recherche d'une fiancée. Parti à la chasse, il rencontre un magnifique cygne blanc qui se révèle être la princesse Odette. Elle et d'autres jeunes filles subissent le maléfice d'un mauvais génie, Rothbart, et ne retrouvent leur apparence humaine que la nuit. Odette sera sauvée par celui qui lui promettra un amour fidèle. Siegfried lui en fait le serment. Lors d'un bal, il rencontre une créature ressemblant à Odette. Il la demande en mariage. Mais il s'agit d'Odile, fille de Rothbart et cygne noir, que celui-ci a transformée en sosie d'Odette. Siegfried a failli à sa promesse et condamné à jamais Odette. Il se suicide au bord du lac.

- *CASSE-NOISETTE*

Un conte de Noël dont on ne se lasse pas. Le tableau des flocons où le corps de ballet tourbillonne pour donner l'illusion d'une tempête de neige est souvent éblouissant.

Ballet en deux actes et trois tableaux créé en 1892
Musique : Piotr Ilyitch Tchaïkovski
Chorégraphie : M. Petipa et L. Ivanov

Pour Noël, Marie reçoit un casse-noisette vite brisé par d'autres enfants. La nuit, la petite fille innocente est entraînée dans un monde étrange et féerique par le Casse-Noisette devenu prince. Grâce à son aide, il triomphe de l'armée du roi des rats. Au réveil, Marie se demande si son idylle d'un soir n'était qu'un rêve.

Ballerines du Kirov dans *Le Lac des cygnes*. Chorégraphie de Oleg Vinogradov (1994).

Avec le miroir, c'est l'élément indispensable d'un studio de danse. Elle sert à l'échauffement et à l'assouplissement du corps.

UN RITUEL

Dans un cours de danse classique, on commence toujours par un travail à la barre. On dit « faire sa barre ». Les danseurs professionnels la pratiquent impérativement tous les jours, environ 25 à 30 minutes. Il s'agit d'une série d'exercices où tu prends légèrement appui sur une tringle de bois horizontale placée le long des murs de la salle de danse. Ainsi, tu chauffes tes chevilles, tes pieds, tes adducteurs (les muscles situés à l'intérieur de la cuisse). Progressivement, tu t'assouplis. C'est à la barre que tu allonges et étires tes bras et tes jambes. La barre permet aussi d'améliorer le fameux « en-dehors » en travaillant le bon placement de son corps.

CONCENTRATION MAXIMUM

Chaque exercice est réalisé à droite et à gauche, face puis dos au miroir. Une main est posée sur la barre, parfois les deux. La « jambe libre » travaille tandis que la « jambe de terre » porte le poids du corps. Le bras suit les mouvements de la jambe selon les exercices. La série débute souvent par des dégagés, puis des pliés. Suivent les petits battements, ronds de jambes, grands battements, pied sur la barre, pied dans la main…

Après la barre, on passe au « milieu ». Les exercices y sont exécutés sans appui au centre de la salle. C'est là qu'il te faut utiliser tout ce que tu as appris précédemment en y ajoutant le contrôle de l'équilibre.

S'ENTRAÎNER À LA MAISON

Si ta chambre est assez grande, demande à tes parents d'installer une barre sur un pan de mur. Cet accessoire est vendu dans les grands magasins de sport et ne demande pas un gros investissement. Si tu manques de place, tu peux aussi très bien travailler en prenant appui sur une chaise. Musique et c'est parti ! Demi-plié, tendu… Rien de tel pour cultiver une silhouette élancée !

UNE BARRE SANS BARRE !

Dans les années 1930, le maître de ballet Boris Kniaseff a décidé de remplacer la traditionnelle barre debout et en appui, par une série d'exercices au sol. Il a ainsi inventé la « barre au sol » ou « barre à terre ». Si tu ne connais pas, ça vaut vraiment le coup d'essayer. Allongée sur le dos ou sur le ventre, avec ton professeur, tu peux corriger les mauvaises postures, gagner en souplesse et développer ta musculature en longueur.

? LE SAIS-TU ? En 1965, Béjart rend hommage à cette école de la rigueur en créant *L'Art de la barre* sur une musique de J.-S. Bach.

Battle

Spectaculaire et jubilatoire, un battle est une rencontre chorégraphique entre deux danseurs ou deux groupes de danseurs de breakdance.

UN FACE-À-FACE ENTRE DANSEURS

Né dans le Bronx new-yorkais, sur des terrains vagues, le battle servait à régler les conflits à l'amiable. Deux groupes choisissaient de s'affronter non par la violence, mais par le biais de l'expression artistique. À l'origine, il s'agit donc d'un défi que se lancent deux danseurs ou deux groupes de danseurs. Généralement improvisé, cet échange chorégraphique se fait sous le regard d'un cercle de spectateurs dans un lieu public libre d'accès. Aujourd'hui les battles sont de plus en plus organisés. L'entrée est payante, un jury est présent et des gains (*money price*) sont attribués aux vainqueurs. L'esprit est à la compétition mais demeure festif.

L'ESPRIT BATTLE

Les maîtres mots d'un battle sont respect, discipline et fair-play. Autrement dit, quand un danseur entre dans le cercle pour exécuter ses figures, les autres s'écartent et attendent leur tour. Le but est de rivaliser de créativité et d'originalité pour s'imposer face à l'équipe adverse. Même si les danseurs arrivent avec des combinaisons préparées, une grande place est laissée à l'improvisation.

BATTLE OF THE YEAR : LE DÉFI SUPRÊME

En 2009, le Battle of the Year, ou BOTY, fête sa vingtième édition. Il a lieu chaque année en Allemagne où la breakdance de compétition est très développée. C'est un événement très médiatisé qui accueille des *crews* (équipes de danseurs) du monde entier. Des présélections régionales et nationales ont lieu dans les différents pays pour désigner les participants à cette grande finale. Plusieurs groupes français se sont imposés ces dernières années : Wanted Posse en 2001, Vagabond Crew en 2002 et Vagabonds en 2006.

Des battles au cinéma

- *Honey* (2002), de Bille Woodruff
- *Street dancers* (2003), de Christopher B. Stokes
- *Steppin'* (2007), de Sylvain White
- *Sexy Dance 2* (2007), de Jon Chu.

? LE SAIS-TU ? Des battles humanitaires sont organisés. Les *money price* sont reversés à des associations caritatives.

À chacun de ses passages à Paris, la salle affiche complet plusieurs mois avant la date des représentations. Célèbre pour sa vision très personnelle du « théâtre dansé », Pina Bausch s'est imposée comme l'une des chorégraphes les plus marquantes de la fin du XXe siècle.

« On ne danse jamais assez. Dans un certain nombre de pays, les gens ne survivraient pas sans leurs musiques et leurs danses. On se sent libre quand le corps bouge, quand on s'épuise au plaisir de danser. »*

DE ESSEN À NEW YORK

Née en Allemagne en 1940, Philippine, dite « Pina », Bausch est formée à l'école Folkwang d'Essen, où elle a comme professeur le chorégraphe expressionniste Kurt Joos. En 1960, elle part étudier à la Juilliard School de New York et danse dans diverses compagnies américaines. De retour en Allemagne, elle se lance comme chorégraphe. En 1973, elle devient la directrice artistique du Ballet de Wuppertal. Elle crée de nombreux ballets, qui soulèvent de violentes critiques au début. Aujourd'hui, tout le monde s'accorde sur le fait qu'elle a révolutionné la danse de la fin du XXe siècle.

LE « TANZTHEATER » SELON PINA BAUSCH

Pour qualifier son style, on parle de « Tanztheater » ou « théâtre dansé ». Sur scène, ses interprètes dansent, parlent, chantent. Lorsqu'elle travaille avec eux, elle leur pose beaucoup de questions sur leurs souvenirs d'enfance, les rapports hommes-femmes. Leurs réponses lui permettent de construire ses chorégraphies. Elle fait aussi beaucoup appel à l'improvisation. Ses spectacles sont souvent longs (plus de deux heures et demie) et traversés d'idées originales qu'on n'oublie pas. Pour sa version du *Sacre du printemps*, elle a recouvert la scène de terre noire que piétinaient les danseurs..

* Citée dans *Le Monde 2* du 13 juin 2008.

Pina Bausch dans *Café Müller*. Avignon (1995).

? LE SAIS-TU ? Au début du film *Parle avec elle* de Pedro Almodovar, on peut voir un extrait de *Café Müller*, dansé par Pina Bausch.

Tout le monde connaît le nom de ce grand chorégraphe au regard bleu acier. Il a fait aimer la danse à des milliers de gens. Ce rassembleur, disparu en 2007, a laissé un répertoire de plus de 230 œuvres.

« Je ne peux pas concevoir ma vie en dehors de mon travail, ni mon travail en dehors de ma vie. Je mets ma vie dans mes ballets et mes ballets dans ma vie, c'est un jeu de miroirs permanent. »

UN ENFANT DE MARSEILLE

Né en 1927, Maurice Berger, dit Maurice Béjart (en hommage à Armande Béjart, la femme de Molière), commence la danse à Marseille sur les conseils d'un médecin. Adolescent chétif, la danse le fortifie. En 1945, il est engagé dans le corps de ballet de l'Opéra de Marseille mais, très vite, il s'installe à Paris et à Londres. Il danse ensuite dans la compagnie de Birgit Cullberg à Stockholm et y crée la première version d'une de ses plus célèbres chorégraphies : *L'Oiseau de feu*.

SYMPHONIE POUR UN HOMME SEUL

En 1955, Maurice Béjart fait sensation avec *Symphonie pour un homme seul*. Ce ballet parle de la solitude de l'homme contemporain et du désarroi après la guerre. Le chorégraphe impose un style personnel en rupture avec ce qui a cours jusque-là : la musique contemporaine de Pierre Henry et Pierre Schaeffer déroute ainsi que la sobriété des costumes (danseuse en collant noir ; danseur torse nu et pantalon noir) ; mais c'est le début d'une longue histoire d'amour avec le public.

CÉLÉBRISSIME *BOLÉRO*

Tu as peut-être déjà eu l'occasion de voir ce célébrissime ballet dansé par les plus grands interprètes. Créé en 1961, le *Boléro* de Béjart, sur une musique de Maurice Ravel, a fait le tour du monde. Sur une table peinte en rouge, une femme ou un homme ondule en solo devant un groupe de danseurs. Assis sur des chaises, ceux-ci sont spectateurs, puis se lèvent au fur et à mesure du lancinant crescendo de la musique. Ils finissent par le/la rejoindre. Ce solo ininterrompu est particulièrement difficile à danser. L'interprétation de Jorge Donn, l'un des danseurs fétiches de Béjart, a marqué les esprits.

JORGE DONN, UNE MUSE AU MASCULIN

Ce danseur argentin à la sensibilité rare rejoint le Ballet du XXe siècle en 1963. Il en deviendra rapidement l'un des principaux solistes et le danseur fétiche de Béjart. Emporté par le sida à l'âge de quarante-cinq ans, il reste l'interprète le plus émouvant du *Boléro*, immortalisé dans le film de Claude Lelouch, *Les Uns et les Autres*, sorti en 1981.

LA DANSE, ART POPULAIRE

Maurice Béjart a sorti la danse des théâtres à l'italienne pour la transporter dans des lieux gigantesques. Son Ballet du XXe

Maurice Béjart, Lausanne (1998).

siècle, puis son Béjart Ballet Lausanne, se sont produits dans des stades, des palais des sports ou des lieux comme la cour d'honneur du palais des Papes à Avignon ou les jardins Boboli à Florence. Il a conduit vers la danse un public qui n'aurait peut-être jamais osé s'y intéresser. Connais-tu d'autres chorégraphes qui réussissent à attirer 10 000 spectateurs pour une seule représentation ?

L'APRÈS-BÉJART

Le chorégraphe s'est éteint le 22 novembre 2007 à quatre-vingts ans. Il réglait sa dernière chorégraphie Le *Tour du monde en 80 minutes* qui a été présentée à Lausanne fin décembre 2007. Le Béjart Ballet Lausanne est actuellement dirigé par Gil Roman, un ancien danseur de la compagnie. Il perpétue l'héritage du maître et fait vivre son répertoire.

? LE SAIS-TU ? Le nom de Maurice Béjart a été donné à une station du M2, le métro de Lausanne mis en service en octobre 2008.

Bharata natyam

Cette danse sacrée indienne a longtemps été réservée à des jeunes filles vivant dans des temples. Aujourd'hui, on peut voir des spectacles ou apprendre le bharata natyam.

UNE DANSE VIEILLE DE 2 000 ANS

Le bharata natyam est une danse très ancienne du sud de l'Inde. Elle était pratiquée autrefois dans les temples, par de jeunes danseuses professionnelles, les « devadasis », et faisait partie des rituels quotidiens. Selon la légende, Brahma, le dieu créateur, enseigna cette danse au sage Bharata, qui la codifia dans un traité : le *Natya Shastra*, il y a environ 2 000 ans. Au XXe siècle, cette danse est sortie des temples pour toucher un grand nombre de spectateurs.

LE LANGAGE DES MAINS

L'art du bharata natyam est toujours transmis de maître à élève. Il s'agit d'une technique très complexe et très raffinée. Le langage gestuel est particulièrement riche. Il existe vingt-huit mudras (positions des mains) d'une seule main et vingt-quatre à deux mains. Chaque mudra porte un nom et permet d'exprimer quelque chose de précis. Grâce à ce langage, l'interprète peut raconter des histoires qui mettent en scène des divinités. L'orchestre accompagnant la danseuse est composé du nattuvanar qui frappe de petites cymbales et dirige les autres musiciens, d'un chanteur, d'un percussionniste, d'un violoniste ou d'un flûtiste.

DES CLOCHETTES AUX CHEVILLES

Tu remarqueras qu'en danse indienne, les interprètes portent de lourds bracelets de cheville avec de multiples cloches appelées *gungru*. Elles sont faites avec du laiton ou du cuivre et fixées sur des bandes de cuir. Une danseuse peut porter jusqu'à cent clochettes par cheville et continuer de danser avec légèreté.

? LE SAIS-TU ? Un des plus célèbres danseurs de bharata natyam s'appelle Raghunath Manet.

N'as-tu pas remarqué que, lorsque tu sors d'un cours de danse, tu es fatiguée mais détendue, comme libérée de tous tes soucis ? Pas de secrets : c'est l'effet magique de la pratique d'une activité physique.

BIEN DANS SON CORPS, BIEN DANS SA TÊTE

Tu as beau finir sur les rotules tes cours de danse, une fois sortie de la salle, tu te sens incroyablement légère. Pendant une heure, concentrée sur ton corps, tu as fait le vide dans ta tête. C'est le principe des vases communicants ! Alors que tu es en train de te rhabiller dans les vestiaires, tu sens déjà une sensation de bien-être t'envahir. Tes muscles se relâchent, une douce torpeur te gagne. Laisse-toi aller à cette détente.

UN TEMPS DE RELAXATION

Certains professeurs aiment bien terminer leurs cours par des exercices de relaxation. Ce temps de repos peut consister en des exercices au sol. Pour favoriser la détente et mieux sentir les effets de la relaxation, certains conseillent même à leurs élèves de fermer les yeux.

DANS LE BAIN !

C'est bien connu : se dépenser physiquement relaxe mais donne aussi de l'énergie. Pratiquer une activité corporelle augmente la température du corps, provoque une excitation physique et psychologique. Donc, si tes cours de danse ont lieu en soirée, tu risques de te transformer en une pile électrique dans ton lit. Pour te relaxer en rentrant chez toi, tu peux de temps en temps prendre un bain mais surtout pas trop chaud. Préfère l'eau tiède avec des sels de bain et termine avec une douche d'eau fraîche sur les jambes et les chevilles.

BIEN DORMIR POUR ÊTRE EN FORME

Dormir est capital dans l'hygiène de vie d'une danseuse. C'est seulement ainsi que tu pourras récupérer. Il est important de dormir au moins huit heures par jour pour avoir de l'énergie et pouvoir te concentrer toute la journée. La veille d'un spectacle, d'un examen ou d'une audition, couche-toi tôt, tu n'en seras que meilleure le lendemain !

Pour toi, c'est une évidence, la danse est un truc de filles. Quoique… Certains garçons n'hésitent pas à braver les moqueries pour révéler le Billy Elliot qui sommeille en eux. Craquant !

CHAUSSONS CONTRE GANTS DE BOXE

Sorti en décembre 2000 sur les écrans français, *Billy Elliot* (titre original : *Dancer*) est le premier film du Britannique Stephen Daldry. Il met en scène un jeune garçon qui se découvre une insatiable passion pour la danse. Dans un village minier du nord-est de l'Angleterre, Billy, onze ans, s'entraîne à la boxe après l'école pour faire plaisir à son père. Un jour, il découvre qu'un cours de danse classique partage le même gymnase que son club de boxe. D'abord épouvanté, il se laisse peu à peu troubler par la gestuelle académique des fillettes en collant rose. Au point de laisser tomber les gants de cuir pour prendre part aux leçons de Miss Wilkinson…

UN GENTIL CANARD MUÉ EN CYGNE…

L'ancienne ballerine pressent immédiatement le talent de Billy. Il faut voir Billy au milieu des ballerines en tutu, Billy découvrant son corps traversé par la musique. Grâce à la danse, il commence un extraordinaire voyage à la découverte de ses capacités artistiques. Miss Wilkinson l'encourage à se présenter à l'audition de la Royal Ballet School de Londres, une prestigieuse école de danse. Mais comment l'annoncer à un père bourru et un frère buté pour qui la danse représente une activité bien peu virile ?

JAMIE BELL, LA RÉVÉLATION

Dans le rôle de Billy, Jamie Bell, âgé de treize ans, un jeune acteur originaire de Billingham, dans le nord-est de l'Angleterre, qui a commencé la danse à six ans. « Un jour, il y avait cette fille qui faisait son numéro dans un concours de claquettes, et elle était complètement à côté du rythme. J'ai dit à ma mère que je pourrais faire mieux qu'elle sans problème… et ma mère m'a acheté une paire de claquettes et m'a proposé de suivre des cours ! », racontait-il à la sortie du film.

? LE SAIS-TU ? Le film s'achève sur une représentation du *Lac des cygnes* revu par Matthew Bourne, un talentueux chorégraphe anglais.

Blessures et bobos

Comme toute activité physique, la danse peut entraîner des blessures ou des douleurs. Apprends à écouter ton corps, ménage-le et prends-en soin.

PRÉVENIR LES CRAMPES

Ces contractions musculaires intenses et douloureuses durent généralement quelques minutes puis disparaissent. Elles peuvent survenir au cours de l'effort, après l'effort ou pendant la nuit. Sans gravité, elles apparaissent lorsqu'un muscle a été sollicité de manière intensive. Mais, à la longue, elles peuvent devenir gênantes. Pour les éviter, bois beaucoup et veille à ne pas avoir de carences en oligoéléments – comme le magnésium ou le potassium.

CALMER LES AMPOULES

Elles sont dues à un frottement prolongé de la peau contre une surface dure. En prévention, entoure tes orteils de sparadrap pour les protéger. Il existe aussi des pansements hydrocolloïdes qui soignent les ampoules. Épais et cicatrisants, ils isolent la peau du frottement. Tu peux ainsi continuer à danser sans souffrir.

ANTICIPER LES COURBATURES

Tu ressentiras ces douleurs musculaires à la suite d'un effort physique prolongé ou après une période d'inactivité (les vacances, par exemple). Même s'il est difficile de les éviter, tu peux les diminuer en reprenant progressivement quelques exercices à la maison. Bois beaucoup, étire doucement tes muscles, prends un bain chaud. Le deuxième jour est souvent le plus terrible mais cela passe !

SOIGNER UNE ENTORSE

Tu n'es pas à l'abri de te tordre un genou, une cheville ou même un poignet si tu pratiques le hip-hop. Soumis à rude épreuve, les ligaments qui maintiennent tes articulations sont touchés. Si cela t'arrive, mets de la glace sur la zone douloureuse, garde la jambe levée avant d'immobiliser l'articulation.

Boire avant la soif

L'eau est souvent le meilleur des médicaments. N'attends pas d'avoir soif. Bois avant, pendant et après l'effort. N'hésite pas à apporter une bouteille pendant le cours. Bois de petites quantités chaque fois.

Boîte de nuit (danser en)

Tu as très envie de sortir en boîte de nuit avec tes copines. Mais alors c'est quoi cette grosse boule au ventre à la seule idée de danser au milieu des autres ? Peur d'être ridicule ? Manque de confiance en toi ?

VAINCRE SA TIMIDITÉ

En boîte de nuit comme dans une soirée, il y a toujours deux camps : celles qui assument et enflamment le dance-floor avec détachement et assurance, et celles qui tergiversent pendant des heures avant de se jeter dans l'arène. Si tu appartiens à cette deuxième catégorie, que tu te juges trop timide pour affronter le regard des autres, prends le taureau par les cornes ! Danser est une façon de se défouler, de se laisser aller sur la musique.

RESSENTIR LA MUSIQUE

Le plus important est de caler tes mouvements sur la musique. Les chansons diffusées en boîte sont généralement choisies pour leur rythme entraînant. Si tu les écoutes bien, il est assez facile de se laisser guider par elles. Accroche le tempo. Commence à bouger les pieds et les jambes. Le reste de ton corps va suivre.

EN SOUPLESSE

Ta crainte est de paraître raide comme un piquet ? La clef est dans le plié des jambes. Ne les tends jamais complètement et alterne de gauche à droite. Pour que tout cela ne soit pas trop mécanique, tes hanches doivent accompagner le mouvement. Quand tu es à l'aise avec le bas de ton corps, laisse aller ton buste et tes bras. Tu peux aussi bouger ta tête. Si tu prends des cours de danse, tu peux t'en inspirer pour customiser tes propres chorégraphies !

TOUT EST DANS LE REGARD !

Évite de loucher sur tes pieds. Regarde les personnes qui dansent autour de toi. Cela te donnera de l'assurance. Rien ne t'empêche de fermer les yeux par moments pour te laisser envahir par la musique.

Quelle tenue adopter ?

- un pantalon noir ou un jean
- un joli top ou carrément un tee-shirt blanc
- des ballerines ou des bottines

Évite les baskets et les chaussures neuves !

- un maquillage léger – mais tu peux accentuer le regard.

Cette célèbre compagnie de danse russe est attachée au principal théâtre de Moscou.

UNE HISTOIRE BOUILLONNANTE

1773. Un orphelinat de Moscou ouvre une école de danse qui accueille une cinquantaine d'élèves. Ces derniers constitueront la troupe du futur Bolchoï, fondé en 1776. D'abord installée au théâtre Petrovski, la compagnie prendra ses quartiers au théâtre Bolchoï lors de son inauguration en 1825. Devenue dans les années 1930 la troupe officielle de l'Union soviétique, elle a traversé tous les régimes. Théâtre Bolchoï signifie « Grand Théâtre » en russe. Situé à proximité du Kremlin, le bâtiment est actuellement en rénovation et devrait rouvrir à l'automne 2009.

L'ÂGE DU RENOUVEAU

Réputé internationalement pour son répertoire classique et néoclassique, le Bolchoï s'ouvre progressivement à des chorégraphes contemporains. Un vent nouveau souffle sur cette institution grâce à Alexei Ratmanski, jeune directeur artistique de trente-huit ans. Formé à l'École de danse de Moscou, il a été soliste du Ballet royal du Danemark.

LE SPECTACLE EST AUSSI DANS LA SALLE !

Aller voir un ballet au théâtre Bolchoï est une expérience étonnante. Le public est très disparate et très... bruyant ! En véritables connaisseurs, les spectateurs applaudissent ou crient « bravo » tout au long de la représentation. Ils saluent ainsi la virtuosité des danseurs. En France, on n'est guère habitué à autant de démonstrations d'enthousiasme.

? LE SAIS-TU ? Situé à Saint-Pétersbourg, le Ballet du théâtre Mariinski, anciennement appelé « Kirov », est l'éternel rival du Bolchoï.

Le succès des comédies musicales indiennes a créé un immense engouement pour ces cours de danse... Bollywood, on en rêve toutes !

LA FOLIE « MADE IN BOLLYWOOD »

Le mot Bollywood est une contraction de Bombay et de Hollywood. On appelle ainsi le cinéma indien populaire. L'Inde est la première industrie cinématographique du monde. Les films, généralement très longs (plus de trois heures), comportent de nombreux numéros musicaux et dansés. Il s'agit très souvent d'histoires d'amour à rebondissements. Depuis la découverte, à partir de 2001, de ces superproductions, une véritable frénésie s'est emparée de la France.

QU'EST-CE QUE LE STYLE BOLLYWOOD ?

Pour Dolsy, fondatrice de la compagnie Dansez Masala et professeur de danse Bollywood à Paris, le style Bollywood est un « masala ». Ce terme désigne un mélange d'épices indiennes. Cette danse est donc un métissage de danses classiques indiennes et de danses plus modernes... Même les musiques sont un métissage de musiques traditionnelle et folklorique indiennes et de musiques occidentales.

Quelle tenue adopter ?

Choisis une tunique indienne et un pantalon large. Ajoute une écharpe colorée, des bracelets multicolores (à un seul poignet) et des chaînes à clochettes aux chevilles.

COMMENT SE DÉROULE UN COURS ?

Dans un cours de danse bollywood, on tourne le dos au miroir. L'échauffement se fait en cercle. Doux au départ, le rythme s'accélère. Puis vient le moment de la chorégraphie. La professeur explique les pas, décompose chaque mouvement et lance la musique. Cette danse permet de travailler le sens du rythme, la coordination des différentes parties du corps, l'expressivité... On joue avec ses mains, on se déhanche, on sautille, on frappe des pieds pour faire sonner ses clochettes des chevilles... Tout cela avec le sourire, gracieuse comme une divinité indienne.

? LE SAIS-TU ? La belle Aishwarya Rai, égérie de L'Oréal, a tourné dans les films *Devdas*, *Lagaan* ou *Veer-Zaara*.

C'est elle la jolie brune qui prenait des postures incroyables dans les pubs Nike Women. Hyperdouée, cette danseuse de hip-hop au corps élastique a eu le privilège de danser avec les plus grandes stars, notamment Madonna.

PREMIERS BATTLES AU FORUM DES HALLES

À vingt-six ans, la jeune Sofia a déjà un étonnant parcours derrière elle. Cette danseuse française d'origine algérienne a commencé la danse classique à cinq ans. Arrivée en France en 1992, elle se lance dans la GRS (aujourd'hui gymnastique rythmique) jusqu'à être sélectionnée en équipe nationale. Mais, entre-temps, Sofia découvre la danse hip-hop au Forum des Halles, lieu de rencontres des danseurs parisiens. Elle s'initie au free-style avec le groupe Vagabond Crew. Elle est repérée par la chorégraphe Blanca Li qui la fait débuter au cinéma dans son film *Le Défi*, en 2003.

REPÉRÉE PAR LE CHORÉGRAPHE DES STARS

En 2005, le chorégraphe américain Jamie King la choisit dans une audition à Paris pour incarner l'image de la marque Nike Women dans une grande campagne de publicité internationale. On découvre alors son style singulier, sa technique et son incroyable souplesse qu'elle doit aux années de gymnastique. Grand écart facial, jambe derrière l'oreille, elle peut tout demander à son corps élastique. Exigeante, jusqu'au-boutiste, la jeune femme dégage une énergie et une grâce qui laissent sous le charme. Aujourd'hui, elle vit à Los Angeles et prend des cours de comédie.

LA RENCONTRE AVEC MADONNA

Si Sofia a dansé avec de grandes stars américaines comme Jamiroquai, Rihanna, Mariah Carey ou Gwen Stefani, elle a surtout noué une complicité professionnelle et artistique avec Madonna. Apparue dans les clips de *Sorry* et *Hung up*, elle a participé aux deux dernières tournées de la reine de la pop, *The Confessions Tour* et *Sticky and Sweet Tour*.

Les petits trucs de Sofia *

- Dormir 9 heures par nuit (quand son emploi du temps le lui permet !)
- Manger beaucoup de fruits, de légumes et des produits bio
- Bien s'hydrater le corps après chaque douche
- Bichonner ses pieds avec des produits réparateurs et apaisants.

* Extraits d'une interview accordée au magazine *Gala* en avril 2008.

Breakdance

VOIR AUSSI
Battle

Né à New York dans les années 1970, ce style de danse hip-hop est identifiable par son aspect acrobatique et ses figures au sol. Très physique, il faut pour la pratiquer une sacrée dose d'énergie et une solide musculature.

NÉE DANS LE BRONX

La breakdance – on dit aussi le break – vient de l'anglais *to break* qui signifie « casser ». Cela fait référence aux cassures musicales dans le rap. Art de la rue né dans le quartier du Bronx à New York, c'est le style de danse le plus emblématique du hip-hop. En perte de vitesse à la fin des années 1980, elle a retrouvé toute sa vitalité à la fin des années 1990.

UNE DANSE AU SOL

La breakdance nécessite des qualités de gymnaste et d'acrobate. Elle déplace le centre de gravité dans le haut du corps et exige qu'on développe une grande puissance. L'essentiel est de ne pas se décourager : la souplesse vient avec la pratique et la maîtrise avec le développement des muscles du torse, des bras et des épaules.

EN SOLO

La plupart du temps, la breakdance se pratique seul, au centre d'un cercle composé par les spectateurs ou les autres danseurs. On appelle un danseur de breakdance breaker ou b-boy, ou encore b-girl. Longtemps dans l'ombre, les filles rivalisent à présent avec les garçons.

Powermove ton corps !

Dans la breakdance, il y a deux types de mouvements au sol : les passe-passe (ou footwork) et les phases (powermoves). Les phases sont des figures plus acrobatiques :

- La coupole : les jambes tournent autour du corps comme une roue sur son axe.
- Le thomas : c'est comme faire du cheval d'arçon mais au sol.
- Le headspin : le breaker tourne sur lui-même la tête en bas, les jambes écartées. Attention ce tour sur la tête est particulièrement périlleux !
- Le scorpion : cette figure donne l'impression de sautiller sur les bras, le corps à l'horizontale à quelques centimètres du sol. Bras musclés et abdos en béton indispensables !

? LE SAIS-TU ? Le freeze est l'arrêt d'une figure pendant son exécution, sur une ou plusieurs parties du corps.

Cette forme de danse contemporaine est apparue au Japon à la fin des années 1950. D'un abord difficile, les spectacles de butô dégagent une fascinante beauté qui laissent rarement indifférent.

UNE « DANSE DES TÉNÈBRES »

Le mot butô vient du japonais *bu* qui signifie « danse » et *tô* qui signifie « fouler le sol ». Ce style de danse renvoie aux rituels religieux shintoïstes, la religion traditionnelle au Japon. Ces pratiques étaient destinées à communiquer avec les kamis (les esprits) des défunts. Le butô est d'ailleurs aussi nommé « danse des ténèbres ». Cette forme de danse contemporaine apparaît à la fin des années 1950. Créé en 1959, le duo *Kinjiki* (« les interdites ») chorégraphié et dansé par Tatsumi Hijikata marque la naissance du butô.

DANSER APRÈS HIROSHIMA

Le butô naît dans une société meurtrie par l'horreur de la bombe atomique. Détruit moralement et matériellement par la Seconde Guerre mondiale, le Japon panse ses plaies et tente de se relever de ce traumatisme en appuyant sur la pédale d'accélérateur du développement technique et économique. Face à cette course effrénée au modernisme, le butô développe une gestuelle de la lenteur et de l'introspection.

FARD BLANC ET VISAGE GRIMAÇANT

Outre son rythme lent, le butô se caractérise par une grande exaltation. L'idée n'est pas de cacher ses émotions mais au contraire de les exprimer de manière exacerbée. Les danseurs sont généralement très dénudés, visage et buste maquillés de blanc. Les hommes ont la tête rasée, les sourcils sont également dissimulés sous le fond de teint.

LE BUTÔ EN FRANCE

La France découvre cette forme de danse à partir des années 1980. Des chorégraphes français comme Bernardo Montet ou Catherine Diverrès vont se former au Japon. Parallèlement, de nombreux artistes japonais sont invités à présenter leur travail. La compagnie Sankai Juku se produit régulièrement depuis vingt-cinq ans au théâtre de la Ville à Paris.

Compagnie Sankai Juku dans *Toki*. Paris (2005).

? LE SAIS-TU ? Le danseur japonais Kazuo Ohno est considéré comme l'une des grandes figures du butô.

Ce mélange de danse et d'art martial est né au Brésil. Très acrobatique, la capoeira développe la souplesse et canalise l'énergie.

UN COMBAT DÉGUISÉ EN DANSE

Au XVIIe siècle, les esclaves noirs du Brésil ont imaginé la capoeira pour contourner l'interdiction de se battre imposée par les Blancs. Ils ont éliminé le contact direct et transformé la gestuelle en l'accompagnant de musique et de chants. Au lieu de s'affronter, chaque participant saute, bondit, tourne et s'élance pour surprendre son partenaire. Longtemps interdite, même après l'abolition de l'esclavage, la capoeira a été autorisée en 1937.

LA DANSE DU CERCLE

Les capoeiristes forment un cercle appelé la « Roda ». Les musiciens donnent la cadence au son du berimbau pendant que les danseurs frappent dans leurs mains ou chantent. À l'intérieur du cercle, portés par les encouragements, les deux partenaires engagent un dialogue corporel. Un seul principe : ne pas se toucher en enchaînant les acrobaties. Certains mouvements ont des noms d'animaux comme le reptile, le macaque ou le félin. Pour « l'emporter », il ne s'agit pas d'être le plus fort mais le plus malin.

PANTALON BLANC DE RIGUEUR

Le pantalon de capoeira, appelé *abada*, est traditionnellement blanc ainsi que le tee-shirt qui complète la tenue. Il est resserré à la taille par une corde dont la couleur varie selon le grade que l'on occupe. L'élève reçoit sa première corde lors de la cérémonie du baptême. La capoeira se pratique généralement pieds nus.

EST-CE VRAIMENT POUR LES FILLES ?

Bien sûr ! Il ne faut pas hésiter si tu en as envie. Tu en connais beaucoup des disciplines artistiques et sportives qui transforment à la fois en athlète, danseuse, acrobate, comédienne et musicienne ?

Multibienfaits

La capoeira peut t'apporter souplesse, agilité, vigueur, équilibre, endurance, respect des autres, confiance en toi... Rien que ça !

LE SAIS-TU ? La capoeira a inspiré de nombreuses figures acrobatiques de la breakdance.

VOIR AUSSI
Expressivité

Caractère (danse de)

Cette discipline est un mélange de technique classique et de pas empruntés aux danses folkloriques de différents pays. Elle s'enseigne dans toutes les grandes écoles de danse et dans des cours privés.

GIGUE ÉCOSSAISE, MAZURKA POLONAISE...

La danse de caractère s'inspire des folklores russe, polonais, italien ou d'Europe centrale et des danses nationales. Elle puise dans les chants et les danses traditionnels spécifiques à certains métiers comme les paysans ou les marins. Certaines coutumes folkloriques sont encore vivantes aujourd'hui. En Russie, par exemple, à chaque grande fête, il est de tradition d'exécuter une danse de matelots.

TRAVAILLER L'EXPRESSION THÉÂTRALE

Un cours de danse de caractère se déroule sur le même principe qu'un cours de danse classique. On commence par une barre et on enchaîne avec des exercices au milieu. Il existe toutefois certaines variantes dans les pas. Par exemple, lors des pliés, au lieu de placer son bras à la seconde, on met son poing à la taille. Le grand atout de cette danse est de permettre à chacun de développer son expressivité. Même les plus timides peuvent laisser libre cours à leur personnalité et leur sensibilité grâce au jeu de scène.

UN SALUT À LA PLACE DE LA RÉVÉRENCE

Dans un cours de danse classique, il est de coutume de terminer par une révérence. Un cours de danse de caractère s'achève sur un salut. Voici quelques conseils si tu souhaites t'entraîner. Pieds serrés, tiens-toi droite, main gauche à la taille et bras droit le long du corps. Tends ta jambe gauche sur le côté et ouvre ton bras droit sur le côté. Ramène ta jambe gauche contre ta jambe droite. Place ta main droite sur ton épaule gauche. Penche-toi vers l'avant, dos droit, la main droite descend le long de ton corps vers la jambe droite.

Quelle tenue ?

- un collant
- un justaucorps
- une jupette en voile
- des chaussures de danse de caractère à bride en cuir souple avec semelle en cuir et petit talon de 4 cm environ. Les garçons portent des bottes.

? LE SAIS-TU ? Des ballets classiques comme *Coppélia* ou *Casse-Noisette* comprennent de très belles variations de danse de caractère.

Carlson (Carolyn)

Sa silhouette longiligne traverse les années avec une grâce unique. Connue dans le monde entier, cette danseuse et chorégraphe américaine d'origine finlandaise a choisi la France comme terre d'adoption. Elle y puise son inspiration depuis plus de trente-cinq ans.

Carolyn Carlson dans *Blue Lady*. Paris (1984).

UNE AMÉRICAINE À PARIS

Née en 1943 de parents d'origine finlandaise, Carolyn Carlson étudie la danse à la San Francisco Ballet School et à l'université de l'Utah. Elle rencontre le chorégraphe Alwin Nikolais et devient la soliste star de sa compagnie à New York pendant sept ans. Elle danse dans le monde entier. En 1968, elle remporte le prix du Meilleur Danseur du Festival international de danse de Paris. Elle crée sa première pièce, *Rituel pour un rêve mort*, qu'elle présente dans la cour du palais des Papes à Avignon en 1972.

CHORÉGRAPHE-ÉTOILE À L'OPÉRA DE PARIS

En 1974, elle rencontre le compositeur Rolf Liebermann qui vient d'être nommé administrateur général de l'Opéra de Paris. Il l'invite dans cette prestigieuse maison comme chorégraphe-étoile, un titre qu'il crée spécialement pour elle. Il lui propose de diriger le Groupe de recherche théâtrale de l'Opéra de Paris (GRTOP). Pendant plusieurs années, elle initie des danseurs à sa technique d'improvisation et de composition. Avec eux, elle explore de nouvelles pistes en danse contemporaine.

C'EST BON « SIGNES »

Créée en 1997 pour l'Opéra de Paris, *Signes* est une œuvre étonnante qui allie musique, peinture et danse grâce à la rencontre des univers de trois artistes : le plasticien Olivier Debré, le musicien René Aubry, fidèle collaborateur de Carolyn Carlson, et la chorégraphe elle-même. Interprète principal avec Marie-Claude Pietragalla, lors de la création, l'étoile Kader Belarbi a fait ses adieux à la scène en 2008 en reprenant cette pièce majeure de Carlson en compagnie de Marie-Agnès Gillot.

UNE CHORÉGRAPHE GLOBE-TROTTER

Son parcours a également conduit Carolyn Carlson à être directrice artistique du théâtre de La Fenice à Venise, du Ballet Cullberg à Stockholm ou de la section danse de la Biennale de Venise, une grande manifestation d'art contemporain. En 2006, elle est d'ailleurs la première chorégraphe à recevoir un Lion d'or à la Biennale de Venise.

UN LIEU POUR LA DANSE

Carolyn Carlson fonde en 1999 l'Atelier de Paris-Carolyn Carlson sur le site de la Cartoucherie, un ensemble théâtral situé au cœur du bois de Vincennes. Il devient un lieu de référence en matière de formation professionnelle pour les danseurs. Elle y donne des master classes (des « cours ») et y invite des chorégraphes de notoriété internationale. Parallèlement, le lieu accueille dans son studio des chorégraphes et des interprètes et les soutient dans leur travail de recherche et de création.

DE PARIS À ROUBAIX

En 2005, la chorégraphe est nommée à la direction du Centre chorégraphique national Roubaix Nord-Pas-de-Calais. Elle crée de nombreuses chorégraphies, notamment une première pièce pour le jeune public : *Les Rêves de Karabine Klaxon*.

Blue Lady, son solo mythique

Avec *Blue Lady*, créé en 1983, Carolyn Carlson a fait le tour du monde. Comment oublier cette silhouette de femme en robe rouge aperçue à travers des stores vénitiens ? En 2008, lors de la Biennale de la danse à Lyon, la chorégraphe a « offert » ce solo à un jeune danseur et chorégraphe finlandais, Tero Saarinen. La question de la transmission a toujours été présente chez la chorégraphe. En passant le flambeau à la jeune génération et en particulier à un homme, qui revisite et s'approprie chaque parcelle de chorégraphie, elle enracine un peu plus encore *Blue Lady* dans l'histoire de la danse contemporaine.

? LE SAIS-TU ? En 1993, Carolyn Carlson crée un magnifique solo pour Marie-Claude Pietragalla, *Don't Look Back*.

**Initiés en 1984, dix-neuf Centres chorégraphiques nationaux existent aujourd'hui en France.
La création et la diffusion de la danse à un large public sont deux missions que se sont fixées, entres autres, ces compagnies contemporaines.**

DES LIEUX POUR LA DANSE

Les CCN sont des compagnies contemporaines ou des ballets de création et de répertoire. Ils sont dirigés par des chorégraphes qui insufflent, selon leur personnalité, une dynamique différente. Leurs missions principales sont la création et la diffusion d'œuvres chorégraphiques auxquelles s'ajoutent la sensibilisation, la formation professionnelle, la recherche en danse et l'accompagnement artistique. Les CCN accueillent des chorégraphes en résidence de création, c'est-à-dire qu'ils les invitent et mettent à leur disposition des lieux de répétitions pour une durée pouvant aller de quelques semaines à plusieurs mois. Ils leur offrent aussi le moyen de montrer leur création à un public à la fin de la résidence.

QUI SONT LES DIX-NEUF CCN ?

Il y a peut-être un Centre chorégraphique national dans ta ville ou à proximité de là où tu habites. Bonne nouvelle ! C'est l'occasion d'aller voir des spectacles, d'assister à des répétitions publiques, des conférences et même de participer à des stages. Renseigne-toi.

- **Aix-en-Provence** : Ballet Preljocaj, direction Angelin Preljocaj.
530, av. Mozart 13627 Aix-en-Provence cedex 01. www.preljocaj.org
- **Angers** : Centre national de danse contemporaine (CNDC), direction Emmanuelle Huynh.
17, rue de la Tannerie 49101 Angers cedex 02. www.cndc.fr
- **Belfort** : Centre chorégraphique national de Franche-Comté, direction Odile Duboc.
3, av. de l'Espérance 90000 Belfort. www.contrejour.org
- **Biarritz** : Ballet Biarritz, direction Thierry Malandain. Gare du Midi 23, av. Foch 64200 Biarritz. www.ballet-biarritz.com
- **Caen** : Centre chorégraphique national de Caen Basse-Normandie, direction Héla Fattoumi et Éric Lamoureux.
10, rue Pasteur 14054 Caen cedex 4. www.ccncbn.com
- **Créteil** : Centre chorégraphique national de Créteil et du Val-de-Marne, direction José Montalvo et Dominique Hervieu.
Maison des Arts place Salvador-Allende 94000 Créteil.
www.montalvo-hervieu.com
- **Grenoble** : Groupe Émile Dubois, direction Jean-Claude Gallotta.

4, rue Paul-Claudel 38034 Grenoble cedex 2. www.gallotta-danse.com

• **La Rochelle** : Centre chorégraphique national de La Rochelle, direction Kader Attou.
Chapelle Fromentin 14 rue du Collège 17025 La Rochelle cedex 01.
www.ccnlarochelle.com

• **Le Havre** : Centre chorégraphique national du Havre Haute-Normandie, direction Hervé Robbe.
30, rue des Briquetiers 76600 Le Havre. www.ccnhhn-robbe.com

• **Marseille** : Ballet national de Marseille, direction Frédéric Flamand.
20, bd de Gabès 13008 Marseille.
www.ballet-de-marseille.com

• **Montpellier** : Centre chorégraphique national de Montpellier Languedoc-Roussillon, direction Mathilde Monnier.
Les Ursulines Bd Louis-Blanc 34000 Montpellier. www.mathildemonnier.com

• **Mulhouse** : Ballet de l'Opéra national du Rhin, direction Bertrand d'At.
38, passage du Théâtre
68100 Mulhouse. www.onr.fr

• **Nancy** : Ballet de Lorraine, direction Didier Deschamps.
3, rue Henri Bazin 54000 Nancy.
www.ballet-de-lorraine.com

• **Nantes** : direction Claude Brumachon et Benjamin Lamarche.
23, rue Noire 44000 Nantes.
www.ccnn-brumachonlamarche.com

• **Orléans** : direction Josef Nadj.
37, rue du Bourdon-Blanc
45023 Orléans Cedex1.
www.josefnadj.com

• **Rennes** : Centre chorégraphique national de Rennes et de Bretagne, direction Boris Charmatz.
38, rue Saint-Melaine 35101 Rennes cedex 3. www.ccnrb.org

• **Rillieux-la-Pape** : direction Maguy Marin.
30 *ter*, av. général Leclerc
69143 Rillieux-la-Pape cedex.
www.compagnie-maguy-marin.fr

• **Roubaix** : Centre chorégraphique national Roubaix Nord-Pas-de-Calais, direction Carolyn Carlson.
33, rue de l'Épeule 59100 Roubaix.
www.ccn-roubaix.com

• **Tours** : direction Bernardo Montet.
47, rue du sergent Leclerc 37000 Tours. www.ccntours.com

Les petits frères des CCN

D'autres structures assurent la promotion de la danse contemporaine en France : on les appelle les Centres de développement chorégraphique. Officialisés en 2001, ils ont notamment pour vocation de diffuser de jeunes créateurs et compagnies, au travers de temps forts et de festivals. Ils complètent l'activité des CCN. Il existe neuf CDC en France et à l'étranger : Le Cuvier de Feydeau (Artigues-près-Bordeaux), Les Hivernales (Avignon), Art Danse Bourgogne (Dijon), Le Pacifique (Grenoble), Danse à Lille (Roubaix), le CDC Midi-Pyrénées (Toulouse), Uzès danse, le CDC du Val-de-Marne (Vitry-sur-Seine) et La Termitière (Ouagadougou, Burkina Faso).

? LE SAIS-TU ? Kader Attou, fondateur de la compagnie Accrorap, est le premier chorégraphe hip-hop à diriger un CCN.

Il existe des livres qui laissent de jolis souvenirs, même des années plus tard. Comme l'histoire de cette petite fille totalement myope qui rêve de devenir danseuse étoile.

UN ROMAN NOSTALGIQUE

Écrit par Patrick Modiano et illustré par Sempé, l'auteur du *Petit Nicolas*, ce drôle de petit livre te plongera dans l'univers d'une fillette dans les années 1960. Une danseuse française installée à New York, Catherine Certitude, se souvient de son enfance à Paris, dans le quartier de la gare du Nord. Âgée d'une dizaine d'années, elle vit seule avec Georges, son père, et rêve de devenir une grande danseuse comme sa maman qui vit aux États-Unis. Tous les deux sont très complices et ont en commun de porter des lunettes.

COMME DANS UN RÊVE

Inscrite au cours de Mme Galina Dismaïlova, Catherine doit enlever ses lunettes quand elle danse. L'avantage est qu'elle se retrouve alors dans un monde vaporeux et doux. Cela ne la dérange pas du tout ! Elle adore alterner entre le monde réel où elle porte ses lunettes et cette « quatrième dimension » dans laquelle elle est projetée quand elle les ôte. Un monde où elle se rêve danseuse.

DANSER QUAND ON EST MYOPE

Si tu portes des lunettes, tu sais – à la différence de Catherine – combien il est contraignant d'être danseuse et myope comme une taupe ! Quand on ne voit pas plus loin que son nombril, difficile de reproduire les mouvements demandés par le prof de danse ou de copier sur la copine. Et il suffit que tu transpires un peu pour que tes lunettes fassent un vol plané au milieu de la salle. On ne parle même pas des spectacles où il est bien sûr interdit de garder ses binocles. La solution est de demander à tes parents des lentilles de contact. Il te faudra être très soigneuse, mais ça ne devrait pas poser de problème si tu es très motivée. Foi d'ancienne myope, ça changera à jamais ta vie de danseuse !

Chaussons

Qu'est-ce qui symbolise le mieux une danseuse classique ? Une paire de chaussons roses qui met en valeur le cambré de son cou-de-pied.

UNE CHAUSSURE SOUPLE SANS TALONS

Jusqu'au début du XIXe siècle, on dansait en chaussures de ville à talons. Puis, le chausson plat s'est imposé. En danse classique, il existe deux types de chaussons : les demi-pointes et les pointes. Généralement roses pour les filles, les demi-pointes sont blanches ou noires pour les garçons. Pour la danse jazz, on utilise des chaussons noirs qui emboîtent complètement le cou-de-pied.

QUEL CHAUSSON CHOISIR ?

Les demi-pointes peuvent être en cuir ou en tissu. Les débutantes choisissent des chaussons en tissu, plus souples et plus agréables. Pour renforcer la voûte plantaire et travailler le pied, il est conseillé de privilégier des chaussons à semelle entière. Les « bi-semelles » sont destinés aux danseurs ayant déjà un bon cou-de-pied.

PRÉPARE TES DEMI-POINTES

Certaines paires de demi-pointes sont vendues avec un élastique. Si ce n'est pas le cas, voici quelques conseils de couture :

- Rabats le talon du chausson sur la semelle intérieure.
- Place l'élastique entre la pliure et la couture.
- Couds-le à 2 cm du rebord gansé.
- Mesure la quantité d'élastique nécessaire pour passer sur le cou-de-pied. Prévois 2 cm de plus puis couds de l'autre côté.

Généralement, les débutantes cousent un élastique d'un côté du chausson à l'autre. Les danseuses plus aguerries cousent deux élastiques croisés au-dessus du cou-de-pied.

La bonne pointure

Quelques exercices pour bien choisir ta paire de chaussons. Pointe le pied. Si ton chausson bâille au talon, c'est qu'il est trop grand. De même si le talon se déchausse lorsque tu montes sur demi-pointes. Enfin, fais un grand plié ; si le talon te blesse et que tu sens tes orteils se recroqueviller, c'est qu'au contraire il te faut une demi-pointure supplémentaire.

? LE SAIS-TU ? Pour se grandir, au XIXe siècle, les danseuses ont décidé de monter sur « demi-pointes », c'est-à-dire les orteils pliés.

Pour bien danser, il faut trouver chaussure à son pied ! En effet, certaines danses (salsa, flamenco, claquettes...) nécessitent une forme de chaussures spécifique.

À CHAQUE DANSE SA CHAUSSURE

Chaque discipline se pratique avec une paire de chaussures particulières. Impossible d'imaginer se mettre aux claquettes sans chaussures souples à semelles de cuir munies de fers à la pointe et au talon. De même, comment envisager de s'initier au flamenco sans chaussures avec semelle en cuir cloutée à la pointe et au talon pour pouvoir sentir les frappements de pieds !

UNE BONNE CHAUSSURE EN CINQ MOTS

• Semelle

Vérifie la qualité de la semelle. En principe, une bonne chaussure de danse est constituée d'une fine semelle de daim ou de cuir retourné qui permet de glisser tranquillement sur le sol.

• Souplesse

Pour effectuer les pas les plus compliqués sans se tordre la cheville, la souplesse de la chaussure est essentielle. Quand on enchaîne les cours, mieux vaut s'assurer que la matière de la chaussure est confortable et éviter les modèles en apparence trop « raides ».

• Équilibre

Même si certaines danses comme la salsa demandent des chaussures à talons, il est préférable de commencer en restant raisonnable. Des talons trop hauts peuvent déséquilibrer.

• Couleur

Quand on débute, l'idéal est de privilégier la sobriété et de choisir une paire de chaussures noires. Les excentricités pourront venir par la suite ou à l'occasion d'un spectacle de fin d'année.

• Matière

Le cuir reste la meilleure matière, résistante et facile à entretenir. Plus souple, le daim est aussi plus fragile.

Petits conseils pour bien choisir tes chaussures

Tes chaussures doivent être de bonne qualité, et surtout à ta taille ! Aussi, il est recommandé de les essayer avant de les acheter. Elles doivent être confortables, mais fermes. Tu dois sentir ton pied maintenu mais pas serré. Tes orteils ne doivent pas être recroquevillés à l'intérieur ou, pire, se chevaucher !

Quelle que soit la danse que tu pratiques, tes cheveux doivent être attachés pour ne pas te gêner. Par ailleurs, les shampooings à répétition après les cours peuvent les abîmer. Prends-en soin.

CHEVEUX ATTACHÉS DE PRÉFÉRENCE

À l'exception du cours de danse classique où la plupart des professeurs le recommandent fortement, tu peux te dispenser du chignon. Si tu as les cheveux courts et que tu ne tiens pas à les laisser pousser, rien ne t'y oblige. La seule contrainte, quel que soit le style de danse que tu pratiques, est de dégager son visage. Opte pour un bandeau élastique qui maintiendra tes cheveux bien en place.

CINQ CONSEILS POUR UNE CRINIÈRE DE LIONNE

- Brosse tes cheveux deux fois par jour. Choisis une brosse en poils de sanglier qui respectent les écailles des cheveux. Tous les soirs, passe-la doucement dans tous les sens (de gauche à droite, d'avant en arrière…). Cela permet d'enlever les poussières et d'aérer ta chevelure. C'est aussi une bonne façon de ne pas te réveiller avec des épis plein la tête ! Recommence le matin. Attention à ne pas y aller trop fort pour ne pas graisser ton cuir chevelu.
- Après le cours de danse, un seul shampooing suffit, surtout si tu les laves plusieurs fois par semaine. Démêle-les avant le shampooing quand ils sont encore secs. C'est plus facile !
- Masse ton cuir chevelu du bout des doigts, avec de petits mouvements circulaires. Rien de tel pour se détendre. Tu peux le faire la tête en arrière ou, mieux, la tête en bas.
- Rince-les idéalement pendant quatre minutes. Tu peux trouver ça long mais il faut que tu les sentes crisser sous tes doigts. Termine par un jet d'eau froide, cela les rendra brillants. Tu peux aussi ajouter un jus de citron sans la pulpe à l'eau de rinçage.
- Pour les sécher, ne les frotte pas dans une serviette à t'en décrocher la tête. Tamponne-les doucement. Utilise le séchoir avec modération et arrête quand ils sont aux trois quarts secs pour ne pas les déshydrater.

Comment réussir sa queue-de-cheval ?

Tire tes cheveux au sommet du crâne. Attache-les avec un élastique à crochets. Plante le crochet à la base de la queue-de-cheval. Tiens les longueurs d'une main et de l'autre, tourne l'élastique plusieurs fois. Fixe le deuxième crochet dans les cheveux tirés.

VOIR AUSSI
Cheveux

Cette coiffure élaborée fait partie de la tenue de la danseuse classique. Indémodable, le chignon est élégant et ultraféminin à la ville comme à la scène... Encore faut-il savoir le confectionner.

CHIGNON CORRECT EXIGÉ

Si tu fais de la danse classique, tu dois absolument te présenter aux cours avec une coiffure nette. La plupart des professeurs l'exigent. Aucune mèche de cheveux ne doit venir te gêner pendant que tu exécutes les exercices. Ton visage doit être dégagé.

PRENDRE SON TEMPS

Au début, l'idéal est de faire ton chignon à la maison, avant de partir. Comme cela, tu as tout le temps de peaufiner ta coiffure devant le miroir de ta salle de bains. C'est mieux que de t'y prendre au dernier moment, bousculée dans les vestiaires au milieu des autres élèves. Avec un peu d'entraînement, tu apprendras à te coiffer les yeux fermés !

N'ABUSE PAS DE LA LAQUE

Pour fixer ton chignon et les petites mèches rebelles, tu peux utiliser de la laque. Vaporise le produit avec modération à une trentaine de centimètres de ta chevelure. Inutile de vider la bombe ! Tu peux aussi choisir un spray fixant qui allie la praticité de la laque et l'efficacité du gel.

Astuces pour jolies bouclettes

Avantage avec le chignon : lorsque tu le défais, tes cheveux sont tout ondulés ! Petits trucs pour les garder longtemps ainsi : mouille ton chignon, dors une nuit avec, détache tes cheveux et évite de trop les brosser.

PAS À PAS

Le chignon de danseuse est rigoureux à exécuter... mais pas sorcier. Le tout est de prendre le coup de main ! Accessoires : une brosse, un élastique classique ou à crochet, des épingles neige, un filet pour chignon en nylon, quelques barrettes invisibles, de la laque.

- Fais une queue-de-cheval basse ou haute selon le chignon que tu veux réaliser (posé sur la nuque ou plus haut). Tire bien tes cheveux en arrière avec la brosse pour ne pas laisser de « bosses » sur le sommet du crâne. Vas-y en douceur quand même !
- Attache la queue-de-cheval avec un élastique classique ou à crochet.
- Entortille tes cheveux sur eux-mêmes pour former une torsade. Enroule cette dernière autour de l'élastique.
- Donne une forme arrondie mais plate (sans être trop lâche) à ton chignon. Une « boule » trop volumineuse derrière la tête n'est pas très jolie.
- Enveloppe ton chignon avec le filet et fixe-le avec des épingles à cheveux tout autour. Pique l'épingle droit puis incline-la légèrement le long du crâne avant de l'enfoncer. N'hésite pas à en mettre plusieurs : ton chignon doit tenir jusqu'à la fin du cours, y compris pendant les sauts.
- Discipline les petites mèches libres ou rebelles avec quelques barrettes invisibles. Rien ne doit dépasser.
- Termine éventuellement par un voile de laque ou de spray fixant, surtout pour un spectacle ou un examen.

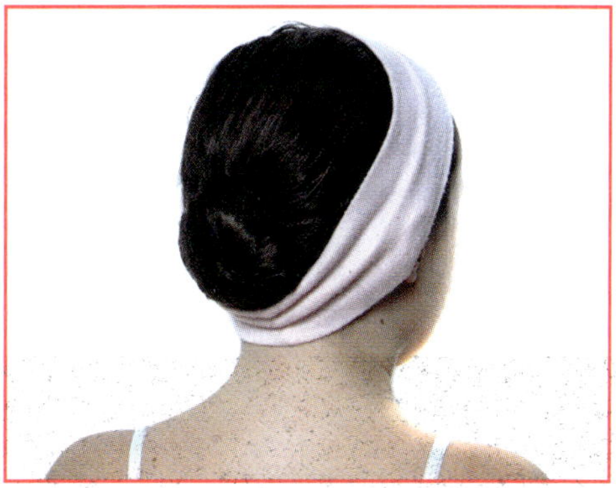

Chorégraphie

VOIR AUSSI
Notation, Répétitions

À l'origine, c'est l'art d'écrire la danse à l'aide de différents signes comme on compose une partition de musique à l'aide de notes. Mais on se sert le plus souvent de ce mot pour désigner l'ensemble des pas et des figures interprétés par un ou plusieurs danseurs.

Best-of de Maurice Béjart *L'Amour-La Danse*. Paris (2005).

COMPOSER LA DANSE

La chorégraphie est l'art de composer des danses et des ballets, principalement pour la scène, au moyen de pas et de figures. Le premier à avoir utilisé le terme « chorégraphie » est le maître à danser Raoul-Auger Feuillet au XVIIIe siècle. Il désignait alors le système de notation de la danse qu'il avait mis au point.

BALLET OU PIÈCE CHORÉGRAPHIQUE ?

Au XXe siècle, les chorégraphes modernes et contemporains rejettent le terme de ballet. Ils lui préfèrent le terme de chorégraphie ou de pièce chorégraphique. Aujourd'hui, pour parler des créations contemporaines, on parle même de « pièces » tout simplement.

LA CHORÉGRAPHIE EST PARTOUT

Les sports, qui comportent une dimension artistique, font appel à la chorégraphie. C'est le cas de la gymnastique artistique, la gymnastique rythmique, la natation synchronisée ou le patinage artistique… La plupart du temps, ces chorégraphies sont accompagnées de musique, mais ce n'est pas toujours le cas, notamment sur certains agrès comme la poutre en gymnastique artistique !

DANSER LES MOTS

Dans la musique, certains chanteurs ont vite compris l'intérêt qu'il pouvait y avoir à se présenter sur scène accompagnés de danseurs. Les chorégraphies ont envahi les clips et leurs auteurs, notamment aux États-Unis, sont devenus aussi célèbres que les chanteurs. Jamie King, le chorégraphe de Madonna et de bien d'autres stars de la pop, est passé de l'ombre à la lumière grâce à ses chorégraphies inventives.

DEVIENS CHORÉGRAPHE

Dès qu'on pratique la danse, on se rêve tous chorégraphes ! Seule dans ta chambre ou en compagnie de quelques copines, tu peux avoir envie de composer tes propres chorégraphies. Voici quelques conseils à ne pas négliger avant de te lancer : trouve un thème ou une histoire à raconter, choisis un ou plusieurs extraits de musique qui t'inspirent, imagine les costumes (tu peux jouer la carte de la sobriété… ou te lâcher), soigne le placement de chaque danseur… Il ne te reste plus qu'à inventer l'enchaînement des pas.

L'« EMPRUNT », SOURCE D'INSPIRATION

Puise dans ce que tu as appris en cours de danse. Tu peux aussi « emprunter » des pas que tu as aimés dans des spectacles que tu es allée voir. Tu peux enfin – et c'est cela qui donnera une réelle « patte » à ta chorégraphie – laisser aller ton imagination et t'inspirer par exemple de mouvements de la vie quotidienne. Quand tout est clair dans ta tête, place aux répétitions. Quand tu te sens prête, organise une représentation pour tes amis ou ta famille.

VOIR AUSSI
Comédie musicale

Depuis les débuts du cinéma, la danse est au centre de nombreux films. La rencontre est parfois tellement réussie qu'on ne se lasse pas de voir et de revoir certains films. Juste pour le plaisir de se repasser en boucle notre *best of* des scènes cultes… Voici une toute petite sélection. À toi de te constituer ta propre cinémathèque idéale.

- ***LES CHAUSSONS ROUGES,* DE MICHAEL POWELL (1948)**
  Une jeune danseuse, Vicky Page, est découverte par un célèbre imprésario, Boris Lermontov. Il la propulse vedette d'un ballet créé spécialement pour elle : *Les Chaussons rouges*. Mais, en retour, son mentor lui demande de tout sacrifier pour ce rôle, y compris son amour pour un jeune compositeur.

- ***LES DEMOISELLES DE ROCHEFORT,* DE JACQUES DEMY (1967)**
  Delphine et Solange sont sœurs jumelles. Delphine, la blonde, donne des leçons de danse et Solange, la rousse, des cours de solfège. Elles rêvent de rencontrer le grand amour au coin de la rue. La venue dans leur petite ville de province de forains va précipiter leur destin…

- ***ON ACHÈVE BIEN LES CHEVAUX,* DE SIDNEY POLLACK (1969)**
  Aux États-Unis, pendant la grande dépression des années 1930, les marathons de danse sont un moyen populaire d'oublier les préoccupations quotidiennes et de remporter de grosses sommes d'argent. Robert et Gloria sont bien décidés à danser pendant six jours d'affilée afin de décrocher le gros lot. Mais à quel prix ?

- ***CABARET,* DE BOB FOSSE (1972)**
  La vie d'un cabaret à travers les amours tourmentées de Sally Bowles, une chanteuse américaine qui rêve de devenir comédienne, et Brian Roberts, un jeune étudiant, dans le Berlin des années 1930, secoué par la montée du nazisme.

- ***GREASE,* DE RANDAL KLEISER (1978)**
  Les vacances d'été se terminent pour Danny et Sandy, deux adolescents amou-

Mon top 5 des scènes de danse inoubliables*

- Charlie Chaplin dans *Le Dictateur* (1940). Scène où il danse avec un globe terrestre en ballon de baudruche.
- Rita Hayworth dans *Gilda* (1946). « La » scène des gants.
- Brigitte Bardot dans *Et Dieu créa la femme* (1956). Sublime scène de mambo endiablé.
- Mikhail Baryshnikov et Gregory Hines dans *Soleil de nuit* (1985). Scène de « combat » de pirouettes. Baryshnikov gagne… en réalisant onze tours.
- Madonna et Antonio Banderas dans *Evita* (1996). Sublime scène de tango.

* Visibles sur YouTube ou en regardant les films.

reux contraints de se quitter pour retourner à l'université. Danny retrouve les T-Birds, une bande d'amis aux cheveux gominés et portant des blousons noirs. Les événements vont se précipiter quand il va se rendre compte que Sandy rentre dans la même université que lui. Elle va rejoindre les Pink Ladies...

• *CHORUS LINE*, DE RICHARD ATTENBOROUGH (1986)

Ils sont une centaine de danseurs à se présenter à une grande audition dans l'espoir de faire partie de la *Chorus Line*, un show musical qui va se monter à Broadway. Tous ont besoin de ce travail. Mais ils ne seront que dix-sept à être retenus pour l'audition finale. À la fin, seuls quatre garçons et quatre filles feront partie du spectacle et réaliseront leur rêve de gloire.

• *DIRTY DANCING* D'EMILE ARDOLINO (1987)

Durant l'été 1963, « Baby », dix-sept ans, passe le mois d'août en famille dans un village de vacances. Un soir, elle découvre le lieu où se retrouvent les animateurs du village. L'ambiance est survoltée. Les couples bougent sur les rythmes syncopés d'une danse très sensuelle : le « Dirty Dancing ». Elle fait alors la connaissance du beau professeur de danse, Johnny Castle, dont elle va devenir, par un heureux concours de circonstances, la nouvelle partenaire...

Catherine Deneuve et Françoise Dorléac dans *Les Demoiselles de Rochefort*, de Jacques Demy (1967).

Créée en 1982, cette institution unique en son genre possède une collection de 500 films et de 5 000 vidéos de danse. Une véritable caverne d'Ali Baba !

LA PETITE SŒUR DE LA CINÉMATHÈQUE FRANÇAISE

Dès 1936, Henri Langlois, l'un des fondateurs de la Cinémathèque française, a l'idée de constituer une collection de films de danse. C'est ainsi qu'ont pu être conservées les premières images tournées sur la danse par les frères Lumière, Georges Méliès ou Thomas Edison, les pionniers de l'histoire du cinéma. Mais ce n'est qu'en 1982 que naît la Cinémathèque de la danse. Le 1er février 2005, elle s'émancipe et devient une association indépendante subventionnée par le ministère de la Culture. Située dans le XIIe arrondissement de Paris, il est prévu qu'elle déménage pour s'installer dans les locaux du Centre national de la danse, à Pantin.

UNE COLLECTION EXCEPTIONNELLE

Grâce aux apports des fondations liées aux grandes compagnies de ballets (la Cunningham Dance Foundation, le Balanchine Trust...), la collection n'a cessé de s'étoffer en vingt-sept ans. Elle comporte entre autres des films sur des œuvres des grands chorégraphes du XXe siècle, des films de danses du monde entier (flamenco, danse orientale, valse...) et les grandes comédies musicales américaines. Régulièrement, des dépôts et des dons viennent enrichir ce fonds témoin d'un siècle de danse.

UNE PROGRAMMATION « HORS LES MURS »

Ne possédant pas son propre lieu de diffusion, la Cinémathèque de la danse organise ses projections dans des sites très variés. Chaque mois, des soirées thématiques ont lieu à la Cinémathèque française à Paris. Par ailleurs, de nombreuses séances sont programmées dans des festivals de danse ou de cinéma, des écoles de danse, des théâtres ou des cinémas en France et à l'étranger. La plupart du temps, ces séances ont lieu en présence d'invités (danseurs, historiens, critiques...) qui commentent les films. N'hésite pas à te rendre à l'une de ces séances. Le bond dans le temps est magique et enrichissant !

? LE SAIS-TU ? Chaque année, un hommage est rendu à Rudolf Noureev. L'occasion de redécouvrir ses plus belles prestations.

La danse s'invite régulièrement sous le chapiteau ou la piste. Comment ne pas s'en rendre compte en admirant trapézistes, funambules et écuyers ?

EN PISTE, LE CIRQUE CONTEMPORAIN !

Dans le cirque traditionnel, la danse a toujours été la cerise sur le gâteau, l'esthétique après la prouesse acrobatique. Elle sert souvent d'intermède entre les numéros. Depuis les années 1980, un nouveau genre de cirque est apparu. L'une de ses particularités est d'associer la danse aux autres arts de la piste. La création d'écoles nationales de cirque à Rosny-sous-Bois ou à Châlons-en-Champagne a également contribué à l'émergence de ce « nouveau cirque ». L'enseignement de la danse, classique et contemporaine, fait partie intégrante du cursus.

DANSE ET CIRQUE : UN TANDEM

Danse contemporaine et classique sont complémentaires à la pratique des arts du cirque. La danse contemporaine développe des aptitudes corporelles liées à l'espace, au temps, à la mémoire, à l'énergie et à la musicalité. Tout cela contribue à forger la personnalité artistique du futur circassien (artiste du cirque). La danse classique lui permet d'enrichir son vocabulaire corporel technique, et de se sentir plus libre dans ses interprétations. Des compagnies de cirque comme Archaos, installée à Marseille, travaillent en collaboration avec des compagnies de danse. Certains chorégraphes comme Philippe Decouflé ou Josef Nadj ont aussi exploré les liens entre danse et cirque.

LA DANSE AÉRIENNE, LA FUSION

La compagnie québécoise Le Cirque du Soleil (voir photo) a popularisé la danse aérienne. Suspendus en l'air grâce à des cordes, de longs morceaux de tissu, un harnais ou un trapèze, les corps révèlent une gestuelle originale. L'idée de faire se rencontrer la danse et les techniques acrobatiques aériennes revient à une danseuse américaine, Terry Sengraff. En 1974, elle a rapproché mouvements de trapèze et chorégraphie.

? LE SAIS-TU ? En 1995, Josef Nadj a créé *Le Cri du caméléon*, une pièce pour dix jeunes artistes du Centre national des arts du cirque.

Comme discipline artistique, engagement physique, intelligence des corps, don absolu ou grisante aventure créatrice, la danse a inspiré de belles réflexions. Voici quelques morceaux choisis à méditer entre deux cours de danse.

« La danse, c'est la poésie avec des bras et des jambes,
c'est la matière gracieuse et terrible animée, embellie par le mouvement. »
CHARLES BAUDELAIRE, POÈTE

« Danser c'est comme parler en silence. C'est dire plein de choses
sans dire un mot. » YURI BUENAVENTURA, CHANTEUR

« La danse est le plus sublime, le plus émouvant, le plus beau de tous les arts,
parce qu'elle n'est pas une simple traduction ou abstraction de la vie ;
c'est la vie elle-même. » HENRY HAVELOCK ELLIS, PSYCHOLOGUE

« Un danseur, c'est avant tout quelqu'un qui se regarde et qui se regarde
dans un miroir. Parce que la danse, c'est le miroir. Tous les gens qui pratiquent
un art ont un instrument : un violoniste aime son violon, un pianiste son piano,
un peintre sa toile et ses pinceaux... Nous, nous n'avons que notre corps. »
MAURICE BÉJART, DANSEUR ET CHORÉGRAPHE

« Chaque jour il faut danser, fût-ce seulement par la pensée. »
NAHMAN DE BRASLAV, MAÎTRE SPIRITUEL

« J'ai tendu des cordes de clocher à clocher ; des guirlandes de fenêtre à fenêtre ;
des chaînes d'or d'étoile à étoile, et je danse. »
EXTRAIT DES *ILLUMINATIONS* D'ARTHUR RIMBAUD, POÈTE

« Je considère comme gaspillée toute journée où je n'ai pas dansé. »
FRIEDRICH NIETZSCHE, PHILOSOPHE

« Fais attention à ce que tu danses. Car ce que tu danses, tu le deviens. »
SUSAN BUIRGE, DANSEUSE ET CHORÉGRAPHE

« La danse est plus grande que le danseur et le sera toujours, malgré ce paradoxe qu'elle ne peut exister et fonctionner qu'à travers son instrument vivant. »
MARY WIGMAN, DANSEUSE ET CHORÉGRAPHE

« Danser, est-ce remplir un vide ? Est-ce taire l'essence d'un cri ?
C'est la vie de nos astres rapides prise au ralenti. » RAINER MARIA RILKE, POÈTE

« Ô terre, ne pèse pas sur elle, elle a si peu pesé sur toi. »
ÉPITAPHE SUR LA TOMBE DE LA DANSEUSE MARIE TAGLIONI

« Quand tu veux danser, vois à qui tu donnes la main. » PROVERBE ALLEMAND

« Si tout le monde dansait, qui serait spectateur ? » PROVERBE BAMILÉKÉ *

« Une danse est un poème. » DENIS DIDEROT, ÉCRIVAIN ET PHILOSOPHE

« Petits chats, petits rats avec nos frêles os
Nous allions à l'école de danse
À la barre de chêne se pliaient les roseaux
De nos corps amoureux de cadences
La danse est une cage où l'on apprend l'oiseau. »
EXTRAIT DE *LA DANSE*, UNE CHANSON DE CLAUDE NOUGARO

« Ce que le corps raconte est plus fort que les mots derrière lesquels on peut se cacher. » ROBERT SEYFRIED, CHORÉGRAPHE

« Je n'ai pas inventé ma danse, elle existait avant moi :
mais elle dormait et je l'ai réveillée. » ISADORA DUNCAN, DANSEUSE ET CHORÉGRAPHE

« Je vois la danse comme un moyen de communication entre une âme et une âme – pour exprimer ce qui est trop profond, trop fin pour les mots. »
RUTH SAINT DENIS, DANSEUSE ET CHORÉGRAPHE

« La danse est un chant du corps. De joie ou de douleur. »
MARTHA GRAHAM, DANSEUSE ET CHORÉGRAPHE

« Un danseur danse parce que le sang danse dans ses veines. »
ANNA PAVLOVA, DANSEUSE

* Habitants des hauts plateaux de l'ouest du Cameroun.

VOIR AUSSI
Astaire, Comédies musicales, Jazz

Ce style de danse se caractérise par des claquements de pied et des sons produits par les morceaux de fer fixés sur les chaussures du danseur.

UN MÉLANGE DE DANSES FOLKLORIQUES

Les claquettes ou « tap dance » voient le jour à New York dans les années 1830. Cette danse est le fruit d'une fusion entre différents pas de danses folkloriques européennes : bourrées et gigues irlandaises, écossaises et anglaises. Hommes et femmes se rencontrent au cours de compétitions de danse et confrontent leurs techniques. Au fil du temps, ces danses se sont enrichies les unes au contact des autres. Elles ont donné naissance aux claquettes telles que nous les connaissons aujourd'hui.

DES FERS À LA POINTE ET AU TALON

Au XIXe siècle, les émigrants européens ont coutume de danser avec des sabots. Pour garder le rythme et le bruit caractéristiques de leurs galoches de bois, ils ont progressivement adapté leurs chaussures en fixant sur la semelle des morceaux de bois. À partir des années 1910-1920, les danseurs adoptent des chaussures de cuir souple sur lesquelles ils apposent des fers à la pointe et au talon pour limiter l'usure. Ce sont ces petits morceaux de métal qui produiront le son si caractéristique des claquettes.

L'ÂGE D'OR HOLLYWOODIEN

Associées à la danse jazz, les claquettes s'imposent comme l'ingrédient indispensable de tout spectacle musical de Broadway. Bill « Bojangles » Robinson devient le plus célèbre danseur de claquettes des États-Unis. À partir des années 1930, cette danse fait son apparition au cinéma, notamment dans les comédies musicales. De grands danseurs comme Fred Astaire ou Gene Kelly développent le « classical tap », un style de claquettes incorporant des pas de danse classique et de danses de société. Avec leurs magnifiques partenaires Cyd Charisse et Ginger Rogers, ces deux danseurs ont formé les duos les plus glamour d'Hollywood.

LE RENOUVEAU DE LA « TAP DANCE »

Distancées par d'autres danses à la mode, les claquettes ont progressivement perdu du terrain après la Seconde Guerre mondiale. Dans les années 1980, elles reviennent sur le devant de la scène grâce à une star américaine, Gregory Hines. Ce superbe danseur triomphe notamment au cinéma dans *Cotton Club* de Francis Ford Coppola en 1984.

Bill « Bojangles » Robinson dans *The Big Broadcast of 1936* (1935).

DES SHOWS À L'IRLANDAISE

Depuis quelques années, on assiste à un regain d'intérêt du public pour ce genre artistique de moins en moins pratiqué. Les grands shows des troupes irlandaises comme Riverdance ou Lord of the Dance ont remis à la mode les claquettes avec beaucoup de brio. Si tu as l'occasion d'aller voir un de ces spectacles, observe bien les danseurs. Tu remarqueras avec quelle agilité leurs jambes exécutent des figures complexes tout en frappant des pieds. Un héritage des danses folkloriques européennes.

Petit lexique des claquettes

- Clap : frappe avec les mains
- Snap : claquement des doigts
- Tap : frappe sur la demi-pointe sans transfert du poids du corps
- Step : frappe sur la demi-pointe avec transfert du poids du corps
- Brush : frappe brossée avant de la demi-pointe
- Spank : frappe brossée arrière de la demi-pointe
- Hop : saut sur une jambe (le temps est levé)
- Leep : saut en changeant de jambe
- Slide : glissade pied à plat

Quelques combinaisons de pas connues : le time step, le double time step, le shim sham.

Classique (danse)

VOIR AUSSI
Ballets classiques

« Vieille » de plus de quatre siècles, elle est l'héritière de la danse de cour pratiquée par les rois et reines de France et d'Italie. Des grands maîtres de ballet en ont fixé progressivement le vocabulaire. Il s'enrichira au contact des différentes générations de chorégraphes.

L'ACTIVITÉ PRÉFÉRÉE DES TÊTES COURONNÉES

À partir de la Renaissance, les cours royales européennes se mettent à danser. L'Italie est pionnière dans l'art de la danse. Des maîtres à danser codifient les pas et rédigent les premiers traités d'enseignement de la danse. En France, François Ier introduit la danse à la cour. Des ballets de plus en plus complexes sont chorégraphiés. Ce sont des bals où chaque participant exécute des figures géométriques très élaborées.

LE ROI DANSE

Dès l'âge de sept ans, le futur Louis XIV prend des leçons quotidiennes avec une énergie qui décontenance son entourage et ses médecins. Est-il bon pour un futur monarque de pratiquer aussi assidûment cette discipline ? Qu'à cela ne tienne, le Roi-Soleil veut être le meilleur danseur du royaume ! En 1661, il fonde l'Académie royale de danse. En 1713, il crée l'école de l'Académie qui deviendra plus tard l'École de danse de l'Opéra de Paris.

LE TRIOMPHE DU ROMANTISME

Le ballet romantique apparaît au XIXe siècle. Il contribue à faire évoluer la technique classique. Les femmes relèguent au second plan les danseurs. Autre révolution : elles dansent sur pointes. On assiste au sacre de nombreuses ballerines. Véritable « star », Marie Taglioni triomphe dans *La Sylphide*, le ballet romantique par excellence. Toutes les femmes de l'époque cherchent à lui ressembler et se mettent au régime pour tenter de copier son apparence gracile.

FAISEUR DE CHEFS-D'ŒUVRE

Au XIXe siècle, le chorégraphe Marius Petipa est l'auteur des grands ballets qui composent encore le répertoire classique. On doit à ce Marseillais, qui a vécu la plus grande partie de sa vie en Russie, des chefs-d'œuvre tels que *La Belle au bois dormant*, *Casse-Noisette* ou *Le Lac des cygnes*. Il donne au ballet académique une structure rigoureuse et met en valeur les pas de deux exécutés par le couple de danseurs principaux.

En-dehors et positions

La danse classique est basée sur plusieurs grands principes dont l'en-dehors (les jambes sont tournées vers l'extérieur depuis les hanches) et les cinq positions élémentaires des jambes appelées première, seconde, troisième… qui débutent et achèvent les pas.

UN SOUFFLE NÉOCLASSIQUE

Sous l'influence de différents chorégraphes (Serge Lifar, George Balanchine, Roland Petit ou Maurice Béjart), la danse classique évolue au XXe siècle. Chacun à sa manière dépoussière la technique, revisite les grands ballets ou crée des œuvres plus actuelles. Aujourd'hui, des chorégraphes comme William Forsythe, John Neumeier, ou Thierry Malandain continuent de dynamiser les codes classiques. Même si les danseurs demeurent sur pointes, la gestuelle académique est actualisée.

Cours de classique, mode d'emploi

Un cours de danse classique se déroule toujours de la même manière : une série d'exercices d'échauffement musculaire et de placement du corps ; ensuite, les élèves passent au milieu pour des exercices et des enchaînements (par exemple : adage, dégagés, pirouettes, grandes pirouettes, petits et grands sauts, manège et révérence).

La Compagnie Balanchine au Festival d'Edimbourg (2005).

Cette « seconde peau » moule le corps jusqu'à la taille. Combiné avec un justaucorps, c'est l'incontournable vêtement de travail et de scène.

L'ANCÊTRE DU COLLANT

Au XVIIIe siècle, les costumes commencent à raccourcir. Les jambes des danseuses apparaissent, ce qui n'est pas du goût des spectateurs. Pour protéger la pudeur des demoiselles et du public qui vient voir des ballets, on invente le caleçon de protection. Ce sous-vêtement se porte sous les jupes et les jupons, puis sous les tutus.

SON ENTRÉE SUR SCÈNE

Jusqu'au milieu du XXe siècle, le collant n'est pas considéré comme un costume de scène, à quelques exceptions près. En 1912, le célèbre danseur Nijinski apparaît en collant tacheté dans *L'Après-midi d'un faune*. À partir des années 1950, le collant devient le costume de scène régulier, notamment chez certains chorégraphes. Chez Maurice Béjart ou John Neumeier, les hommes dansent souvent en collant et torse nu.

COLLANT OU ACADÉMIQUE ?

Si le collant ne gaine que les jambes et le bassin, l'académique couvre tout le corps jusqu'aux épaules. Il en existe à fines bretelles, à manches courtes et même à manches longues. Ce vêtement épouse les lignes du corps et surtout, quand il est de couleur claire, laisse deviner le dessin des muscles. Tu peux le choisir avec ou sans pieds. Certains possèdent un trou sous la plante du pied qui permet d'enfiler ou retirer le pied sans avoir à se déshabiller intégralement. C'est très pratique pour rajouter un pansement sur une ampoule !

Entretenir tes collants

Pour garder de beaux collants, lave-les de préférence à la main dans l'eau tiède avec une lessive pour linge délicat. Si tu les laves en machine, place-les auparavant dans un sac de lavage que tu peux acheter dans le commerce. Fais-les sécher à plat pour éviter qu'ils ne se déforment.

Colophane

L'odeur de cette résine est indissociablement liée au studio de danse classique.

L'ALLIÉE DES INSTRUMENTS À CORDES

Avant de servir aux danseuses, la colophane est utilisée en musique pour les instruments à cordes. Les musiciens la frottent sur la mèche de l'archet pour permettre à la corde de vibrer. Sans ce petit truc, les crins glissent sans frottements sur la corde et n'en tirent pratiquement aucun son.

UN ANTIGLISSE INDISPENSABLE

Le premier réflexe des danseuses classiques est généralement d'écraser le bout de leurs pointes dans le bac rempli de colophane avant ou après l'échauffement à la barre. Solide et cassante, la colophane peut se présenter sous la forme de cristaux de couleur jaune clair à plus foncé ou de poudre. Cette résine améliore l'adhérence au sol. Certains parquets de danse sont en effet de vraies patinoires.

POUDRE MAGIQUE POUR PIROUETTES PARFAITES

La colophane évite aux danseuses de déraper et de se faire mal quand elles réalisent des pas au milieu. Difficile de s'exercer aux pirouettes quand ça glisse ! Les salles recouvertes d'un tapis de sol antidérapant posent moins de difficultés. Dans les coulisses, avant d'entrer en scène, un bac est aussi laissé à la disposition des danseuses pour y plonger leurs chaussons.

À SAUPOUDRER DANS LES CHAUSSONS

Petite astuce de danseuse ! Pour ne pas glisser dans tes chaussons, mets un peu de colophane sous tes talons entre le collant et le chausson. Attention : si tu portes des collants sans pieds, évite de mettre ta peau directement en contact avec cette poudre. Certaines personnes développent parfois une allergie à la colophane, longtemps contenue dans les cires dépilatoires.

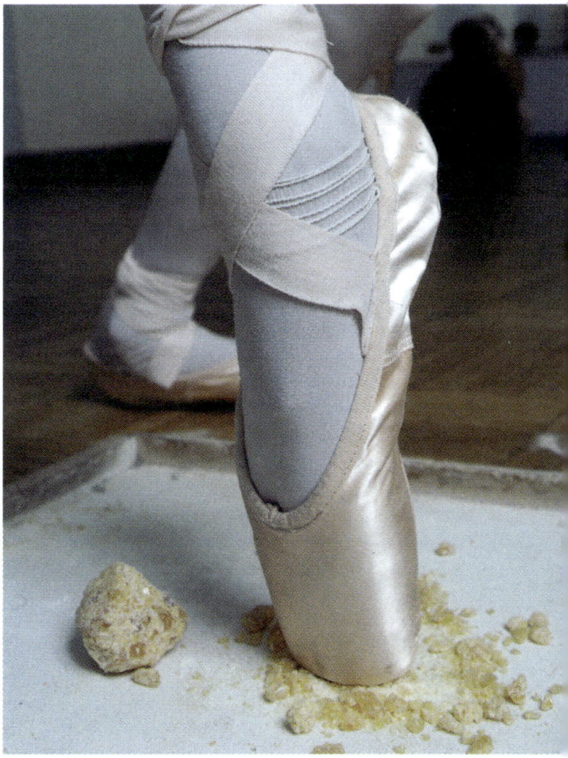

? LE SAIS-TU ? Cette résine de pin tire son nom de la cité antique de Colophon, en Asie Mineure, où elle était autrefois produite.

Ah... Gene Kelly sautant à pieds joints dans les flaques d'eau ou John Travolta se déhanchant sur la piste de danse en pantalon pattes d'eph' blanc et chemise ouverte... De Broadway à Hollywood, de New York à Londres, la comédie musicale distille une énergie, une grâce et un glamour inimitables.

BROADWAY, LE BERCEAU DU « MUSICAL »

À partir de la seconde moitié du XIXe siècle, les spectacles musicaux commencent à se développer à New York. Les théâtres de Broadway accueillent ces revues de variétés où se succèdent des numéros comiques chantés ou dansés. Le 12 septembre 1866, on assiste à la première d'un spectacle d'une durée de cinq heures trente, *The Black Crook*. Ce « musical » raconte une histoire à l'aide de scènes chantées et dansées. Il sera joué plus de 400 fois !

HOLLYWOOD ENTRE DANS LA DANSE

En 1927, le film *Le Chanteur de jazz* marque les débuts du cinéma parlant. C'est une révolution ! Les succès de Broadway sont adaptés sur grand écran et déjà on prédit la fin du spectacle vivant. En fait, le cinéma va renforcer le succès des spectacles musicaux puisque les plus grandes stars, comme Fred Astaire, auront souvent débuté à Broadway.

LÉGER ET DIVERTISSANT

Dans les années 1930, le film musical devient l'un des genres cinématographiques préférés des Américains. Ils peuvent ainsi oublier la crise économique dans la virtuosité des danses et les péripéties amoureuses des personnages. L'intrigue des comédies musicales est souvent légère. Elle sert surtout à mettre en valeur les passages dansés. À partir de 1939, une unité de production spéciale est créée au sein des studios de production de la Metro Goldwyn Mayer. Leur premier succès est *Le Magicien d'Oz* avec la jeune Judy Garland.

DES STARS MYTHIQUES

Le film musical révèle des stars au talent et au charisme qui traversent les époques. Parmi elles, le premier grand couple de l'histoire de la comédie musicale est formé par Fred Astaire et Ginger Rogers. Mais comment ne pas citer l'exceptionnel Gene Kelly, la sublime Cyd Charisse et la mutine Leslie Caron ?

LA FIN D'UN ÂGE D'OR

En dépit de quelques gros succès comme *West Side Story* en 1961, le genre s'épuise petit à petit au cinéma mais ne s'éteint pas complètement. Comme s'il demeurait une nostalgie de la grande époque de la comédie musicale. En France, le réalisateur Jacques Demy signe quelques belles réussites comme *Les Demoiselles de Rochefort* ou *Les Parapluies de Cherbourg*…

DE NEW YORK À PARIS

Si en France on s'essaie depuis quelques années à la comédie musicale sur scène, c'est pour tenter de rivaliser avec Londres ou New York. Là-bas, les *musical* connaissent le succès pendant des années. *Cabaret*, dont l'adaptation française est restée à l'affiche des Folies-Bergère une dizaine de mois de 2007 à 2008 (soit environ 300 fois, un record pour la France !), a été représentée 2 377 fois depuis sa création…

Films à voir et à revoir

- *Un Américain à Paris*, de Vincente Minnelli (1951)
- *Chantons sous la pluie*, de Stanley Donen (1952)
- *West Side Story*, de Robert Wise (1961)
- *My Fair Lady*, de George Cukor (1964)
- *La Fièvre du samedi soir*, de John Badham (1977)
- *Grease*, de Randal Kleiser (1978)
- *Hair*, de Milos Forman (1979)
- *Victor, Victoria*, de Blake Edwards (1982)
- *Chicago*, de Rob Marshall (2002)

Catherine Zeta-Jones dans *Chicago* de Rob Marshall (2002).

VOIR AUSSI
Bolchoï

Qu'y a-t-il de commun entre le Ballet de l'Opéra national de Paris et une jeune compagnie de danse contemporaine ? Peu de chose en apparence si ce n'est de réunir et de faire travailler des artistes dans le but de monter des spectacles de danse.

DE LA TROUPE À LA COMPAGNIE

Comme au théâtre, on parle de troupe ou de compagnie pour désigner l'ensemble des artistes réunis autour d'un même directeur artistique ou d'un chorégraphe. Ainsi, il existe des compagnies de ballet comme des compagnies de danse contemporaine, africaine ou de hip-hop.

QUELQUES GRANDES COMPAGNIES FRANÇAISES...

Outre le Ballet de l'Opéra national de Paris, la France compte plusieurs grandes compagnies qui donnent de nombreuses représentations dans leur propre ville mais aussi dans le reste du pays et à l'étranger. Citons le Ballet du Capitole de Toulouse, le Ballet de l'Opéra national de Bordeaux, le Ballet de l'Opéra national du Rhin, le Ballet de l'Opéra de Lyon ou le Ballet Biarritz...

... ET ÉTRANGÈRES

On peut évoquer le Ballet de Hambourg, le Royal Ballet de Londres, le Ballet Nacional de Cuba, la Compañía Nacional de Danza d'Espagne, le Ballet du théâtre de la Scala de Milan, les Ballets de Monte-Carlo, l'American Ballet Theatre (ABT), le New York City Ballet et, bien sûr, le Bolchoï et le Mariinsky Ballet (Kirov) en Russie. Peut-être as-tu déjà eu la chance d'assister à une représentation de l'une de ces prestigieuses compagnies ? Inutile de te rendre dans leur pays d'origine, elles sont régulièrement invitées à se produire en France.

ABONDANCE DE COMPAGNIES CONTEMPORAINES

Ce sont généralement de petites structures composées du chorégraphe, d'un administrateur (responsable de la gestion financière et administrative), de danseurs et de techniciens. La plupart ont le statut d'intermittents. Ils sont payés durant la période de création et de diffusion du spectacle.

Créer sa compagnie

Monter sa propre compagnie est le rêve de nombreux jeunes chorégraphes. Le plus souvent, la première démarche est de créer une association loi 1901. Il faut alors trouver un(e) président(e), un(e) trésorier(e) et/ou un secrétaire. Il faut ensuite réfléchir à un nom pour l'association, à un objet (pour une compagnie de danse c'est généralement « la création, la production et la diffusion de spectacles vivants ») et au lieu du siège social.

Pas facile d'oser s'inscrire à un cours de danse quand on ne se sent pas à l'aise avec son image dans le miroir et qu'on manque de confiance en soi. Crois-tu être la seule à être obsédée par tes rondeurs, ta taille ou les poils sur tes gambettes ?

APPRENDRE À RELATIVISER

Toutes les danseuses font une fixette sur une partie de leur corps qui n'est pas comme elles le voudraient. Un cou-de-pied pas assez fort, des mollets trop gros, un ventre trop rebondi ou une poitrine trop imposante… Quand on doit affronter son reflet dans le miroir à longueur de cours, certains détails en apparence insignifiants sautent régulièrement au visage. Apprends à relativiser ce qui t'obsède, et n'oublie pas de regarder l'ensemble de ton corps, ta silhouette, plutôt que d'en analyser chaque partie. Avec le temps, tu réussiras à transformer ce que tu penses être un handicap en qualité et tu (re)prendras confiance en toi.

VILAIN PETIT CANARD OU CYGNE ?

Ce qui est le plus difficile quand on fait de la danse c'est de ne pas trop se focaliser sur ses idoles. Sinon, comment oser se lancer quand on admire des étoiles comme Sylvie Guillem ou Marie-Agnès Gillot ? N'oublie pas qu'avant de devenir de sublimes cygnes, au même âge que toi, elles aussi se sont peut-être senties vilains petits canards ! Dans le livre *La Femme qui danse*, Marie-Claude Pietragalla raconte le jour du concours d'entrée à l'Opéra de Paris. Alors que toutes les autres petites filles portaient la panoplie rose de circonstance, elle arborait, elle, une tunique jaune canari !

VA OÙ TON CORPS TE PORTE

Tu fais de la danse classique depuis l'âge de six ans mais depuis quelques mois ton corps a changé. Tu ne te sens plus vraiment à ton aise. Tu aimerais suivre un cours où tu puisses assumer tes courbes féminines. Un seul conseil : fonce et trouve une activité qui te convient mieux ! Vivre des sensations intenses dans un nouveau cours de danse te décentrera de tes obsessions.

Cette forme de danse recouvre différents modes d'expression apparus à partir des années 1960. Elle s'incarne notamment dans une génération de chorégraphes français qui, dans les années 1980, ont inventé leur propre langage corporel.

LE TREMPLIN DE BAGNOLET

Créé en 1969, à Bagnolet, en Seine-Saint-Denis, ce concours ne suscite pas un grand enthousiasme à ses débuts. Petit à petit, sa réputation grandit car il est l'un des rares lieux à montrer de la danse contemporaine. Il s'impose alors comme un incontournable tremplin. De grands chorégraphes français tels Dominique Bagouet ou Maguy Marin y ont été primés. Aujourd'hui disparu, il a donné naissance aux Rencontres chorégraphiques internationales de Seine-Saint-Denis.

L'INFLUENCE AMÉRICAINE

Des chorégraphes américains comme Susan Buirge, Carolyn Carlson ou Alwin Nikolais viennent travailler en France. Ce dernier dirige le Centre national de danse contemporaine d'Angers, la première école de danse contemporaine française à partir de 1978. Chacun à sa manière influencera les chorégraphes français qui vont émerger dans les années 1980.

UNE « DANSE-ÉPONGE »

Réceptive aux autres disciplines artistiques, la danse contemporaine se nourrit d'influences multiples : le cirque, le mime, la bande dessinée, la littérature, le cinéma, les arts plastiques… La vidéo est aussi beaucoup utilisée par les chorégraphes contemporains, comme Philippe Decouflé ou Hervé Robbe. D'autres s'y essaient avec plus ou moins de bonheur… On ne met pas du jour au lendemain ses pas dans ceux du grand Merce Cunningham !

PIEDS NUS ET VÊTEMENTS QUOTIDIENS

Tu remarqueras que les danseurs contemporains sont souvent pieds nus. Une meilleure manière d'être en contact direct avec le sol. Le costume se fait minimaliste chez certains chorégraphes. Ce sont souvent des vêtements inspirés des tenues que l'on porte tous les jours : tee-shirts, pantalons amples, robes, jupes, boxers et brassières… Parfois, tu apercevras des genouillères. Certains danseurs se protègent ainsi en raison de chorégraphies qui privilégient les chutes et les passages au sol.

UNE MISE À NU DES DANSEURS

Quelques chorégraphes n'hésitent pas à mettre en scène leurs interprètes totalement nus. Choquant pour certains, ce parti pris s'inscrit dans une démarche esthétique. Quoi qu'on puisse en penser, cette mise à nu des corps dansants ne se résume pas à une provocation gratuite.

Dans bien des cas, on oublie la nudité des interprètes pour se concentrer sur la chorégraphie.

METTRE EN PIÈCES

En danse contemporaine, tu entendras parler de pièces chorégraphiques. En effet, la plupart des chorégraphes ont récusé le terme de ballet, trop associé à la danse classique. Quand la représentation se déroule dans des lieux atypiques où le rapport scénique est chamboulé, on parle aussi de « performances ».

VOIR DE LA DANSE CONTEMPORAINE

Voici quelques chorégraphes de la nouvelle génération dont tu peux suivre le travail : Jérôme Bel, Boris Charmatz, Emio Greco, Blanca Li, Rachid Ouramdane ou Sasha Waltz… Mais d'autres chorégraphes moins reconnus méritent qu'on découvre leurs pièces. C'est en allant voir de la danse que tu aiguiseras ton œil et cultiveras tes goûts. Pour les jeunes, le prix d'une place équivaut souvent à un billet de cinéma : qui a dit que la danse était élitiste !

Signes de Carolyn Carlson. Paris (2008).

Danser c'est mettre son corps en mouvement, selon des codes précis ou en laissant libre cours à sa propre créativité.

MON CORPS, CET INCONNU

Cela peut sembler curieux mais on connaît parfois mal son propre corps. Ne t'est-il jamais arrivé de te sentir un peu enfermée dans ta drôle de carcasse, comme à l'étroit ? Danser va te permettre de partir à la découverte de cet inconnu « dans » lequel tu (co)habites. Il suffit de lui faire un peu confiance et de ne pas avoir peur de le mettre en mouvement.

TOUT CORPS SAIT DANSER

Finissons-en avec les « je ne sais pas danser » ou « je n'ai pas le physique idéal de la danseuse » ! Nous possédons toutes une manière de bouger singulière, toi autant qu'une autre. Elle est le reflet de ta personnalité, de ta sensibilité. Bien sûr, chaque danse répond à des codes bien précis et il est nécessaire d'en apprendre le vocabulaire. Tu ne t'improviseras pas danseuse de flamenco ou de hip-hop. Mais tout le monde peut avoir accès à ce mode d'expression. Danser en t'appuyant sur une technique va libérer, chez toi, des possibilités corporelles que tu n'aurais pas soupçonnées. C'est en dansant que l'on devient danseuse.

Qu'appelle-t-on « corps de ballet » ?

C'est l'ensemble des danseurs d'une compagnie, chacune ayant sa hiérarchie personnelle. Par exemple, le Ballet de l'Opéra de Paris, composé de 154 danseurs permanents, est divisé en quadrilles, coryphées, sujets, premiers danseurs et étoiles. Chaque danseur peut passer d'un échelon à l'autre à l'issue d'un concours annuel. Seules les étoiles échappent à ce système : leur nomination est décidée par la direction. Jusqu'au XIXe siècle, on parlait de chœur de ballet. Puis de nombreux chorégraphes ont créé des œuvres où chaque danseur trouve sa place en tant qu'individu dans des rôles personnalisés.

Danseurs du Béjart Ballet, *Le Tour du monde en 80 minutes*.

La pratique de la danse implique de mettre son corps à rude épreuve... Apprends à te réserver des moments de récupération.

L'ART DE LA RESPIRATION

En vingt-quatre heures, tu absorbes environ 500 litres d'oxygène, dont tu ne renouvelles qu'un dixième à chaque respiration. Voilà pourquoi il est important d'effectuer, de temps en temps, des respirations profondes abdominales pour nettoyer tes poumons. Inspire avec le nez en gonflant le ventre et expire avec la bouche en rétractant le ventre, afin d'expulser le plus d'air possible.

DORS JE LE VEUX !

Dormir est capital dans l'hygiène de vie d'un danseur. Évite de te coucher trop tard, surtout la veille d'un cours de danse. Faire du sport augmente la température du corps, provoque une excitation physique et psychologique incompatible avec un bon endormissement. Donc, si tes entraînements débordent trop sur le début de soirée, ne t'étonne pas si tu te transformes en pile électrique dans ton lit.

BOUGE AUTREMENT

À côté des cours de danse, tu peux entretenir ton corps en pratiquant d'autres sports. La natation est une bonne activité complémentaire, qui permet en outre de se relaxer. Et, si tu aimes courir, rien ne t'empêche de faire un petit footing de temps à autre. Rien de tel pour améliorer ton endurance.

METS-TOI DANS LE BAIN

Pour te détendre en rentrant de la danse, prends un bain mais surtout pas trop chaud. Préfère l'eau tiède dans laquelle tu verses quelques gouttes d'huile de bain relaxante à la lavande ou à la fleur d'oranger. Termine avec une douche d'eau fraîche, surtout sur les jambes et les chevilles.

Pense à ta peau

N'oublie pas d'hydrater ton corps. D'accord, cela prend du temps de s'occuper de soi ! Mais c'est très important pour préserver la souplesse de ta peau et, aussi, détendre tes muscles.

VOIR AUSSI
Métiers, Mode

Comme au théâtre ou à l'opéra, les danseurs portent des habits de scène. Ces vêtements leur permettent de se glisser dans la peau de leur personnage. Ils servent aussi à enjoliver ou à mettre en valeur le mouvement.

S'HABILLER POUR DANSER

Que l'on danse sur scène ou dans un bal, pour un mariage ou lors d'une cérémonie, la tradition veut que l'on porte un vêtement spécifique. Toutes les danses folkloriques ont leurs costumes traditionnels. Danser, c'est s'offrir aux regards des autres. Autant donc se montrer sous son meilleur jour et dans ses plus beaux atours ! C'est aussi une manière de s'évader de son quotidien. Comme si l'on devenait quelqu'un d'autre par le seul fait de se glisser dans des vêtements différents de ceux que l'on porte tous les jours.

À CHAQUE DANSE SON COSTUME

Il est un peu facile d'affirmer que l'habit fait la danseuse ! Mais le costume aide à entrer dans un univers artistique. Ainsi la danse classique est-elle associée au vaporeux tutu et le flamenco à la traditionnelle robe ou jupe à lourds volants. Et il suffit de parler de samba brésilienne pour imaginer des filles superbes avec soutiens-gorge à paillettes et jupettes dévoilant le nombril. Quant aux fameuses valses viennoises, que seraient-elles sans les sublimes robes longues qui font ressembler chaque danseuse à *Sissi impératrice* ?

DES COSTUMES QUI RACCOURCISSENT

Au fil des siècles, le costume de scène s'est adapté à l'évolution des techniques. À partir de l'époque romantique – avec l'apparition de la danse sur pointes –, on comprend que les pieds et le bas de la jambe doivent être mis en valeur. Jusqu'alors les danseuses portaient des jupes longues et encombrantes. Progressivement, celles-ci raccourcissent et dévoilent chevilles et mollets des ballerines. Le buste est sublimé par des corsages ajustés. Le haut des bras est caché par des petites manches gonflantes mais les épaules sont dénudées pour souligner le port de tête.

UNE INÉPUISABLE SOURCE D'INSPIRATION

Le métier de costumier est l'un des plus anciens dans le monde du spectacle. Quoi de plus excitant que de concevoir des vêtements en collaboration avec le chorégraphe et le scénographe-décorateur ? Certains costumes surgissent de l'imagination du costumier. D'autres sont le fruit de patientes reconstitutions historiques, ou s'inspirent au contraire de la mode contemporaine. L'histoire de la danse est jalonnée de grands créateurs de costumes. D'immenses artistes comme Picasso ont dessiné des vêtements de scène. De grands couturiers, tels Christian Lacroix, Yves Saint Laurent ou Jean-Paul Gaultier, ont également relevé le défi.

LA LIBERTÉ DU MOUVEMENT

Le défi du costume est qu'il ne doit pas gêner le mouvement mais l'accompagner. Danseurs et danseuses doivent pouvoir bouger sans que les mouvements de leurs bras, de leurs jambes et de leur buste soient entravés. Ils doivent aussi danser en oubliant le costume et ne pas craindre qu'il tombe lorsqu'ils vont sauter, lever la jambe ou se pencher en avant.

Un lieu unique dédié aux costumes de scène

Sais-tu qu'il existe en France un Centre national du costume de scène et de la scénographie ? Situé à Moulins dans l'Allier, il a ouvert ses portes le 1er juillet 2006. Il abrite plus de 8 000 costumes de théâtre, d'opéra et de ballet dont 5 000 proviennent de l'Opéra national de Paris. De très belles expositions thématiques sont organisées régulièrement. www.cncs.fr

Danseuse de la Compagnie Martha Graham à l'Opéra de Berlin (2008).

Quelle danseuse ne rêve pas de posséder la sublime cambrure de pied de Sylvie Guillem ! Inutile de se voiler la face : nous ne sommes pas toutes logées à la même enseigne. À force de travail il est pourtant possible d'acquérir un cou-de-pied tout à fait correct.

PIEDS PLATS S'ABSTENIR

Montre-moi tes pieds, je te dirai quelle danseuse tu peux devenir ! Une des premières qualités que l'on remarque dès le plus jeune âge est le cou-de-pied. Il s'agit de la cambrure du pied quand on le pointe. Et il est plus fort chez certaines personnes que chez d'autres.

EXERCICES POUR TRAVAILLER TON COU-DE-PIED

- **La méthode des pliés-relevés** : pieds nus, mets-toi en sixième position (pieds parallèles joints). Monte sur demi-pointes. Descends en pliant puis remonte toujours en maintenant la demi-pointe. Pousse bien sur les orteils.
- **Variante** : monte sur pointes en sixième position. Face à la barre ou à une chaise, plie en mettant tout le poids de ton corps. Reste dans cette position 30 secondes. Pose les pieds à plat et tends tes genoux. Recommence plusieurs fois. Si tu fais cet exercice une dizaine de minutes chaque jour, tu verras le résultat.

ATTENTION !

Pour renforcer le cou-de-pied, des méthodes « barbares » circulent. La plus connue consiste à s'asseoir par terre puis à coincer son pied sous un meuble tout en tendant son genou. Ces pratiques sont à proscrire. Tu risques de te blesser et de ne plus pouvoir danser. À toi de voir si le jeu en vaut la chandelle !

L'usage des bandes élastiques

Il existe des bandes élastiques de musculation vendues en magasins de sports ou magasins spécialisés. Coupe l'une d'elles en deux. Mets ton pied au milieu de la bande. Alterne pied « flex » (pied à la perpendiculaire), pointe en tirant sur la bande, une vingtaine de fois chaque pied.

C'est le lieu qui fait rêver les spectateurs. Pouvoir y pénétrer est un privilège réservé à quelques initiés. Véritable ruche, il s'y passe mille choses pendant une représentation.

CÔTÉ COUR OU CÔTÉ JARDIN ?

Sur un bateau, on ne parle pas de gauche et de droite mais de bâbord et tribord. Dans un théâtre, c'est un peu la même chose. On nomme côté cour et côté jardin les coulisses de part et d'autre de la scène. Dans le vocabulaire théâtral, le côté cour est le côté droit de la scène, vu de la salle, par opposition au côté jardin. Pour t'en souvenir, voici un petit moyen très simple : rappelle-toi les initiales de Jésus-Christ (« JC » comme Jardin et Cour). Regarde la scène. Le Jardin (J) est à ta gauche et la Cour (C) à ta droite. Pour les danseurs, le côté cour se situe côté cœur lorsqu'ils sont face au public.

UN LIEU EN EFFERVESCENCE

Dernier sas avant l'entrée en scène, les coulisses sont un espace où règne une grande agitation. Les machinistes et accessoiristes y manipulent les décors et objets nécessaires à la mise en scène, avant et pendant le spectacle. Les habilleuses aident les interprètes à changer rapidement de costumes. Les maquilleuses retouchent un fond de teint, repoudrent un visage, ajustent une coiffure. Les danseurs exécutent quelques ultimes exercices d'échauffement. C'est le grand moment des fou-rires, de la boule au ventre, du doute, des papotages… et de la concentration.

Le fantôme de l'Opéra

L'écrivain Gaston Leroux publie *Le Fantôme de l'Opéra* en 1910. Ce conte fantastique lui a été inspiré par les représentations de l'opéra *Faust* de Charles Gounod auxquelles il a assisté. L'histoire peut se résumer ainsi : au XIXe siècle un mystérieux personnage, qui cache son visage défiguré derrière un masque, hante les souterrains et les coulisses de l'Opéra Garnier. Il tombe amoureux de Christine Daaé, une jeune cantatrice, et se réserve chaque soir la loge 5 pour l'écouter chanter. Jusqu'au jour où celle-ci rencontre le vicomte Raoul de Chagny… Ce roman a été adapté à de multiples reprises au cinéma et à la télévision. Une comédie musicale a été montée à Londres en 1986, puis jouée à Broadway en 1988, et dans vingt-neuf pays.

INTIMITÉ, TRAC ET RITUELS

Les coulisses sont un lieu à la fois intime et public. Difficile de se concentrer quand tout le monde s'agite autour de soi. À chacun sa méthode et ses petits rituels. Certains ferment les yeux et s'isolent quelques instants dans leur bulle. D'autres délirent pour évacuer le stress. C'est aussi le lieu où l'on récupère avant de remonter sur scène quand le délai est trop court pour retourner dans les loges.

Conviviale, cette danse cartonne depuis quelques années. Sans doute en raison de la fascination qu'exercent sur nous le folklore américain et les westerns. Bottes, chapeau et ceinturon, il ne te reste plus qu'à revêtir ta panoplie de cow-girl et à entrer dans la danse !

L'ESPRIT WESTERN

À l'origine, cette danse est celle des cow-boys de l'Ouest américain. Depuis quelques années, elle est devenue très populaire en France. Des clubs existent un peu partout et il est très facile de s'initier à ces chorégraphies pleines de peps. De nombreux festivals sont également organisés. Ambiance saloon garantie !

GARDE LA LIGNE !

La danse country se pratique avec ou sans partenaire. Pour débuter la *line dance*, il suffit de se joindre à un groupe de danseurs qui évoluent côte à côte. Il existe de très nombreux pas mais autant commencer par des figures de base : petits sauts et pas chassés. Les chorégraphies peuvent combiner de seize pas à plus d'une centaine ! L'ambiance est généralement très chaleureuse. Les musiques associent des styles musicaux très variés. Personne ne se prend au sérieux. L'essentiel est de s'amuser, mains sur les hanches, sourire aux lèvres, en suivant le rythme.

RESPECTER L'ÉTIQUETTE

Dès les premiers cours de danse country, les professeurs enseignent la bonne conduite à tenir quand on danse. On appelle cela l'étiquette de la piste de danse. Il s'agit de respecter les autres danseurs et de bien utiliser l'espace : comment quitter la piste, attendre une ouverture pour entrer dans la danse... Qui a dit que les cow-boys n'avaient pas de savoir-vivre ?!

BIEN DANS TES BOTTES

C'est l'occasion ou jamais de te faire plaisir. Chapeaux, santiags, gilets à franges, chemises à carreaux, ceintures à boucles, tout est permis. Alors laisse parler la cow-girl qui est en toi !

Cours de danse (bien choisir son)

Une chose est de vouloir se mettre à la danse, une autre est de trouver un cours et un professeur qui correspondent à tes goûts. Se sentir en confiance est capital pour progresser et prendre du plaisir. N'hésite pas à essayer différents cours avant de t'inscrire.

TROUVER SON STYLE

Rares sont celles qui veulent « faire de la danse » tout simplement. Derrière l'envie de bouger son corps, se cache la recherche d'un style propre à sa personnalité. Toutes les filles ne rêvent pas de pointes et de tulle ! Tu peux très bien souhaiter devenir une danseuse flamenca ou révéler la b-girl qui dort en toi en choisissant un cours de hip-hop.

LE PHYSIQUE DE L'EMPLOI ?

Il n'y a pas de physique idéal pour pratiquer tel ou tel style de danse en amateur. Tu te trouves raide comme un balai-brosse, gracieuse comme un hippopotame en tutu, dépourvue de tout sens rythmique ? Ne te laisse pas freiner par des idées reçues ou quelques kilos en trop. La danse que tu choisiras musclera ton corps au fil des cours et te révélera des dispositions insoupçonnées. Certaines filles hyperminces sont totalement privées de grâce ou d'oreille musicale.

LE BON TIMING

Même s'il est possible de commencer à tout moment, inscris-toi en septembre. Si tu débutes en cours d'année, tu risques de te sentir perdue et te décourager. Avant de te décider, demande à prendre un cours à l'essai : ils sont souvent gratuits ou à prix réduit. Certains professeurs peuvent accepter aussi que tu assistes au cours en spectatrice. C'est un bon moyen de te rendre compte si le cours correspond à ce que tu recherches.

FAIRE SA PLACE

Une fois dans le cours, n'oublie pas de te faire plaisir. Personne n'est là pour te juger ! Et un conseil : évite de squatter le dernier rang, comme la plupart des débutantes. Tu progresseras plus vite sous le regard du professeur que « planquée » au fond de la salle.

Cunningham (Merce)

Ce chorégraphe d'une inépuisable créativité a marqué de son empreinte la danse du XXe siècle et initié celle du XXIe. Il est l'auteur de plus de 150 œuvres, présentées dans le monde entier, et intégrées au répertoire des plus prestigieuses compagnies.

Merce Cunningham en 1957.

UN PRODIGIEUX DANSEUR

Né le 16 avril 1919, Mercier (dit Merce) Cunningham commence par travailler les claquettes avant de rejoindre la compagnie de Martha Graham de 1939 à 1945. La grande dame de la danse moderne – qui n'accepte aucun homme dans sa troupe – le décrit comme l'un des plus beaux danseurs américains. Mais, très vite, Merce se détourne de l'interprétation pour la chorégraphie.

LA RENCONTRE ARTISTIQUE

En 1938, il rencontre John Cage avec qui il fera équipe jusqu'au décès du compositeur en 1992. Le chorégraphe donne naissance à une nouvelle esthétique où musique et danse sont totalement indépendantes. Les deux artistes prendront l'habitude de travailler chacun de leur côté et de ne réunir leurs créations que le jour de la première du spectacle. Étonnant !

PLACE À L'*EVENT*

En 1953, il fonde sa propre compagnie, la Merce Cunningham Dance Company, qu'il dirige toujours. Il crée les *events*, des pièces chorégraphiques dont la composition est définie de manière aléatoire. Pièce après pièce, il invente un style très abstrait, qui ne raconte aucune histoire et ne cherche à éveiller aucune émotion.

L'ORDINATEUR, NOUVEL ASSISTANT CHORÉGRAPHE

Premier chorégraphe à utiliser l'ordinateur pour ses créations, il met au point un logiciel de chorégraphie, Life Forms, qui lui permet de trouver des mouvements et des enchaînements nouveaux. En 1999, *Biped* mêle sur scène images virtuelles et vrais danseurs.

? LE SAIS-TU ? Le 16 avril 1994, jour des soixante-quinze ans du chorégraphe, New York a célébré le « Merce Cunningham Day ».

Cette collection de livres raconte les aventures de Nina, une danseuse classique de treize ans ambitieuse et acharnée.

UNE HÉROÏNE QUI TE RESSEMBLE

Le premier livre, *Nina, graine d'étoile*, sort en 2000. Nina Fabbri est une ballerine en herbe. De livre en livre, on suit son apprentissage de la danse classique à l'école Camargo, ses relations avec son père, ses histoires d'amour, ses histoires avec ses copines et ses rivales... Grâce à la personnalité volontaire de son héroïne, *Danse !* rencontre vite un succès incroyable. Traduite dans une douzaine de langues dont le japonais, la série se vend à 2,5 millions d'exemplaires. Sur Internet, les plus fidèles lectrices ont même créé des forums et des blogs où elles débattent avec passion des aventures de Nina, leur « meilleure amie ».

DES HISTOIRES QUI SONNENT JUSTE

Auteur de romans pour la jeunesse, Anne-Marie Pol a le déclic de son personnage lors d'un concours de danse classique où elle remarque une jolie danseuse. Pour écrire les quarante tomes, elle a nourri son inspiration à l'Institut international de danse Janine Stanlowa à Paris : elle-même passionnée de danse, elle y prend des cours depuis des années.

QUI EST LA DANSEUSE DE LA COUVERTURE ?

Peu de fans de Nina l'ignorent encore : la jolie ballerine qui apparaît sur la couverture s'appelle Sonia Aguilar. Âgée de vingt-cinq ans, cette jeune artiste française a remporté, entre autres prix, la médaille d'or du Concours international de Grasse en 1999 et Le Chausson d'or en 2000. Depuis 2002, elle danse au Royal Ballet de Birmingham.

BIENTÔT UNE ADAPTATION À LA TÉLÉ

Ce n'est plus un scoop depuis qu'Anne-Marie Pol l'a révélé dans l'ultime tome sorti au printemps 2008 : *Danse !* va devenir une série télé. Un producteur de cinéma a acheté les droits de la collection. Aux dernières nouvelles, un casting devait être organisé pour trouver la ballerine idéale capable d'incarner Nina. L'enjeu est de taille : il ne faudrait pas décevoir les milliers de fans qui trépignent déjà d'impatience !

Danser (quand on n'ose pas)

Paralysée par la crainte d'être ridicule, tu redoutes les fêtes ou retardes sans cesse ton inscription à ce stage d'initiation à la danse bollywood. Crois-tu être la seule à avoir peur de danser devant les autres ?

CELLES QUI OSENT, CELLES QUI N'OSENT PAS

Mais qu'a-t-elle de plus que toi celle qui se met toujours au premier rang dans le cours de modern jazz ? Et celle qui commence à danser en plein milieu d'une fête, sourire aux lèvres, l'air détaché ? Leur secret est tout simple : elles oublient le regard des autres. Peu leur importe de se tromper dans les pas ou d'être la reine de la piste, seul compte le plaisir de danser.

OSER ÊTRE SOI

Peut-être redoutes-tu ce que ta famille, tes amis ou les autres filles vont penser de toi ? Si l'envie de danser te titille, laisse tomber ces idées négatives. Lâche-toi. Ose être toi-même sans craindre le jugement d'autrui. Car, franchement, qu'est-ce qui est le plus ridicule : gigoter pour participer à la fête ou faire tapisserie toute la soirée sans quitter ton fauteuil ?

Le défi de Juliette

En 2008, l'actrice Juliette Binoche s'est lancée dans une tournée, en duo avec le danseur et chorégraphe britannique Akram Khan. Un défi de taille pour celle qui, à quarante-quatre ans, n'avait jamais suivi de cours de danse.

CINQ CONSEILS POUR OSER TE LANCER

Dans un cours de danse

- Inscris-toi avec une copine. Vous pourrez vous lancer des clins d'œil entre chaque exercice.
- Soigne ton look. Une jolie tenue met plus en confiance qu'un collant qui boudine !

Dans une fête

- Entraîne-toi seule ou avec des copines dans ta chambre. Apprivoise ton corps. N'oublie pas de bouger les bras et le haut de ton corps !
- Les premières fois, mets-toi à danser quand la piste est pleine, tu passeras plus inaperçue.
- Choisis des vêtements dans lesquels tu te sens à l'aise.

Danseuse professionnelle

**Qui ne rêve pas de vivre de sa passion ?
Mais un tel projet ne se décide pas du jour au lendemain.
Il doit être mûri le plus tôt possible, histoire de mettre toutes les chances de son côté.**

LA CULTURE DE L'EFFORT

La danse est une discipline complète, alliant expression artistique et performances physiques. Elle exige beaucoup d'endurance, de rigueur et de persévérance. Devenir professionnel nécessite un sacré tempérament car la remise en question est permanente et les périodes de doute nombreuses.

PERMANENTS OU INTERMITTENTS ?

Peu de danseurs occupent un emploi permanent. La plupart sont intermittents du spectacle, c'est-à-dire employés pour des contrats souvent brefs. Ils partagent leur temps entre entraînement, répétitions, représentations, stages de perfectionnement et auditions. De plus, une carrière de danseur est assez courte. Une reconversion doit en général être envisagée après la quarantaine.

Un nouveau diplôme pour danser

Depuis fin décembre 2008, les six écoles supérieures (voir ci-contre) sont habilitées à donner le diplôme national supérieur professionnel de danseur (DNSP). Il permet d'unifier les multiples certificats délivrés jusqu'à présent par ces établissements. Toutefois, chaque école conserve sa spécificité. Le diplôme devrait, entre autres, permettre aux danseurs de trouver plus aisément du travail à l'étranger mais aussi d'être aidés dans leur reconversion professionnelle.

DE LA SCÈNE AUX PARCS D'ATTRACTIONS

Être professionnelle ne signifie pas seulement danser sur scène. Ce métier s'exerce aussi sur un plateau de télévision, dans un cabaret, dans un parc d'attractions, pour un gala d'entreprise, au cinéma ou dans la publicité.

QUELLES FORMATIONS ?

Toute professionnelle commence dès l'enfance, au sein d'un conservatoire ou d'une école. En France, six écoles supérieures proposent un enseignement de haut niveau. Il s'agit des deux conservatoires nationaux supérieurs de musique et de danse (CNSMD) de Paris et Lyon, l'École de danse de l'Opéra national de Paris, le Centre national de danse contemporaine (CNDC) d'Angers, l'École nationale supérieure de danse de Marseille et l'École supérieure de danse Rosella Hightower à Cannes. Il existe aussi de nombreux centres de formation professionnelle qui dispensent des cours pratiques et théoriques. Il suffit de s'assurer qu'ils sont agréés par l'État.

Decouflé (Philippe)

VOIR AUSSI
Nikolais

Il est l'un de ceux qui ont offert au grand public un accès à la danse contemporaine. Chorégraphe à l'imagination débordante, il n'a pas son pareil pour mettre en scène des univers poétiques et extravagants. Avec lui, on est sûr d'en prendre plein les mirettes !

DU CIRQUE À LA DANSE

Né en 1961, l'adolescent Philippe Decouflé rêve de devenir clown. Il choisit donc la voie de l'École nationale du cirque. Puis, il complète sa formation à l'école du mime Marceau. Découvrant son goût pour la danse, il passe une audition au CNDC (Centre national de danse contemporaine) d'Angers, dirigé à l'époque par Alwin Nikolais. Le chorégraphe américain le recrute dans sa compagnie. À dix-huit ans, il devient danseur professionnel. De son travail avec Nikolais, il gardera le sens du spectacle total où lumières, décors et costumes sont aussi importants que la danse.

BLEU, BLANC, GOUDE… ET DECOUFLÉ

En 1983, il fonde sa compagnie DCA. Sa première pièce, *Vague Café*, est primée au concours de Bagnolet. Elle lui permet de se faire connaître. Son univers nourri de références à la BD s'affirme. Il commence à s'intéresser à la vidéo. 1989 marque un tournant. Jean-Paul Goude, photographe et réalisateur de films publicitaires, est l'homme-orchestre du défilé de la commémoration du bicentenaire de la Révolution française intitulé *Bleu, blanc, Goude*. Il charge Philippe Decouflé de chorégraphier *La Danse des sabots*. C'est un triomphe sur les Champs-Élysées à Paris.

DES « DECOUFLERIES » OLYMPIQUES

Fort de ce succès, en 1992, il est choisi pour réaliser la mise en scène des cérémonies d'ouverture et de clôture des Jeux olympiques d'hiver d'Albertville en Savoie. 1 500 personnages se succèdent dans un univers qui mêle images, danse et art du cirque. Pour décrire ce kaléidoscope visuel, on parle désormais de « decouflerie ». Particulièrement réussie, cette parade est reprise par les télévisions du monde entier et donne un nouveau souffle à ce type de défilé. Le grand public s'enthousiasme pour le talent du jeune chorégraphe.

LA CHAUFFERIE, UN LABORATOIRE CHORÉGRAPHIQUE

Malgré le succès, Philippe Decouflé garde la tête sur les épaules. En 1995, il installe sa compagnie à Saint-Denis, dans la banlieue nord de Paris, dans une ancienne usine thermique, la Chaufferie. Il fait de ce lieu un laboratoire de recherches chorégraphiques. Le bâtiment, d'une superficie de 700 m^2, accueille des compagnies invitées et des ateliers chorégraphiques tout au long de l'année.

UN MAGICIEN QUI OSE

En 1997, il orchestre la cérémonie du cinquantenaire du Festival international du film de Cannes. Il n'est pas novice en la matière : amoureux du cinéma et des images, il y fait souvent référence dans ses pièces. Il crée un univers où réel et virtuel se côtoient. Il joue avec les miroirs, les perspectives, les trucages… Assister à un spectacle de Decouflé, c'est avoir accès à un monde délirant dans lequel évoluent des personnages loufoques aux corps élastiques, mi-pantins, mi-acrobates. Il entraîne les spectateurs dans un tourbillon féerique qui laisse admiratif et procure une émotion jubilatoire !

Le Ballet de l'Opéra de Lyon dans *Tricodex*. Lyon (2004).

? LE SAIS-TU ? Les initiales de la compagnie DCA signifient « Decouflé & complices associés ».

VOIR AUSSI
Rat

Aucun peintre n'a aimé à ce point l'univers de la danse. Pendant plus de vingt ans, Edgar Degas (1834-1917) a observé les ballerines de l'Opéra Garnier. Pas étonnant qu'on l'ait surnommé « le peintre des danseuses ».

FASCINÉ PAR LES DANSEUSES

Plus de la moitié des dessins, gravures et peintures d'Edgar Degas, peintre appartenant au mouvement impressionniste, est consacrée aux ballerines de l'Opéra. Rarement un artiste a su saisir avec une telle sensibilité et un tel réalisme les détails de leur vie quotidienne, à l'échauffement comme sur scène, en coulisses comme en répétitions. Il peut passer des journées entières à les observer pour capturer la précision de celle qui lace ses chaussons ou l'épuisement de celle qui bâille.

L'Examen de danse, 1874.

LE MYSTÈRE DE « LA PETITE DANSEUSE DE QUATORZE ANS »

En 1881, Degas dévoile à l'Exposition impressionniste une sculpture en cire hyperréaliste représentant une ballerine un peu maigre et pas très jolie, debout en quatrième position, les bras dans le dos. Originalité : le tutu est en vrai tulle et le ruban dans les cheveux en satin rose. En 1997, le musée d'Orsay, où est exposé un bronze de cette œuvre, demande au palais Garnier de restaurer le tutu, abîmé par le temps. Des recherches permettront de révéler l'identité du modèle. La jeune fille avait quinze ans et s'appelait Marie Van Goethem. Contrainte par sa mère à vendre ses charmes aux riches abonnés de l'Opéra Garnier, elle fut renvoyée du corps de ballet.

UNE EXPOSITION EXCEPTIONNELLE

D'octobre 2002 à avril 2003, une exposition *Degas et la danse** s'est tenue aux États-Unis, à Detroit et Philadelphie. Jamais un aussi grand nombre de peintures et de dessins n'avait été réuni. À défaut de faire partie des chanceux qui ont pu visiter cette expo, tu peux toujours découvrir des œuvres de Degas au musée d'Orsay, un des plus beaux musées de Paris.

* Cf. le documentaire de M. Scorer. DVD Arte Vidéo.

? LE SAIS-TU ? En 2003, Patrice Bart, maître de ballet à l'Opéra national de Paris, a créé le ballet *La Petite Danseuse de Degas*.

VOIR AUSSI
Partenaire

Deux (danses à)

Par définition, les danses en couple, appelées aussi danses de salon ou de société, nécessitent deux partenaires ! On dit aussi cavalier ou cavalière pour désigner les deux danseurs.

UN CONTACT PHYSIQUE

Beaucoup de danses se pratiquent en duo. De la valse aux danses d'Amérique latine (tango, rumba…), quel plaisir d'unir ses pas à ceux d'un partenaire ! Le XXe siècle a vu apparaître de nombreuses danses de couple. Et si, à l'inverse de tes grands-parents, tu bouges de plus en plus en solo dans les fêtes, sache que les danses à deux regagnent du terrain dans les écoles. On n'a jamais vu autant de personnes s'initier à la salsa que depuis une dizaine d'années ! Et n'est-ce pas aujourd'hui encore les mariés qui ouvrent, en duo, le bal de leurs noces ?

QUELQUES DANSES DE COUPLE

Dans les années 1920-1930, on danse le paso-doble, la valse musette et la java, mais aussi des danses américaines comme le charleston, le fox-trot ou le lindy hop. Entre les deux guerres mondiales, les danseurs découvrent la rumba, la samba puis le be-bop, le mambo et le cha-cha-cha à la Libération. Le rock'n roll fait son apparition dans les années 1950. Aujourd'hui, on danse sur des rythmes plus exotiques – la biguine, le zouk ou le merengue…

COMMENT DANSER À DEUX ?

On t'invite à danser ? Voici quelques conseils pour adopter une bonne position de départ. On l'appelle position fermée, parce que les danseurs dansent dans les bras l'un de l'autre. Face à toi, ton cavalier t'invite en te présentant sa main gauche. Tu acceptes en posant ta main droite dans la main tendue. Il t'attire vers lui. Chacun se tient droit, les épaules dégagées. Pose ta main gauche sur son épaule et appuie ta main droite dans sa main gauche levée à peu près à la hauteur de tes yeux. Son bras doit être détendu mais ferme. Tu dois pouvoir compter sur lui ! Voilà, vous pouvez commencer…

VOIR AUSSI
Poids

Pour être au top et bien danser, tu dois veiller à ton alimentation. Des repas équilibrés te fourniront les apports caloriques dont tu as besoin. Si tu évites les sucreries et les graisses, tu peux manger de tout sans te priver.

LA RÈGLE DE TROIS

Pour un bon équilibre alimentaire, tu dois faire trois repas par jour auxquels tu peux ajouter un goûter dans l'après-midi. En dehors de ces rendez-vous fixes, évite de grignoter. La prise de poids vient souvent de ces petits picorages en apparence insignifiants.

- Le petit déjeuner peut être copieux. Il doit associer un produit céréalier (pain, céréales, biscottes…), un lipide (beurre, margarine de tournesol…), une protéine riche en calcium (lait, yaourt, fromage blanc, fromage), un fruit et une boisson (thé, café, eau…).
- Le déjeuner et le dîner doivent comprendre une protéine (poisson, volaille, viande blanche, œuf, jambon, viande rouge… une fois par jour seulement), un légume (un légume vert cuit à un repas et un féculent ou légume sec à l'autre repas), éventuellement un produit laitier et un fruit (cuit de préférence). Tu peux ajouter une crudité ou une soupe.
- En cas de fringale, notamment avant de prendre un cours en fin d'après-midi, tu peux consommer un fruit, une barre énergétique ou quelques fruits secs (amandes, figues, noisettes…).

BIEN MANGER POUR BIEN DANSER

Une bonne alimentation est le gage d'une meilleure forme. Elle permet de parfaire ou de maintenir sa silhouette. Elle limite également les petits soucis comme les crampes, les tendinites ou les coups de pompe. Si tu danses à l'heure du déjeuner, surtout ne saute pas le repas et ne t'y rends pas à jeun. Prépare-toi par exemple un petit sandwich avec du pain complet, du poulet ou du jambon et un peu de beurre. Prends le temps de le manger calmement au lieu de l'engloutir en deux minutes. Après le cours, complète avec un yaourt ou un fruit et, surtout, n'oublie pas de boire beaucoup.

BOIRE JUSQU'À PLUS SOIF

Quand tu danses, ton effort musculaire entraîne une dépense énergétique. Celle-ci produit de la chaleur, ce qui augmente la température de ton corps. Pour éviter que tu ne sois en ébullition, ton corps se débarrasse de cet excès de chaleur par la sueur. Mais selon l'effort et la température de la salle de danse, transpirer peut entraîner une perte importante d'eau. Pour éviter de te déshydrater, tu dois donc compenser en buvant beaucoup. Sinon gare aux coups de fatigue et aux crampes ! N'hésite pas à boire avant, pendant et après les cours. Emporte ta bouteille d'eau dans la salle.

QUE MANGER AVANT UN SPECTACLE ?

Pour te sentir légère, tu peux être tentée de ne pas manger avant un spectacle ou un examen. Se présenter le ventre vide sur scène ou devant un jury est la pire des choses à faire ! Cela ne fait que rajouter au stress que tu peux ressentir. Ne change rien à tes habitudes alimentaires. Un conseil : pour être au mieux de tes possibilités musculaires, mange des pâtes la veille, ou trois heures avant l'effort. Évite juste les penne quatre fromages... bien trop grasses ! Privilégie une sauce tomate à l'huile d'olive et une cuillerée à soupe de parmesan. Et cuis-les *al dente*. Trop cuites, les pâtes deviennent des sucres rapides que ton organisme « brûle » sur-le-champ.

N'OUBLIE PAS LES VITAMINES !

Faire travailler ses muscles nécessite aussi un apport en vitamines B et C. Si tu manges équilibré, tu ne risques pas de souffrir de carences. C'est pour cette raison que les nutritionnistes insistent tant sur la consommation de cinq fruits et légumes par jour. Voilà pourquoi tu ne dois pas non plus supprimer le pain (sous prétexte que ça fait grossir) ou les céréales de ton alimentation.

Fais le plein d'énergie

Les 2 000 Kcal nécessaires au bon fonctionnement de ton organisme doivent être réparties de la façon suivante : 55 % de glucides, 30 % de lipides et 15 % de protides.

- Les glucides « simples » se trouvent par exemple dans les fruits, et les glucides « complexes » dans les pâtes, le riz, les pommes de terre, le pain, les céréales.
- Il existe deux catégories de lipides : les « visibles » (huiles, beurre...) et les « cachés » (ceux naturellement présents dans les aliments comme le fromage ou les noix et ceux – plus mauvais – ajoutés dans des aliments comme les viennoiseries ou le chocolat...).
- Les protides sont plus connus sous le nom de protéines. Ils servent à la fabrication, la croissance et l'entretien des tissus dont tu es constituée. On les trouve dans les œufs, le poisson, la viande, les yaourts, le lait.

Discipline

Enseignement artistique, la danse est avant tout une discipline que l'on s'impose à soi-même. Ne t'enfuis pas : « discipline » n'est pas un gros mot, mais rime avec travail, exigence et rigueur.

TRANSMISE PAR UN MAÎTRE

La danse fait partie des arts au même titre que la musique ou la peinture. Elle est considérée comme une discipline artistique faisant l'objet d'un enseignement spécifique. On peut dire que certains danseurs ont des maîtres à danser comme d'autres ont des maîtres à penser. Toi-même, tu fais confiance à ton ou tes professeurs pour approfondir tes connaissances et améliorer ta maîtrise de tel ou tel pas. Si tu veux progresser, la seule solution est de te plier aux règles transmises par ton professeur qui les a lui-même reçues d'autres pédagogues.

COLLECTIVE...

Suivre des cours de danse impose une discipline collective car, sauf exception, tu n'es pas seule à recevoir cet enseignement. Le bon déroulement d'un cours dépend aussi de la bonne entente et du respect que chaque élève témoigne aux autres. Permettre à chacun de se regarder dans la glace ou de disposer de son propre espace participe de cette discipline.

... ET INDIVIDUELLE

Toute danseuse s'impose une discipline corporelle quotidienne. Danse et laisser-aller ne font pas bon ménage. Inutile de t'infliger une discipline de fer comme si tu étais soliste dans une compagnie. Tu dois juste prendre conscience que, si tu ne t'imposes pas de règle de conduite, tu ne progresseras pas. Car tu n'apprivoiseras véritablement cette discipline artistique qu'est la danse que si tu tentes de maîtriser d'abord ton propre corps.

L'art de la répétition

Répéter sans cesse chaque geste cours après cours, être assidue et persévérante sont quelques-unes des conditions pour pouvoir prétendre pratiquer telle ou telle danse autrement qu'en dilettante.

Nés dans les discothèques (d'où son nom !), ce genre musical apparaît au début des années 1970. L'immense succès du film *Saturday Night Fever* impose la gestuelle et le style vestimentaire disco.

D'ABORD UNE MUSIQUE

Dans les années 1970, les Américains découvrent en discothèques de nouvelles sonorités produites par des synthétiseurs. La musique disco se caractérise par un rythme binaire bien marqué et très entraînant. Elle donne immédiatement envie de danser. En quelques années, ce courant musical conquiert le monde entier.

L'EXPLOSION DISCO

En 1977 sort le film *Saturday Night Fever* (*La Fièvre du samedi soir*). La bande originale est signée des Bee Gees. Les ventes de disques explosent. Tout le monde veut danser disco à la manière du beau Tony Manero interprété par John Travolta. L'exubérance du style séduit. On se lâche dans la gestuelle comme dans les vêtements. Micro-shorts à paillettes pour les filles, pantalons pattes d'eph', chemises ouvertes et bottines pour les garçons !

LE DISCO EST MORT, VIVE LE DISCO !

Au début des années 1980, le disco est donné pour mort avec le succès de nouvelles musiques comme la house ou la new-wave. Mais il ne se laisse pas enterrer aussi facilement. Il suffit de faire le test de passer *YMCA* des Village People dans une fête, succès assuré !

Ma mini play-list disco

- Abba, *Dancing Queen*
- Bonney M, *Daddy Cool*
- Bee Gees, *Night Fever*
- Chic, *Le Freak*
- Patrick Hernandez, *Born To Be Alive*
- Madonna, *Hung up*
- Sister Sledge, *We Are Family*

VOIR AUSSI
Stretching

À quoi reconnaît-on une allure de danseuse ? À cet incomparable maintien dû à un dos musclé et souple. La danse peut t'aider à prendre très tôt de bonnes habitudes.

PLEIN LE DOS !

Un collégien sur trois et un lycéen sur deux se plaignent d'avoir mal au dos. Des cartables et des sacs trop lourds, de mauvaises habitudes corporelles, le manque d'exercice physique, les causes sont nombreuses. Tu ne comptes pas les heures que tu passes assise devant un bureau à travailler..., crois-tu toujours être dans la bonne position ? N'as-tu pas la tentation de te laisser aller sans bien placer ton dos ?

LA DANSE AIDE À SE GRANDIR

Activité physique complète, la danse fait travailler le dos, du bassin jusqu'au sommet du crâne. Elle apprend à se tenir droit, à s'allonger, à se grandir. Combien de fois as-tu entendu ton professeur vous dire de relever le menton, de redresser le dos, de rentrer le ventre et de baisser les épaules ? À force de le répéter, cette bonne position devient une habitude. La danse t'enseigne un bon placement du corps, notamment de la colonne vertébrale, indispensable charpente de ton squelette.

UN ATOUT SÉDUCTION

Tu n'en as peut-être pas conscience mais un joli dos musclé est une arme de séduction massive ! Un bustier ou une robe à dos nu ont infiniment plus de charme portés par une fille qui se tient droite que celle qui a le dos rond et les épaules rentrées. Pour peu que tu dégages ta nuque en relevant tes cheveux et les garçons te suivront les yeux fermés...

5 petits trucs pour ménager ton dos

En dehors des cours de danse, voici quelques petits conseils quotidiens pour entretenir un bon maintien.

- Évite de te casser en deux quand tu laces tes chaussures. Pose le pied sur une chaise ou mets un genou à terre.
- Porte ton sac plutôt dans le haut du dos et plaqué contre la colonne. Ajuste les bretelles pour qu'elles ne descendent pas au niveau des vertèbres lombaires.
- Plie toujours tes genoux quand tu ramasses quelque chose par terre – surtout s'il s'agit de quelque chose de lourd.
- Assieds-toi bien au fond de ta chaise, le dos contre le dossier, sur tes deux fesses (!), les deux épaules à la même hauteur. À la maison, étire-toi régulièrement.
- Ne te couche pas sur ta feuille quand tu écris. Reste à bonne distance de ton cahier, dos droit, tête légèrement inclinée.

? LE SAIS-TU ? La chorégraphe Trisha Brown a imaginé un solo *If You Couldn't See Me*, entièrement dansé dos au public.

Duncan (Isadora)

VOIR AUSSI
Moderne

Sa vie mouvementée a fait d'elle un mythe. Sa mort spectaculaire - étranglée par son écharpe prise dans la roue de sa voiture - ne doit pas faire oublier le rôle immense joué par cette pionnière de la danse moderne.

Isadora Duncan, en 1910.

UNE ENFANCE BOHÈME

Angela Isadora Duncan naît en 1877 à San Francisco. Elle mène une enfance bohème avec ses quatre frères et sœurs. Élevée dans l'amour de la musique et une fascination pour la Grèce antique, elle commence à danser très jeune. Inscrite dans une école, elle se heurte à la discipline. De 1895 à 1899, elle se produit dans des comédies musicales à Chicago et à New York, mais rêve d'une danse moins académique et plus naturelle.

LA CONQUÊTE DE L'EUROPE

En 1900, elle quitte les États-Unis pour l'Europe où sa danse est enfin reconnue. Elle se produit à Londres, Berlin, Budapest. Elle fait ses débuts officiels à Paris, en 1903. Elle danse à Moscou et à Saint-Pétersbourg, où elle rencontre le chorégraphe Michel Fokine et la danseuse Anna Pavlova.

INSPIRÉE PAR LA MYTHOLOGIE GRECQUE

Isadora crée son propre style en puisant dans les danses de l'Antiquité grecque. Elle rejette le ballet classique, trop rigide à son goût, pour valoriser l'improvisation, la spontanéité, l'émotion et la liberté du mouvement. Elle se débarrasse aussi du carcan du tutu et des pointes. Elle apparaît pieds nus, vêtue de simples tuniques, parfois très transparentes, sur une scène sans décor ou en plein air.

UNE PÉDAGOGUE DOUÉE

Isadora a toujours aimé transmettre son bonheur de danser aux autres. Bonne pédagogue, elle fonde plusieurs écoles en Europe. La première ouvre en 1905 à Grünewald, près de Berlin. Une quarantaine de jeunes filles y sont nourries et logées gratuitement. On les appelle les « Isadorables ». Une autre « école de danse libre » est créée à Darmstadt. Sa sœur, Elizabeth, en prend la tête. La danseuse tente aussi d'ouvrir une école à Moscou mais le projet échoue assez vite.

UNE VIE MARQUÉE PAR LE MALHEUR

Est-ce sa fascination pour la Grèce qui a fait de sa vie une tragédie antique ? De fait, son existence est jalonnée de drames. Femme adulée, aux mœurs très libres, Isadora a connu des passions ravageuses. Mais l'un des plus grands tourments de sa vie a été la mort de ses deux enfants, âgés de sept et trois ans, noyés à l'intérieur d'une voiture tombée dans la Seine. Elle-même mourra dans des circonstances tragiques à Nice en 1927. Elle est étranglée par son écharpe prise dans les rayons de la roue de sa Bugatti. Ses cendres reposent au crématorium du cimetière du Père-Lachaise à Paris.

UN ESPRIT LIBRE DANS UN CORPS LIBRE

Tout le monde s'accorde à dire qu'Isadora Duncan est une « révolutionnaire ». Elle a posé les bases de la danse moderne en rupture avec les fondements classiques. Nombre de chorégraphes revendiquent encore son héritage. Il ne reste aucune trace filmée et à peine quelques photos d'elle. Seuls les dessins du portraitiste Jules Grandjouan, qui l'a suivie durant ses séjours à Paris, sont encore là pour se souvenir de cette grande dame.

Dupond (Patrick)

Avant d'être juré dans « Incroyable talent », une émission sur M6, Patrick Dupond a surtout été un danseur surdoué. Attachante et sincère, cette « bête de scène » est rapidement devenue une star populaire, faisant aimer la danse à un large public.

AVEC UN « D » COMME DANSEUR

« Je m'appelle Dupond, comme tout le monde... mais avec un d, comme danseur ! » Patrick Dupond n'a jamais eu sa langue dans sa poche. Son caractère indiscipliné et sa fougue lui vaudront d'ailleurs de nombreuses remarques de ses professeurs ou de la direction de l'Opéra de Paris tout au long de sa carrière. Qu'importe ! Le danseur étoile a toujours suivi son instinct, quitte à y laisser parfois quelques plumes...

LA FUREUR DE DANSER *

Né à Paris en 1959, il découvre la danse à huit ans. Après avoir été le seul garçon d'un cours de danse classique, il fait la rencontre de Max Bozzoni, professeur à l'Opéra de Paris, qui remarque son talent. Ce dernier prend la carrière du jeune garçon en main et le prépare au concours d'entrée de l'École de danse de l'Opéra de Paris. En 1970, Patrick fait ses premiers pas dans cette illustre maison qui le consacrera étoile dix ans plus tard. C'est en octobre 1980, à vingt et un ans, que Patrick Dupond sera nommé pour le rôle de Nijinski dans *Vaslaw*, composé spécialement pour lui par le chorégraphe John Neumeier.

VARNA : LA CONSÉCRATION À DIX-SEPT ANS

Bulgarie. Été 1976. Un jeune danseur remporte la médaille d'or du Concours international de Varna. Organisée depuis 1964, cette prestigieuse compétition attire les meilleurs danseurs du monde entier. Patrick Dupond est le premier Français couronné. Sa prestation dans la variation et la coda (morceau de bravoure composé de pas brillants et rapides) du pas de deux du ballet *Le Corsaire* est tout simplement époustouflante.

UN TOUCHE-À-TOUT

Il a travaillé avec les plus grands, de Rudolf Noureev à Maurice Béjart en passant par Alvin Ailey. En 1988, il est nommé directeur artistique du Ballet français de Nancy puis devient, en 1990, directeur de la danse à l'Opéra de Paris jusqu'en 1995. Victime d'un grave accident en janvier 2000, il a réussi à danser de nouveau grâce à l'aide et au soutien de son ancien et fidèle professeur, Max Bozzoni.

* Titre d'un livre, aujourd'hui épuisé, consacré à Patrick Dupond en 1985, écrit par Jean-Pierre Pastori, aux éditions Favre.

Patrick Dupond dans *Vaslaw*. Chorégraphie de John Neumeier. Paris (1992).

VOIR AUSSI
Barre

Quand tu arrives au cours, tu n'as qu'une envie : danser. Alors pourquoi t'inflige-t-on une demi-heure d'exercices d'échauffement ? Pour préparer ton corps à l'effort et lui éviter les blessures.

UN PASSAGE OBLIGÉ

Impatiente de danser, de répéter la chorégraphie, tu te passerais bien de cette préparation laborieuse et parfois pénible. Sache que cette mise en route t'est indispensable pour bien danser. Comme un moteur diesel, ton corps a besoin d'un temps d'adaptation pour être au top de ses possibilités. De la racine de tes cheveux jusqu'à la pointe de tes orteils, chaque muscle, chaque articulation doit être sollicité, réveillé et étiré en douceur.

PETITE LEÇON DE PHYSIOLOGIE

En période de repos, les muscles et les tendons sont à la température de 36 °C. Or, ils travaillent beaucoup mieux à une température de 38-39 °C. On constate une augmentation de l'élasticité des tendons et de 80 % de la souplesse musculaire. De même, le système nerveux fonctionne mieux entre 38 et 39 °C. Ainsi l'échauffement te permet de travailler avec moins de fatigue, moins de traumatisme articulaire et avec une précision supérieure, que si tu commençais à danser sans cette mise en jambes.

Ton amie l'eau !

Répétons-le une fois encore : il ne te faut absolument pas oublier de boire. Emporte ta bouteille d'eau avec toi. Tous les deux ou trois exercices, absorbe quelques gorgées. C'est indispensable à ton bien-être. Ne passe surtout pas un cours entier sans avoir bu sous prétexte que tu peux très bien attendre.

T'ÉCHAUFFER, POUR QUOI FAIRE ?

- Pour assouplir ton corps (articulations et muscles) afin d'éviter les accidents musculaires et les blessures (tendinites, contractures, entorses, élongations, claquages...).
- Pour te préparer psychologiquement à entrer dans le cours. Ce rituel physique permet de faire le vide par rapport à ce que tu as vécu juste avant de venir danser.
- Pour mieux danser. Après un échauffement progressif, ton corps sera mis en condition, comme déverrouillé.
- Pour mieux récupérer. S'il est bien préparé, ton corps pourra produire l'effort intense que tu lui demandes en t'évitant ... plus de fatigue après.

BARRE IMPOSÉE OU COCKTAIL MAISON

En danse classique, les exercices s'enchaînent généralement dans le même ordre quel que soit le cours : dégagés, pliés, petits battements, ronds de jambe, grands battements, pied sur la barre, pied dans la main… Dans les autres disciplines, chaque professeur concocte sa propre série d'exercices. Pour se mettre en route et dérouiller tout en douceur les tendons et les articulations, l'échauffement commence avec des mouvements de faible amplitude. Puis, le rythme s'accélère progressivement.

LE PRINCIPE DE LA PELURE D'OIGNON

Pour préserver la chaleur, superpose les couches de vêtements. C'est le principe de la pelure d'oignon. Tu pourras ainsi les enlever ou les remettre selon que ton corps est plus ou moins réchauffé. Pour le bas du corps, enfile un pantalon d'échauffement ou une combinaison à rabat à la taille par-dessus tes collants. Tu peux aussi préférer des jambières et des chevillères. Pour le haut, opte pour un cache-cœur ou un chauffe-épaules.

Règles d'or d'un bon échauffement

- Il doit durer au moins une vingtaine de minutes pour être efficace.
- Il doit être progressif. Ne jamais faire les exercices en force. Respirer profondément.
- Il ne doit négliger aucune articulation ni aucun groupe de muscles.

VOIR AUSSI
Cours de danse

C'est important de bien choisir le lieu où tu vas apprendre à danser. Tu dois te renseigner sur la qualité de l'enseignement mais aussi sur l'ambiance qui y règne.

PUBLIQUES...

Selon le lieu où tu habites, tu as plus ou moins le choix pour trouver une école de danse. Il existe des structures subventionnées par l'État ou par les collectivités territoriales (commune, département, région), comme les conservatoires. Un examen devant un jury avec une variation imposée clôture généralement l'année scolaire pour accéder à la classe supérieure. La danse classique, la danse contemporaine ou le modern jazz y sont couramment enseignés.

... OU PRIVÉES

Une multitude d'écoles privées existent partout en France. Certaines ont bonne réputation. À toi de recueillir des tuyaux auprès d'anciens élèves par exemple. Si tu vis dans une grande ville, regarde d'abord celles qui se trouvent près de chez toi. Il est parfois difficile – même si tu es très motivée – de faire des kilomètres pour suivre des cours. Renseigne-toi aussi sur les tarifs souvent plus élevés que dans une école municipale. En danse, à la différence de la musique, les cours particuliers sont rares.

ÉTAT DES LIEUX

Un bon professeur, c'est important, mais l'ambiance d'une école n'est pas à négliger. Rends-toi sur place, assiste à un cours. De nombreuses écoles organisent des journées portes ouvertes en début d'année scolaire. Tu pourras te rendre compte des installations et de l'accueil qui t'est réservé. Autant dire la vérité, certaines écoles sont un peu des usines où le suivi des élèves n'est pas très bien assuré. Oublie aussi celles où les filles se regardent un peu trop le nombril quand il s'agit avant tout de se faire plaisir. Préfère une petite structure, plus familiale, mais où tu te sentiras à l'aise pour progresser dans ton apprentissage.

C'est le principe de base de la danse classique. Il vise à une ouverture maximale des jambes et des cuisses vers l'extérieur à partir des hanches.

CHASSEZ LE NATUREL

L'en-dehors est une position du corps qui n'est pas naturelle. En 1760, Jean-Georges Noverre, théoricien de la danse écrit : « Rien n'est si nécessaire que le tour de cuisse en-dehors pour bien danser, et rien n'est si naturel à l'homme que la position contraire. » Remarque la démarche de certaines danseuses : elles ont tellement travaillé leur en-dehors qu'elles donnent l'impression de marcher en canard. Charlie Chaplin (voir photo) s'est d'ailleurs inspiré de cette position pour créer la démarche de son inoubliable personnage de « Charlot ».

POURQUOI CETTE POSITION ?

Être en « en-dehors » signifie que les jambes sont tournées vers l'extérieur à partir des hanches. Cette ouverture implique toute la jambe. En danse classique, les mouvements se font « en-dehors » pour deux raisons. D'abord, les mouvements sont plus gracieux ainsi. Ensuite, l'en-dehors permet une plus grande liberté de mouvement : tu peux lever les jambes plus haut quand tu es placée en en-dehors.

CULTIVE TON EN-DEHORS

Comme il ne s'agit pas d'une position naturelle, il faut la travailler dès son plus jeune âge pour l'accentuer. Voici quelques conseils : serre les fesses, rentre le ventre, bascule ton bassin en avant tout en restant droite, tourne tes pieds le plus possible vers l'extérieur en gardant les talons serrés l'un contre l'autre. L'idée est d'atteindre un angle à 180 degrés.

ET L'« EN-DEDANS » ALORS ?

C'est tout simplement le contraire de l'en-dehors ! Nijinski utilise des positions en-dedans dans *Le Sacre du printemps*. Autrefois, on parlait d'en-dedans pour évoquer les pointes de pieds tournées vers l'intérieur.

Charlie Chaplin en Charlot... Il a la poisition idéale !

Certains danseurs libèrent une telle vitalité qu'ils donnent envie, rien qu'en les regardant, d'entrer dans la danse à son tour. Qu'ont-ils de plus que les autres ?

UNE FORCE VITALE

« Donne-moi des pieds pour danser » est le début d'un chant des femmes Bijogo, un peuple d'Afrique de l'Ouest, lors des cérémonies d'initiation. C'est ainsi qu'elles demandent aux esprits de leur village d'obtenir l'énergie suffisante pour danser et pour vivre. L'énergie est cette force vitale qui guide les pas de chacun d'entre nous et dans laquelle nous puisons pour nous mettre à danser.

CANALISER CE BOUILLONNEMENT INTÉRIEUR

Nous ne possédons pas tous le même potentiel d'énergie. Dès l'enfance, certains semblent animés d'une vitalité inépuisable. Peut-être la danse te tente-t-elle pour te permettre de libérer tout ce bouillonnement que tu sens en toi ? C'est un bon choix. Certaines disciplines comme le hip-hop, la danse jazz ou la danse africaine te donneront l'occasion de laisser jaillir tout cela mais t'apprendront aussi à le canaliser. Comme certains arts martiaux, la danse t'enseignera à maîtriser ton énergie et à en moduler l'intensité. Au lieu de la gaspiller dans tous les sens, tu apprendras à la diriger dans chacun des mouvements que tu exécutes.

UNE ÉNERGIE RECYCLABLE

Une discothèque écologique a ouvert ses portes à Rotterdam en 2008. Pourquoi écolo ? Parce que l'énergie produite par les déhanchements des danseurs est convertie par des capteurs situés sous la piste de danse en électricité qui alimente à son tour l'éclairage des lieux. 2 000 noctambules génèrent suffisamment d'énergie pour réduire de 30 % les dépenses de cette discothèque. Une idée lumineuse, ne trouves-tu pas ?

Equilibre

À pieds plats, sur demi-pointes ou sur pointes, il n'est pas toujours facile de maintenir son corps dans une attitude stable. Travail et concentration sont quelques-unes des clefs de la réussite.

AS-TU DE L'ÉQUILIBRE ?

Mets-toi pieds parallèles, légèrement écartés l'un de l'autre. Jambe gauche tendue, lève ta jambe droite pliée à la hauteur de ton genou gauche. Puis, monte tes bras au-dessus de ta tête. Essaie de tenir un moment dans cette position. Répète le mouvement de l'autre côté. Si tu parviens à maintenir la position vingt secondes sans bouger les bras, sans gigoter dans tous les sens, tu as une bonne base d'équilibre. Attention, peut-être réussiras-tu mieux à droite qu'à gauche. C'est normal, nous sommes toujours plus à l'aise d'un côté que de l'autre.

UN PRÉCIEUX ALLIÉ

Tu t'en es peut-être déjà rendu compte mais le sens de l'équilibre est précieux quand on danse. Surtout dans la danse classique qui exige le maintien constant de la verticalité de l'axe du tronc. En néoclassique ou en contemporain, on demande aussi aux danseurs de savoir rompre l'équilibre. Pas de panique si tu te sens encore vacillante sur tes appuis : l'équilibre s'acquiert au fil des entraînements. Il se travaille lors des exercices à la barre puis au milieu. Tu arriveras plus vite que tu ne penses à exécuter les mouvements des jambes et des bras en gardant l'équilibre. Bien sûr, en demi-pointes et *a fortiori* sur pointes cela devient plus compliqué. Plus tu développeras ta force et ta tonicité musculaire, plus tu parviendras à rester dans l'axe.

Exercice d'équilibre

Face à la barre, mets-toi en première position, retiré jambe droite, les deux mains sur la barre. Place ensuite tes bras en couronne en maintenant le retiré. Pour t'aider, serre tes abdominaux et les fesses. Fixe aussi du regard un point droit devant toi.

Ce titre, très convoité, est attribué à une femme ou un homme promus aux premiers rôles. Brillance, virtuosité, tempérament, technique irréprochable... comment énumérer les qualités indispensables à une telle reconnaissance ?

Marie-Agnès Gillot (Diane) et Aurélie Dupont (Sylvia) dans *Sylvia*, de John Neumeier. Opéra Bastille, Paris (2005).

AU FIRMAMENT DE LA TROUPE

Ce titre apparaît dès 1895 sous la forme de « sujet étoile ». L'image a sans doute été choisie pour souligner les qualités uniques des artistes pouvant prétendre à un tel niveau d'excellence. Auparavant, on parlait de « premier sujet » et de *Prima ballerina* en Italie. Grade suprême, il désigne le sommet de la hiérarchie des danseurs. Lycette Darsonval et Solange Schwartz sont les premières danseuses à recevoir ce titre de manière officielle en 1940 ; Serge Peretti, le premier homme en 1941. Dans les autres compagnies de ballets classiques, on parle également d'étoile mais aussi de soliste, de « principal ».

LE TOP DU TOP

À l'Opéra de Paris, les danseurs sont classés par grades : quadrille, coryphée, sujet, premier danseur et étoile. Alors que les échelons se gravissent grâce à un concours annuel, les étoiles sont nommées par le directeur de l'Opéra, sur proposition de la directrice de la danse, Brigitte Lefèvre. Il faut attendre qu'un poste se libère pour avoir une chance d'y accéder. Ce titre est accordé à vie. Les nominations peuvent avoir lieu sur scène devant le public ou en coulisses.

DE SUJET À ÉTOILE

Les étoiles sont généralement choisies parmi les premiers danseurs. Toutefois, dans l'histoire de l'Opéra de Paris, il existe des danseurs devenus étoiles alors qu'ils étaient toujours sujets. C'est le cas de la danseuse Dominique Khalfouni, couronnée en 1976. Mais aussi de Manuel Legris, nommé étoile par Rudolf Noureev le 11 juillet 1986 sur la scène du Metropolitan Opera de New York à l'issue de la représentation de *Raymonda*. Et, plus de récemment, Mathieu Ganio, nommé le 20 mai 2004 alors qu'il dansait *Don Quichotte*.

DES DIAMANTS À FACETTES

Comment reconnaît-on une étoile sinon qu'elle brille de sa propre lumière ? Un danseur ou une danseuse étoile se distingue par une technique irréprochable, une virtuosité, mais aussi par un tempérament hors du commun, une présence charismatique et une puissance émotionnelle. Une étoile, c'est aussi un diamant à facettes, une personnalité qui vous donne la chair de poule ou vous fait monter les larmes aux yeux d'admiration.

Qui sont les étoiles de l'Opéra de Paris ?

Début 2009, l'Opéra de Paris compte quinze danseurs étoiles, dont huit femmes (Émilie Cozette, Aurélie Dupont, Dorothée Gilbert, Marie-Agnès Gillot, Agnès Letestu, Delphine Moussin, Clairemarie Osta et Laetitia Pujol) et sept hommes (Jérémie Bélingard, Mathieu Ganio, Manuel Legris, Nicolas Le Riche, José Martinez, Hervé Moreau et Benjamin Pech).

Dans la présence scénique d'un danseur, le jeu expressif tient une grande place. Bien souvent, on lui demande de jouer un rôle, de se glisser dans la peau d'un personnage.

« Si une expression part de très loin, si elle correspond à une vérité intérieure ressentie par l'interprète, le public la recevra parfois violemment. Il y a une grande part de don là-dedans. La technique et le travail viennent ensuite. »

Maurice Béjart, chorégraphe.

TRANSMETTRE UNE ÉMOTION

Quand on parle des danseurs, on évoque souvent leur expressivité. Au-delà de la technique pure, ce qui marque chez un interprète, c'est sa capacité à exprimer des sentiments, à rendre sensible par le mouvement un sentiment ou un sens. Un danseur doit aussi être un bon comédien.

Elisabeth Ros dans le *Boléro*, de Maurice Béjart (1998)

L'ART DE LA PANTOMIME

Dans certains ballets romantiques, comme *Giselle* ou *Le Lac des cygnes*, les danseurs emploient un langage codifié pour exprimer des idées, des émotions et des sentiments. Cette forme d'expression gestuelle s'appelle pantomime, ou « l'art de parler en dansant ». Par exemple, pour signifier « entendre », la danseuse porte sa main ouverte à son oreille, pour dire « amour », elle place ses deux mains croisées sur son cœur. Aujourd'hui encore, certains ballets du répertoire classique comprennent de nombreuses scènes de pantomime. Ce subtil jeu d'acteur est vécu comme un défi artistique pour les danseurs.

DES DANSES TRÈS EXPRESSIVES

Certaines danses, comme le flamenco ou la danse indienne, sont réputées très expressives. Mains, bras, jambes, chaque partie du corps est mue par la volonté de transmettre des émotions. Le visage est particulièrement expressif, notamment les yeux qui brillent d'un éclat singulier. Observe bien les danseuses flamencas : elles semblent possédées par leur personnage.

Film américain réalisé par Alan Parker, c'est la comédie musicale culte des années 1980. Avec sa bande-son ultra-célèbre, il n'a pas pris une ride… ou presque !

EN QUÊTE DE GLOIRE

Huit adolescents suivent des cours de danse, de théâtre et de chant à la prestigieuse High School of Performing Arts de New York. Chacun rêve de devenir célèbre. Le film retrace leur parcours, leur acharnement, leurs doutes, leurs rêves. Ambitieuse, Coco est prête à tout pour faire ses débuts dans le show-business. Quitte à se brûler les ailes… D'origine modeste, Leroy est un sublime danseur qui supporte mal la discipline de l'école.

INSPIRÉ PAR UNE VRAIE ÉCOLE

Les scénaristes de *Fame* ont pris pour modèle et pour cadre la célèbre Fiorello H. LaGuardia High School of Music & Art and Performing Arts. Cette école artistique publique est située à New York. Elle porte le nom du maire Fiorello H. La Guardia qui a fondé l'établissement en 1936. Certains élèves de l'école ont tourné comme figurants dans le film.

UNE SÉRIE TOUT AUSSI CULTE !

Fame a inspiré une série diffusée en France de 1982 à 1987. On y retrouvait les personnages principaux du film. Célèbre dans le monde entier, la série a fait naître des milliers de vocations artistiques. Quand on revoit le film des années après, on comprend où les concepteurs d'émissions comme « Star Academy » sont allés pêcher leur inspiration !

? LE SAIS-TU ? Irene Cara, l'interprète de la bande originale, connaîtra de nouveau le succès avec *Flashdance*, en 1983.

Les médias parlent souvent de « la France des festivals ». En été, tu peux en prendre plein les yeux quel que soit l'endroit où tu habites. Mais le reste de l'année aussi ! Voici quelques belles manifestations chorégraphiques.

VOIR DE LA DANSE

Aimer la danse s'accompagne généralement d'un appétit pour aller voir des spectacles. Quand on y a pris goût, on ne peut plus s'en passer. Aller voir de la danse ne coûte pas forcément très cher. Parfois, dans certains festivals, les tarifs jeunes tournent autour de dix, douze euros... Une belle occasion de casser ta tirelire, pour une émotion forte qui t'accompagnera longtemps. Qu'attends-tu pour éveiller ou satisfaire ta curiosité ?

DES MOMENTS FORTS

Année après année, certains festivals se sont imposés comme des rendez-vous incontournables. Les villes dans lesquelles ils ont lieu jouent le jeu et vibrent à l'unisson de cet événement. Il n'y a qu'à aller se promener fin juin, début juillet à Montpellier, ou tous les deux ans en septembre à Lyon, pour constater ce formidable déploiement d'énergies.

DES ÉVÉNEMENTS TOUT AU LONG DE L'ANNÉE

Contrairement à d'autres arts pour lesquels les festivals commencent avec les beaux jours, la France vit toute l'année au rythme de la danse. Renseigne-toi. Parles-en à tes copines du cours de danse. Surfe sur les sites spécialisés. Peu importe si tu n'as jamais entendu parler des chorégraphes dont tu vas découvrir le travail. Lis le programme, laisse-toi guider par une photo, une note d'intention, un article que tu lis dans la presse. On n'oublie jamais les tout premiers spectacles que l'on va voir, crois-moi !

Au fil des mois...

- JANVIER

Suresnes Cité danse - www.suresnescitesdanse.com
Faits d'hiver - danses d'auteurs (Paris) - www.faitsdhiver.com

- FÉVRIER

Les Hivernales (Avignon) - www.hivernales-avignon.com

- MARS- AVRIL

Biennale du Val-de-Marne - www.cdc94.com

- MAI

Festival Nouvelles (Strasbourg) - www.pole-sud.fr
Rencontres chorégraphiques internationales de Seine-Saint-Denis - www.rencontreschoregraphiques.com

- JUIN

Uzès danse - www.uzesdanse.fr
Montpellier danse - www.montpellierdanse.com

- JUILLET

Festival d'Avignon (in et off) - www.festival-avignon.com
Paris quartier d'été - www.quartierdete.com
Vaison danses (Vaison-la-Romaine) www.vaison-danses.com

- SEPTEMBRE

Le Temps d'aimer (Biarritz) - www.letempsdaimer.com
Biennale de danse de Lyon - www.biennale-de-lyon.org

- OCTOBRE- NOVEMBRE

Automne en Normandie (Rouen) - www.automne-en-normandie.com

- DÉCEMBRE

Danse d'ailleurs (Caen) - www.ccncbn.com

Cet art populaire espagnol regroupe danse et musique des Gitans d'Andalousie. Cri de souffrance, le flamenco est aussi un chant d'espoir. Loin de la version pour touristes !

Cristina Hoyos, Madrid (1991).

POURQUOI FLAMENCO ?

L'origine du mot flamenco est très incertaine. Certains estiment qu'il vient des mots arabes *felah-mengus* (« paysan errant ») qui pourrait désigner les Gitans. D'autres prennent son sens d'origine qui signifie « Flamand ». Comment l'habitant des Flandres est-il arrivé en Espagne ? On pense que c'est ainsi que l'on désignait les Gitans, créateurs de cet art, arrivés des Flandres (les actuels Pays-Bas).

L'ÂGE D'OR DES CAFÉS CANTANTES

Le berceau du flamenco est l'Andalousie. C'est là que se démocratisent un chant, une musique et une danse inspirés par le drame des Gitans persécutés. Au milieu du XIXe siècle, des concerts ont lieu dans des cafés cantantes, sorte de cabarets. Le flamenco se popularise. Vers 1910, l'engouement pour ces cafés diminue. Le public se dirige vers un flamenco plus théâtral, le « Flamenco ballet ».

UNE VIRTUOSE DES CASTAGNETTES

Antonia Mercé y Luque tient son surnom, « La Argentina », du pays où elle est née en 1890. Elle débute à neuf ans au Théâtre royal de Madrid où elle est nommée Première danseuse à onze ans. Interprète exceptionnelle du flamenco, des danses classiques espagnoles et de l'école Bolera (danse avec castagnettes), elle se produit dans les théâtres du monde entier. Elle est considérée comme l'une des danseuses les plus importantes du XXe siècle. Virtuose des castagnettes, elle a donné ses lettres de noblesse à la danse espagnole.

DE FIGURANTE À ARTISTE

La danse est apparue bien après le chant et la guitare dans le flamenco. Au début, la danseuse n'est qu'un complément esthétique : elle n'est visible que de temps en temps, comme un intermède pour les spectateurs, entre deux chants. Les chorégraphies sont limitées et les filles tout en rondeurs et en attitudes provocantes. Plus tard, danseuses puis danseurs travaillent à des chorégraphies plus élaborées. De simple figurante, la danseuse a su s'imposer comme une artiste.

UNE DANSE TRÈS EXPRESSIVE

Le flamenco est une danse où l'on sent l'interprète habité par les émotions. Les danses masculine et féminine diffèrent. La première privilégie le claquement des pieds sur le sol et la seconde les mouvements de bras. La femme semble danser sur elle-même. Elle défie l'homme en faisant bouger les plis de sa robe longue et en dessinant des mouvements avec les bras. L'homme reste sobre, les pieds joints ou parallèles, le torse bombé, le cou tendu, la tête jetée en arrière.

LA NOUVELLE GÉNÉRATION

Figure de la danse espagnole, le chorégraphe Antonio Gades, disparu en 2004, a triomphé dans le monde entier avec sa *Carmen*, portée au cinéma par Carlos Saura en 1983. Cristina Hoyos est aussi l'une des meilleures danseuses de flamenco du XXe siècle. Aujourd'hui, une nouvelle génération composée d'artistes comme Sara Baras, Mercedes Ruiz ou Israel Galvan maintient la flamme.

Le patrimoine français dispose d'une impressionnante variété de danses traditionnelles. Festives, entraînantes, elles se transmettent de génération en génération. Prête à entrer dans la danse ?

UN HEXAGONE DANSANT

Quelle que soit la région française où tu te rendras en vacances, tu constateras qu'une danse traditionnelle souvent vieille de plusieurs siècles y est attachée. Elle appartient au patrimoine de cette région. La plupart du temps, ces danses sont accompagnées de chant ou de musique jouée sur des instruments traditionnels. Tu remarqueras qu'elles sont aussi présentées en costumes typiques. Quelle diversité ! Quelle richesse ! Loin d'êtres ringardes, ces danses témoignent d'une époque où chaque village dansait pour se divertir.

POUR LES MOISSONS OU LES NOCES

Quand la vie apporte son lot de malheurs et de difficultés, la danse a toujours joué son rôle de divertissement. Danser pour se changer les idées, voilà une belle promesse toujours d'actualité. Il y a plusieurs siècles, on dansait pour célébrer tous les événements de la vie quotidienne : naissance, mariage, fin des travaux des champs, moissons, récolte… La plupart du temps, les danseurs formaient des rondes ou des files indiennes. Les pas étaient laissés à l'inspiration de chacun. Progressivement, ces danses ont été codifiées, ce qui permet qu'aujourd'hui encore on sache danser la bourrée auvergnate ou la farandole provençale.

PERPÉTUER LA TRADITION

Il existe de nombreuses écoles ou groupes de danses folkloriques qui perpétuent les danses et les traditions d'autrefois. Ils se produisent lors de festivals ou de fêtes et sont fiers de transmettre le flambeau aux nouvelles générations. L'ambiance est toujours conviviale et on s'amuse beaucoup. Dans certaines régions comme la Bretagne, la tradition est encore tellement ancrée qu'on se réunit dans des fest-noz, des bals où l'on danse jusqu'à une heure avancée de la nuit.

LA BOURRÉE DEVENUE DANSE DE COUR

Cette danse populaire en couple, née dans le centre de la France, existe depuis le XVIe siècle. Elle devient danse de cour en 1565 grâce à Marguerite de Valois qui la rapporte à Paris. Contrairement à ce que l'on pense, la bourrée est une danse légère, difficile à exécuter en raison de la combinaison des pas et des déplacements. On la trouve en Auvergne, en Anjou, dans le Bourbonnais et dans le Limousin.

LA SARDANE : EN CERCLE

Cette danse traditionnelle catalane est encore très vivace. Les danseurs en cercle se tiennent par la main, accompagnés par la musique d'un ensemble instrumental, appelé la cobla. Le cercle est fermé et il est de coutume d'alterner un homme et une femme.

LA BRETAGNE DANSE

La Bretagne est sans doute l'une des régions qui comptent le plus grand nombre de danses. La plus connue, la plus ancienne et la plus répandue est la gavotte. Mais on peut citer aussi la danse plinn, la danse fisel, l'en dro, l'hanter dro, les laridés. Ce sont toutes des danses d'origine paysanne pratiquées depuis des siècles pour les plus anciennes. Chaque pays (province) breton a adopté une danse et l'a adaptée pour la rendre unique et différente des autres.

La farandole, danse provençale pour les fêtes de la récolte des vers à soie. Illustration du XIXe siècle.

? LE SAIS-TU ? Le pas de bourrée a été codifié pour devenir l'un des principaux pas du ballet classique.

Forsythe (William)

VOIR AUSSI
Guillem, Mode

Ce chorégraphe a été pendant vingt ans le directeur artistique du Ballet de Francfort. Venu du ballet classique, il n'a cessé de le déstructurer et de le bousculer avec une incroyable virtuosité.

William Forsythe lors d'une répétition de *Woundwork 1* à l'Opéra Garnier, Paris (1999).

LE PLUS « EUROPÉEN DES AMÉRICAINS »

Né en 1949 à New York, William Forsythe étudie la danse classique et la danse jazz à l'université de Jacksonville (Floride). Il est passionné de rock et de comédie musicale. À vingt-deux ans, il danse au Joffrey Ballet de Chicago. Il quitte les États-Unis en 1973 car il entre au Ballet de Stuttgart, engagé par son directeur John Cranko sans même que celui-ci, dit-on, l'ait auditionné. La première création de William Forsythe, *Urlicht*, un duo sur une musique de Gustav Mahler, voit le jour en 1976.

« SON » BALLET DE FRANCFORT

Il chorégraphie des pièces pour différentes grandes compagnies comme le Nederlands Dans Theater, l'Opéra de Berlin ou l'Opéra de Paris sur l'invitation de Rudolf Noureev. En 1984, il prend la direction artistique du Ballet de Francfort et compose la même année *Artifact*, une pièce qui impose son style survolté, brillant. Il demande aux danseurs de grandes prouesses corporelles. Il contribue à la renommée internationale du Ballet de Francfort jusqu'à sa fermeture en 2004. Depuis, pour poursuivre son aventure chorégraphique, il a créé The Forsythe Company, composée de dix-huit danseurs.

UN CHEF-D'ŒUVRE : *IN THE MIDDLE, SOMEWHAT ELEVATED*

En 1987, William Forsythe crée ce ballet pour Sylvie Guillem et la fine fleur du ballet de l'Opéra de Paris dont Laurent Hilaire, Manuel Legris, Isabelle Guérin… Sur une partition de Thom Willems, son fidèle complice, il livre un chef-d'œuvre où danse, musique et lumière s'entremêlent en un feu d'artifice visuel et sonore. Sylvie Guillem y est éblouissante. « Danser *In The Middle, Some what Elevated*, c'est un défi qu'on se lance à soi-même car on ne sait pas si on y arrivera. Tout est basé sur l'équilibre, la force et la vitesse. C'est très dur physiquement », confie la ballerine. En effet, Forsythe semble y désarticuler les corps dans des enchaînements complexes, rapides, nécessitant technique et virtuosité.

UNE ROBE À DANSER

Le couturier japonais Issey Miyake a eu l'idée de ses fameux vêtements tubulaires plissés, les *Pleats please* (« des plis s'il vous plaît »), en découvrant le travail de Forsythe. « Je pensais mettre en valeur les particularités de la matière des *Pleats* en faisant des costumes légers qui retrouvent instantanément leur forme originelle, avec lesquels les danseurs pourraient sauter, voler », se souvient le créateur. Il élaborera les costumes pour le ballet *The Loss of Small Detail*, créé en 1992. Deux ans plus tard, il lancera ce nouveau vêtement.

FORSYTHE, UN AMI DE LA FRANCE

De 1990 à 1998, le chorégraphe a été accueilli en résidence au Théâtre du Châtelet à Paris. Depuis quelques années, il se produit régulièrement au Théâtre national de Chaillot. Il entretient également une collaboration assidue avec le Ballet de l'Opéra de Lyon qui compte une dizaine de ses pièces à son répertoire.

? LE SAIS-TU ? *In The Middle, Somewhat Elevated* a été présenté en 1994 dans la cour d'honneur du palais des Papes à Avignon.

VOIR AUSSI
Billy Elliot

As-tu remarqué combien les garçons sont peu nombreux dans les cours de danse ? Considérée comme une « activité réservée aux filles », la danse, à l'exception du hip-hop, les fait fuir. Il est temps d'en finir avec ces clichés, non ?

AUX GRANDS HOMMES, LA DANSE RECONNAISSANTE !

Que serait l'histoire de la danse sans la gent masculine ? Longtemps, la danse n'a d'ailleurs été qu'une affaire d'hommes. À l'époque de Louis XIV, les femmes en étaient totalement absentes. Peu à peu, les ballets ont fait la part belle aux ballerines qui ont éclipsé les danseurs. Mais le XXe siècle a connu de fabuleux interprètes – de Vaslav Nijinski à Rudolf Noureev, de Jean Babilée à Mikhail Baryshnikov. Quant aux maîtres de ballet et aux chorégraphes les plus talentueux, ce sont bien souvent des hommes.

BLEU POUR LES GARÇONS, ROSE POUR LES FILLES...

Les garçons qui dansent seraient tous efféminés ; les filles qui jouent au football seraient toutes des garçons manqués. Ne crois-tu pas qu'au XXIe siècle, il est grand temps de tordre le cou à des clichés aussi stupides ? Tant que de tels préjugés persisteront, les garçons craindront de se mettre à la danse et préféreront taire leur envie à leurs parents et à leurs copains. Et laisseront en friche un potentiel. C'est comme ça que dans les cours de salsa, on se retrouve quinze filles pour trois garçons !

DES « MASCULINS SENSIBLES »

Tu as des copains farouchement anti-danse. Ne les laisse pas dans leurs *a priori*. Propose-leur de t'accompagner à un spectacle de hip-hop ou à un ballet classique. Ainsi, ils pourront se rendre compte que les pas de danse, les grands sauts, les portés demandent les mêmes exigences que n'importe quel sport de haut niveau. La danse est une activité complète où un garçon peut conjuguer la force, la puissance et l'expression de sa sensibilité.

Popularisée par la télévision, cette discipline olympique diffère du patinage artistique en couple. Au programme : vitesse, technique, virtuosité et élégance...

SPORTIVE, ARTISTIQUE...

Il ne faut surtout pas confondre la danse sur glace et l'épreuve de couple en patinage artistique. Même si les deux disciplines se pratiquent en duo, elles comportent un certain nombre de différences. En couple, la fille est souvent nettement plus petite que le garçon afin de faciliter les portés. En danse sur glace, la différence de taille entre les partenaires est nettement moins marquée.

... ET OLYMPIQUE

La danse sur glace est devenue discipline olympique aux Jeux d'hiver de 1976 à Innsbruck (Autriche). Depuis, elle connaît un engouement très important, largement soutenu par la télévision qui retransmet la plupart des compétitions internationales.

Les Canadiens Marie-France Dubreuil et Patrice Lauzon.

UNE COMPÉTITION = TROIS ÉPREUVES

La première épreuve est la danse imposée choisie parmi dix-huit danses : fox-trot, quick step, paso doble, rumba, tango argentin, blues, valse européenne, valse viennoise... La danse originale, ou « danse de création », est la deuxième épreuve. Le thème musical change chaque année. La danse est composée de séries de pas fixés par le règlement ainsi que des pas libres. Pour la danse libre, les partenaires choisissent leur musique et leur chorégraphie en y intégrant quelques éléments techniques imposés.

DES FRANÇAIS, ROIS DE LA GLACE

Même si de nombreux couples russes excellent en danse sur glace, les Français n'ont pas à rougir dans cette discipline. Depuis les années 1990, Isabelle et Paul Duchesnay, puis Marina Anissina et Gwendal Peizerat dans les années 2000, se sont imposés dans les différentes compétitions internationales. Aujourd'hui, la relève est assurée par le couple Isabelle Delobel et Olivier Schoenfelder, champions du monde en 2008 à Göteborg (Suède).

À quoi reconnaît-on les bons danseurs ? À leur souplesse, leur technique, leur sensibilité bien sûr, mais aussi à ce « supplément d'âme » qu'ils mettent dans leurs mouvements : la grâce.

« L'Église a mis les anges au placard. Il nous reste les danseurs. »
Dominique Delouche, cinéaste.

TOUCHÉ PAR LA GRÂCE

Dans un *Dictionnaire de la danse* datant de 1895, on peut lire une définition de la grâce conforme à l'image qu'on s'en faisait à l'époque : « La grâce s'entend en danse comme la perfection à laquelle doivent arriver tous les danseurs, principalement les femmes. Il est aussi difficile de définir en quoi consistent les études nécessaires à acquérir la grâce, qu'il est facile de comprendre ce en quoi elle réside. » Facile, en effet, de détecter cette lumière qui habite le corps du danseur et lui permet de rayonner plus que les autres. Quant à réserver la grâce « principalement » aux femmes, tu comprends bien qu'une telle affirmation n'a vraiment plus lieu d'être.

DON OU TRAVAIL ?

Sans vouloir te décourager, il n'existe pas de recettes miracles pour acquérir ce mystérieux « petit plus ». Paraître moins raide, mettre plus de fluidité dans le mouvement, parfaire l'élégance de sa gestuelle, on peut toujours y travailler. Mais est-ce vraiment cela la grâce ?

ÉTAT DE GRÂCE

Que l'on soit habitué des spectacles de danse ou que l'on s'y rende pour la première fois, la rencontre avec un ou des danseurs habités par la grâce est une expérience inoubliable et magique. Le solo, ou le pas de deux, commence, et là c'est comme si le temps s'arrêtait. Tu suspends ta respiration, tu écarquilles plus grands les yeux pour ne pas en perdre une miette et tu voudrais, surtout, que le moment ne finisse jamais.

Graham (Martha)

Mère de la danse moderne, c'est l'une des personnalités les plus marquantes du XXe siècle. En 1998, elle a été élue « danseuse du siècle » par le magazine américain *Time*.

« Je peux dire d'où quelqu'un vient d'après sa démarche, d'après l'exécution de ses mouvements. Le mouvement ne ment pas. »

RUPTURE AVEC LE BALLET CLASSIQUE

Née en 1894, Martha Graham commence à s'intéresser à la danse très jeune, après avoir vu danser Ruth Saint Denis. À vingt-deux ans, elle entre à l'école Denishawn fondée par cette pionnière de la danse moderne. En 1926, elle fonde sa propre compagnie, The Martha Graham Dance Company à New York. Sa danse est en rupture avec le ballet classique.

LAMENTATION : UN BOULEVERSANT SOLO

Assise sur un banc, pieds et mains engoncés, une femme essaie de s'extirper d'un grand tissu comme elle tenterait de se débarrasser d'une carapace de douleur. Créé en 1930, *Lamentation* est un bouleversant solo d'à peine trois minutes. Les mouvements qu'elle a créés avaient pour fonction de décrire ce qui se passe à l'intérieur. Elle appelait cela « cartographier le cœur », raconte Janet Eilber, directrice artistique de la compagnie Graham. Il fallait que chaque mouvement corresponde à une intention, à une émotion ressentie.

LA TECHNIQUE GRAHAM

Très féconde, elle a travaillé pratiquement jusqu'à sa mort en 1991. On lui doit une technique fondée sur la respiration et la « contraction-détente » du corps. Elle a inventé un langage chorégraphique où l'expression dramatique et le caractère passionnel du geste trouvent toute leur place.

Martha Graham dans *Salem Shore* (1950).

? LE SAIS-TU ? En 2006, la Martha Graham Dance Company a fêté ses quatre-vingts ans à New York.

Guillem (Sylvie)

VOIR AUSSI
Béjart

Des jambes interminables, un cou-de-pied de rêve, un corps sculpté par la danse… Outre une silhouette parfaite, l'étoile possède une personnalité farouche et solitaire. C'est sans nul doute la dernière *Prima ballerina assoluta* du monde de la danse.

UNE ASCENSION FULGURANTE

Douée pour la gymnastique, Sylvie Guillem entre à l'École de danse de l'Opéra de Paris en 1977 à l'âge de douze ans. Remarquée par la directrice Claude Bessy, elle est directement admise en deuxième année. En 1981, elle intègre le corps de ballet. Promue coryphée en 1982 puis sujet un an après, elle gravit les échelons de manière rapide. En 1984, elle devient première danseuse. Cinq jours plus tard, Rudolf Noureev la nomme étoile à l'issue de sa prise de rôle (sa première apparition dans ce ballet) dans *Le Lac des cygnes*. Elle n'a que dix-neuf ans.

GUILLEM, L'ÉTOILE REBELLE

Aspirant à plus de liberté, notamment la possibilité de répondre aux invitations de compagnies étrangères, elle décide de quitter l'Opéra de Paris en 1988. « Noureev comprenait mieux que personne ce que je lui demandais. En me le refusant, il a mis à l'épreuve mon désir de liberté* », se souvient-elle. Elle se produit à la Scala de Milan, au Ballet royal du Danemark, au Japon avec le Tokyo Ballet, au Kirov de Saint-Pétersbourg, à Washington et à New York avec l'American Ballet Theater. Elle revient à Paris au Palais Garnier en étoile invitée. En 1989, elle devient *principal guest artist* du Royal Ballet de Londres.

BÉJART, SON « AUTRE PÈRE »

Avec William Forsythe dont elle apprécie le style enlevé, Maurice Béjart compte parmi les chorégraphes qui ont marqué la carrière de Sylvie Guillem. En 1983, elle remporte le prestigieux concours de Varna en interprétant – sans son autorisation – le solo « La Luna », extrait du ballet *Héliogabale* créé en 1976. « Vous avez bien fait », lui dira Béjart quand ils se rencontreront quelque temps plus tard. Pour elle, il a créé des ballets sur mesure comme *Épisodes*, *Sissi, l'impératrice anarchiste,* ou *Racine cubique*. La danseuse a également marqué de son empreinte le célèbre *Boléro* qu'elle a interprété plus de deux cents fois. Elle l'a d'ailleurs inscrit au programme de l'hommage rendu à celui qui se considérait comme son « autre père », durant l'été 2008.

UNE ARTISTE LIBÉRÉE

En 2003, la danseuse noue une complicité artistique avec le chorégraphe britannique Russel Maliphant. « *Il m'ouvre des territoires que je n'ai pas encore explorés. J'ai dû me remettre dans la peau d'une élève qui doit apprendre ce qu'elle ne sait pas »*, confiait-elle dans une interview publiée dans *Le Monde 2* en février 2004. Créé en 2005 au Sadler's Well de Londres, *Push* réunit les deux artistes dans un pas de deux construit autour de portés vertigineux, qui mêlent force et fluidité et surtout défient les lois de la gravité. Tout en déséquilibres retenus et en figures quasi acrobatiques, les deux danseurs affichent une parfaite harmonie en dépit de l'adversité physique qu'ils s'imposent. *Push* ou comment repousser les limites de la danse aux frontières du possible.

INVITATION, UN LIVRE UNIQUE

En 2005, sort un immense livre de photos de plus de quatre cents pages d'une beauté renversante que tout fan de la grande ballerine rêve de posséder — ou possède déjà ! *Invitation* compile des photos de scène (ses plus grandes interprétations), mais aussi des instants plus personnels. Jusqu'à des photos de famille émouvantes où l'on comprend de qui elle tient cet incroyable potentiel physique. Sous l'œil du photographe – et compagnon de vie – Gilles Tapie, rencontré le soir de la générale de la pièce de William Forsythe *In The Middle, Somewhat Elevated*, Sylvie la solitaire, la farouche, l'exigeante, la jusqu'au-boutiste, lève une part de voile sur le mystère Guillem.

* Citée dans *Télérama* du 25 juin 2008.

? LE SAIS-TU ? En 1998, elle a signé sa propre version de *Giselle* pour le Ballet national de Finlande.

Hip-hop

VOIR AUSSI
Battle, Breakdance

Ce mouvement de culture urbaine naît à New York dans le quartier du Bronx au début des années 1970. Il recouvre plusieurs disciplines dont la musique rap, le graff ou le tag et la danse.

« La danse est une aventure formidable. Elle peut nous amener à être des citoyens du monde. »

Kader Attou, chorégraphe

L'INFLUENCE AMÉRICAINE

Le hip-hop est né dans les années 1970 aux Etats-Unis. Issu du Bronx, il permet aux jeunes d'exprimer leurs talents, d'affirmer leur identité, de transformer leur mal de vivre en énergie positive et artistique. Un des « pères » du hip-hop est le DJ Afrika Bambaataa qui crée le groupe The Zulu Nation en 1975, en référence aux guerriers zoulous d'Afrique du Sud. En tournée dans les années 1980 en Europe, il va contribuer à diffuser cette culture.

FILS SPIRITUELS

Certains danseurs de hip-hop revendiquent une filiation avec les Nicholas Brothers. Engagé au Cotton Club, célèbre salle de concert et dancing de Harlem en 1932, ce duo de danseurs noirs danse pour un public essentiellement blanc car, à l'époque, l'accès est interdit aux Noirs. Ils deviennent célèbres en créant des séquences de claquettes extrêmement spectaculaires et acrobatiques dans des comédies musicales.

LE RENDEZ-VOUS DU DIMANCHE

Sidney, un animateur de radio, aide à la popularisation de la culture hip-hop grâce à l'émission *H.I.P H.O.P* * qu'il conçoit pour TF1 en 1984. Ce DJ antillais deviendra le premier animateur noir de la télévision française. Diffusée le dimanche en début d'après-midi, cette émission reçoit des jeunes qui dansent en direct. Grâce à cette médiatisation, la breakdance et le smurf (danse debout où les mouvements ressemblent à ceux d'un robot) envahissent les rues.

DE LA RUE À LA SCÈNE

Deux courants de danseurs cohabitent. Ceux qui souhaitent maintenir l'esprit d'origine et qui continuent de danser dans des battles. Et ceux qui ont décidé de créer leurs compagnies, de s'affirmer comme danseurs professionnels et d'être diffusés dans des théâtres. Sont nées ainsi dans les années 1990 des compagnies comme Aktuel force, Black Blanc Beur, Käfig, Accrorap. Des compagnies de danse contemporaine puisent aussi dans l'énergie et la gestuelle hip-hop pour leurs créations.

SURESNES CITÉS DANSE

Lancé en 1993, ce festival a été conçu pour « *donner ses lettres de noblesse à la danse urbaine en imaginant des rencontres entre chorégraphes d'aujourd'hui et danseurs de hip-hop* », selon son directeur Olivier Meyer. Incontournable rendez-vous hip-hop du mois de janvier, cet événement connaît un grand succès. Un pôle de production, diffusion et transmission de la danse hip-hop appelé *Cités danse connexions* a été inauguré le 14 décembre 2007. Un lieu original pour soutenir la création.

* À prononcer en détachant les lettres H...I...P H...O...P

Le code vestimentaire hip-hop

- un pantalon ample « baggy »,
- un top ou un débardeur sous une veste ou un sweat à capuche. Tu peux superposer les tee-shirts
- une paire de baskets souples et confortables permettant de bouger, d'effectuer des figures, de tourner, de sauter…
- des genouillères, des protections pour les coudes et les poignets.

Cette capacité à danser spontanément sans se soucier du regard de l'autre semble naturelle à certaines, plus pénible à d'autres. Et toi, oses-tu te lancer ou redoutes-tu ces moments ?

GARDER SA SPONTANÉITÉ

Te souviens-tu que, lorsque tu étais enfant, tu dansais toute la journée sans te préoccuper du regard des autres ? Il suffisait que tu entendes de la musique pour te mettre à improviser. En grandissant, tu as appris à maîtriser une technique et soudain ta belle spontanéité s'est envolée. Tu vis les exercices d'improvisation comme une torture dont tu te passerais bien. Improviser ne veut pas dire s'exprimer librement en faisant n'importe quoi. Il s'agit de danser : c'est-à-dire de choisir et d'investir une gestuelle par ta présence et ton interprétation.

DÉVELOPPER SA CRÉATIVITÉ

L'improvisation permet d'affirmer sa personnalité et de découvrir sa propre créativité. Les ateliers d'improvisation sont des outils indispensables à la formation du danseur. Prise de risque, mise à nu, elle permet de faire sortir de soi des choses insoupçonnées, de prendre une certaine liberté avec un savoir acquis. Certains vivent très mal ces moments d'improvisation. Même si tu redoutes d'être ridicule, n'aie pas peur de te jeter à l'eau. Laisse-toi porter par la musique ou, à défaut, par le mouvement. Tu peux danser les yeux fermés au début si cela peut t'aider.

QU'EST-CE QUE LE *CONTACT IMPROVISATION* ?

Dans les années 1970, le chorégraphe américain Steve Paxton invente le *contact improvisation*. Aujourd'hui encore, des danseurs se retrouvent lors de sessions, appelées *jams*. Cette pratique dansée est basée sur l'écoute et la confiance entre les partenaires. Il s'agit d'un dialogue physique à partir d'un point de contact entre deux danseurs. De nombreux chorégraphes contemporains se servent du *contact improvisation* comme préparation physique ou outil de recherche et de création pour leurs pièces.

Danser ce n'est pas seulement disposer d'un solide bagage technique, c'est surtout s'approprier un rôle ou une œuvre. À toi d'apporter ta touche personnelle !

AVOIR CONSCIENCE DE SON GESTE

On ne devient pas interprète du jour au lendemain. L'aventure artistique est un long cheminement physique et intellectuel. Apprendre à danser consiste d'abord à posséder une bonne condition physique et à intégrer des acquis techniques. Pour mieux pouvoir s'en libérer par la suite. Quand tu débutes, tu es très concentrée sur l'exécution des pas. Au point de laisser de côté le sens que tu veux donner à tes gestes. Peu à peu, tu prends conscience de l'intention qui guide le mouvement.

DU VÉCU, COCOTTE !

Pour caricaturer, il ne suffit pas de danser en reproduisant de manière mécanique ce que tu as appris. Il faut aussi l'incarner, lui donner de la vie, du cœur, de la couleur, mettre un peu de ton expérience personnelle. C'est peut-être ce qui faisait dire au danseur étoile Wilfried Romoli, lors de ses adieux à la scène en 2008 : *« Le drame du danseur, c'est qu'au moment où il a l'expérience pour interpréter magnifiquement, il n'a plus le physique pour le faire. »*

EXÉCUTANT OU FORCE DE PROPOSITIONS ?

Longtemps le danseur a été considéré comme un exécutant fidèle et discipliné, répondant aux attentes d'un maître de ballet et devant se fondre dans un idéal imposé. Aujourd'hui, il a voix (et corps !) au chapitre. Les chorégraphes contemporains demandent à leurs interprètes de participer à l'écriture créative par le biais d'ateliers d'improvisation par exemple. De plus en plus, interpréter signifie être auteur de son geste ; autrement dit l'interprétation est acte et processus de création. Dans le milieu professionnel, on parle d'ailleurs de danseur-interprète.

Roberta Marquez du Royal Ballet dans *Coppélia*, Londres (2006).

Comment te déshabiller dans les vestiaires collectifs ? Peux-tu danser quand tu as tes règles ? Dois-tu enlever tes sous-vêtements sous ton justaucorps ? Autant de questions essentielles qu'il n'est pas du tout ridicule de poser !

SOUS-VÊTEMENTS OU PAS ?

Certains professeurs de danse classique demandent à leurs élèves d'ôter leurs sous-vêtements sous leur justaucorps pour éviter la démarcation disgracieuse. En grandissant, à toi de décider si tu te plies à cette recommandation. Entre nous, c'est quand même plus esthétique ! Mais, avis aux pudiques : il existe aujourd'hui des sous-vêtements couleur chair et sans couture. Concernant le soutien-gorge, tout dépend de la grosseur de tes seins. Pour te sentir bien, évite que ta poitrine ne « ballotte » trop quand tu fais les mouvements ! Certains justaucorps ont des brassières intégrées.

TU ES PUDIQUE

C'est ton droit le plus strict. Même entre filles, tu n'es pas obligée d'être à l'aise à l'idée de te déshabiller devant les autres. Si vraiment tu redoutes ce moment, tu peux enfiler ta tenue chez toi et arriver déjà prête. Mais tu verras qu'au fil des cours, tu t'habitueras à te dévêtir devant les autres. De toute façon, dis-toi qu'elles sont plus occupées à se préparer qu'à t'observer du coin de l'œil !

DANSER QUAND ON A SES RÈGLES

Ce serait bête de te priver de danser sous prétexte que ton cours tombe un jour où tu es réglée. Si tu en as l'habitude, privilégie les tampons, plus discrets que les serviettes. Tu peux aussi utiliser une serviette ultrafine et en changer après ton cours. Ce jour-là, porte une culotte en microfibre invisible sous ta tenue et choisis plutôt un justaucorps de couleur sombre. Même si les cas sont rares, sache qu'une pratique intensive de la danse entraîne parfois une absence de règles (aménorrhée). Il convient alors de consulter un(e) gynécologue.

Peu de chanteurs peuvent prétendre à une telle renommée. Remarquable show man, danseur éblouissant, il est connu notamment pour son célèbre *moonwalk*.

UN DANSEUR AUTODIDACTE

Né en 1958, Michael Jackson se produit sur scène très jeune avec ses frères au sein du groupe Les Jackson Five. Grand admirateur de Fred Astaire, il apprend la danse en visionnant les films de l'icône de la comédie musicale hollywoodienne. Après avoir connu un énorme succès en famille, Michael décide de se lancer dans une carrière en solo.

THRILLER, UN MODÈLE DE CLIP

L'album *Thriller* sort en 1982. Trois clips vidéo (*Billie Jean*, *Thriller* et *Beat It*) accompagnent la promotion de ce disque. Acteur, chanteur, danseur, Michael Jackson y révèle l'étendue de ses talents et son style unique qui mêle breakdance, rock et disco. Le clip de *Thriller*, d'une durée de quatorze minutes, restera dans les annales de l'industrie musicale.

LE *MOONWALK*, LA JACKSON TOUCH

Doué, il invente une manière de danser faite de triples et quadruples pirouettes et d'un jeu de jambes impressionnant. Pour mettre en valeur ses pas, il porte des pantalons noirs avec des chaussettes blanches pour centrer l'attention sur ses pieds. En 1983, lors d'une émission télévisée, *Motown 25*, il déchaîne l'assistance en exécutant son célèbre *moonwalk*. Ce pas de danse glissé donne l'illusion d'une marche vers l'avant tout en reculant. Sa prestation lui vaudra un télégramme de Fred Astaire : « *Je suis un vieil homme, j'attendais la relève. Merci.* »

Michael Jackson dans le clip *Billie Jean* (1983).

? LE SAIS-TU ? *Thriller* est l'album le plus vendu de tous les temps.

VOIR AUSSI
Barre

Comment danser sans s'appuyer sur des jambes solides ? Sans cela, pas d'équilibre, pas de mouvements, pas de sauts... Plus tu progresseras, plus tu gagneras en force dans les jambes.

« Les jambes des femmes sont des compas qui arpentent le globe terrestre en tous sens, lui donnant son équilibre et son harmonie. »

Phrase extraite de *L'homme qui aimait les femmes*, film de François Truffaut.

INDISPENSABLE BARRE

Appelées « barre », ces séries de mouvements sont un échauffement progressif de toutes les parties du corps, au cours duquel les jambes sont beaucoup sollicitées. Grâce au soutien de la barre (de bois), tu peux te concentrer sur le travail des jambes et le placement de ton corps, sans te poser la question de l'équilibre, qui viendra plus tard pour les exercices au milieu. Au fur et à mesure, tes jambes vont acquérir une plus grande finesse et une élasticité. Leur musculature se développera harmonieusement. Tout ton corps devrait en tirer des bénéfices.

T'AS D'BELLES GAMBETTES, TU SAIS !

Tu n'en as peut-être pas encore conscience mais certains garçons flashent sur les jambes de gazelles et les gambettes musclées. Penses-y ! Certaines danses comme les danses latines que l'on pratique sur talons affinent et musclent les jambes. Tu peux aussi, en complément de la danse, nager ou courir, c'est excellent pour parfaire la silhouette ! La nage avec palmes est, par exemple, un exercice idéal pour muscler ses jambes et tonifier ses fesses.

« THE LEGS »

On disait d'elle qu'elle avait les plus belles jambes de Hollywood. Elles lui vaudront d'ailleurs le surnom de The Legs*. Cyd Charisse, partenaire de Fred Astaire et de Gene Kelly, est l'une des grandes danseuses de l'histoire de la comédie musicale américaine. Elle est remarquée pour la première fois en 1952, dans *Chantons sous la pluie*. Femme fatale vêtue d'une robe verte fendue, fume-

3 petits trucs pour des jambes parfaites

- Oublie les ascenseurs ! Quand tu montes un escalier, pense à repousser le sol lorsque tu poses le pied avant. Tu peux le faire sur demi-pointes, c'est encore mieux.
- Après un cours de danse, installe-toi sur ton lit, les jambes appuyées contre le mur pendant une dizaine de minutes. Ce geste permet aux muscles de se relâcher et favorise la circulation sanguine.
- Masse-toi sous la douche avec un gant et un gel douche de gommage. Commence par les chevilles puis remonte. Après, pense à appliquer une crème hydratante.

cigarette à la bouche, elle séduit Gene Kelly en faisant tourner du bout de son pied un canotier, révélant le galbe parfait de ses jambes.

MUSCLE TES JAMBES EN SOLO

Voici quelques exercices faciles et efficaces à pratiquer une ou deux fois par semaine. C'est idéal pour te détendre, te muscler et maintenir tes jambes en pleine forme.

Exercice n°1

Allongée, tends une jambe vers le plafond. Replie l'autre, genou contre ta poitrine. Dessine des cercles avec le pied en l'air dans un sens puis dans l'autre. D'abord, pied flex puis tendu. Termine par un pédalage en allongeant la pointe du pied. Change de jambe.

Exercice n°2

Allongée sur le dos, sur un tapis, jambes tendues à la verticale, ouvre et ferme les jambes d'abord avec les pieds flex, puis les pointes tendues.

Exercice n°3

Place-toi debout, le dos plaqué contre un mur, les abdominaux bien serrés, les pieds légèrement écartés. Glisse doucement à la verticale en pliant les jambes comme si tu voulais t'asseoir. Essaie de tenir la position le plus longtemps possible. Recommence.

* « Les Jambes », en anglais.

Cyd Charisse et Gene Kelly dans *Chantons sous la pluie* de Stanley Donen (1952).

? LE SAIS-TU ? On dit que les jambes de l'actrice Cyd Charisse étaient assurées pour cinq millions de dollars.

Jazz (danse)

VOIR AUSSI
Claquettes, Énergie

On utilise le même mot pour désigner la musique et la danse apparues aux États-Unis au début du XXᵉ siècle. Nés d'un métissage, la danse jazz et son héritier, le modern jazz, se caractérisent par une grande vivacité.

AUX SOURCES DU JAZZ

Le mot jazz apparaît pour la première fois en 1917. Il est le fruit d'un métissage de danses venues d'Europe et de celles apportées d'Afrique par les esclaves noirs. La danse est une agréable manière de se libérer des dures journées de travail. L'une d'entre elles, le cake-walk, est une danse qui connaît un fort succès dans les plantations. Les riches propriétaires blancs organisent des concours de danse de couples dont le premier prix est… un gâteau ! Apparaissent aussi d'exubérantes danses imitant la gestuelle animalière : le *fox trot* (trot du renard), le *turkey trot* (trot de la dinde), le *camel walk* (marche du chameau)…

DES BLANCS DÉGUISÉS EN NOIRS…

Revenons presque un siècle auparavant. Dans les années 1830, les Blancs s'inspirent des danses des Noirs. Déguisés, le visage noirci au bouchon, des perruques de laine sur la tête, ces danseurs prennent le nom de « Minstrel Show ». Ils proposent des spectacles itinérants composés de numéros inspirés de chansons et de musiques noires. C'est bien sûr une caricature grossière, qui remportera malgré tout un énorme succès. Un seul Noir est autorisé à y participer : Master Juba. Doté d'un jeu de jambes extraordinaire, il brûle littéralement les planches !

LA FOLIE HARLEM

Dans les années 1920, apparaît le jazz proprement dit. Harlem, le quartier noir de New York, bat au rythme de cette musique. Les dancings et les cabarets se multiplient. Les Américains ont envie de fêtes. C'est la grande période du Cotton Club. On y danse le charleston, le lindy hop (l'ancêtre du rock and roll)… Petit à petit, les pas de danse commencent à se fixer. C'est un mélange de danses populaires noires, de claquettes, de figures acrobatiques… Un seul mot d'ordre : la vitalité !

LE BALLET NÈGRE

En 1930, la danseuse Katherine Dunham fonde Le Ballet nègre. Dans ses chorégraphies, elle tente le mélange entre danse classique et danses noires des Caraïbes. Elle crée une technique qui porte son nom. Pour elle, le rythme est l'essence même de la danse. La colonne vertébrale ondule comme un serpent et chaque partie du corps bouge de manière dissociée.

L'ÈRE DU MODERN JAZZ

Entre 1940 et 1960, de nombreux artistes blancs et noirs travaillent ensemble. Ils mélangent les techniques et créent une nouvelle danse appelée « modern jazz ». Jack Cole est le père du Ballet jazz de Broadway. Cet ingénieux chorégraphe invente entre autres les « isolations », ces mouvements du buste isolés du reste du corps, caractéristiques de la danse jazz. Dans son sillage, un autre chorégraphe, Matt Mattox, codifiera un vocabulaire pour transmettre à ses élèves les clefs du modern jazz. Aujourd'hui, cette danse très pratiquée s'appuie toujours sur le rythme ainsi que sur l'énergie, la vitesse, le dynamisme et l'expression individuelle.

Quelle tenue pour le modern jazz ?

- Un pantalon moulant les hanches et évasé vers le bas, un pantacourt, un short.
- Une brassière, un justaucorps, un tee-shirt à fines bretelles… et un haut molletonné pour l'échauffement.
- Des chaussures de jazz en cuir très souple. Certaines possèdent de petits talons.

Danseuse de la Dayton Contemporary Dance Company. New York (1996).

Cette expression est apparue dans les années 1980 pour désigner la génération des jeunes chorégraphes dont la carrière a explosé à cette période.

BAGNOLET : UNE PÉPINIÈRE DE CHORÉGRAPHES

Tous les jeunes créateurs, ou presque, qui ont incarné le mouvement de la « jeune danse française », se font remarquer au Concours de Bagnolet*. Dominique Bagouet ouvre le bal en 1976, suivi de chorégraphes comme Philippe Decouflé, Angelin Preljocaj, Claude Brumachon, Jean-Claude Gallotta, aujourd'hui âgés d'une cinquantaine d'années. Les Rencontres chorégraphiques internationales de Seine-Saint-Denis, qui ont succédé à ce concours, continuent de jouer un rôle d'éclaireur sur la scène chorégraphique internationale.

UNE JEUNE DANSE... FÉMININE

Glissant leurs pas dans les trajectoires de leurs aînées Pina Bausch, Carolyn Carlson ou Trisha Brown, des femmes s'imposent dans ce nouveau paysage chorégraphique contemporain. On découvre Maguy Marin, Mathilde Monnier, Régine Chopinot, Joëlle Bouvier, Odile Duboc, Karine Saporta, Catherine Diverrès... Elles développent toutes leur propre style, abstrait, sensuel ou fortement théâtralisé.

UNE GÉNÉRATION GÂTÉE ?

Face à la vitalité de ces jeunes créateurs, on assiste à la naissance des Centres chorégraphiques nationaux (CCN) dirigés par un chorégraphe et conçus comme un outil de création pour une équipe artistique. À Paris, le théâtre de la Ville, grâce à son directeur Gérard Violette, a révélé au grand public un bon nombre de ces nouveaux chorégraphes français.

* Ce concours annuel a été organisé par la ville de Bagnolet en Seine-Saint-Denis entre 1969 et 1988.

Les Petites Pièces de Berlin de Dominique Bagouet. Biennale de la Danse, Lyon (2008).

Vivier de talents, cette prestigieuse école new-yorkaise forme aux arts du spectacle (danse, musique, théâtre) depuis plus d'un siècle. Chaque année, huit cents étudiants y rêvent de gloire.

À L'ORIGINE, JUSTE UNE ÉCOLE DE MUSIQUE

La Juilliard School (on peut dire aussi « la Juilliard ») est née de la fusion en 1926 de l'Institute of Musical Art, créé en 1905, et de la Juilliard Graduate School. En 1946, l'ensemble est rebaptisé la Juilliard School of Music. D'abord centrée sur la musique, elle s'ouvre à la danse et à l'art dramatique. En 1969, elle déménage pour le Lincoln Center en plein cœur de New York et prend le nom de Juilliard School.

UN ENSEIGNEMENT COMPLET POUR ÉTUDIANTS ACCOMPLIS

Cette école de réputation internationale est divisée en trois départements : la section musique, la section art dramatique et la section danse. Créé en 1951, le département danse propose une double formation en danse classique et danse moderne. À l'époque, c'est la première grande institution artistique à dispenser ce type d'enseignement. Huit cents étudiants originaires des États-Unis et de quarante-six pays étrangers fréquentent cette prestigieuse école.

FAIS UN RÊVE !

Les étudiants préparent le Bachelor of Fine Arts (diplôme) en quatre ans. Le programme mêle cours de culture générale (histoire, langues…), d'histoire de la danse, d'anatomie, de musique et des enseignements pratiques. Les conditions d'admission sont très strictes. Il faut constituer un dossier et justifier de plusieurs années d'apprentissage de la danse : une audition a lieu devant un jury de professionnels. Petit détail qui a son importance : les étudiants étrangers doivent bien sûr parfaitement maîtriser l'anglais pour pouvoir poser leur candidature. Au final, beaucoup d'appelés, peu d'élus : le principe de l'excellence.

Les anciens de la Juilliard

Les chorégraphes Pina Bausch, Susan Buirge et Paul Taylor, le trompettiste de jazz Miles Davis, les acteurs William Hurt, Kevin Kline et Robin Williams ont tous étudié dans cette école renommée.

Quel meilleur compagnon qu'un livre, surtout s'il traite de ton sujet favori ? Voici une petite sélection pour t'évader, rêver grâce à la magie des mots…

DANSEUR

de Colum McCann (Belfond)

Librement inspiré de la vie de Rudolf Noureev, ce roman se dévore d'une traite jusqu'à la dernière ligne. À travers le regard de différents personnages ayant côtoyé le danseur, tu suivras l'exceptionnel parcours de Rudik. Habité par l'amour de la danse, le jeune homme est prêt à tout sacrifier pour son art.

VOUS DANSEZ ?

de Marie Nimier (Gallimard)

Que se passe-t-il dans la tête de celui qui danse, pendant les répétitions et pendant le spectacle ? L'auteur a rencontré de nombreux danseurs et leur a posé cette question. Ce recueil rassemble ces confidences transposées de manière poétique sous forme de portraits. Certains textes sont à l'origine d'un spectacle de la compagnie Beau Geste chorégraphié par Dominique Boivin intitulé *À quoi tu penses* ?

DANSE !

d'Anne Delbée (Le Livre de Poche)

Nul doute que tu vas te laisser séduire par cette histoire d'un amour impossible entre Nathanaël, trente ans, et Clara, onze ans, ballerine en herbe. La jeune fille ouvre les portes de la danse classique à ce « père de substitution ». Un monde fascinant qui va le transformer.

LE CHIEN DE NOUREEV

d'Elke Heidenreich et Michael Sowa (Sarbacane)

Si tu aimes les nouvelles un peu étranges, tu apprécieras l'histoire d'Oblomov, un chien mou et pataud recueilli par Noureev. Gâté à l'extrême par son nouveau maître, Oblomov mène une vie de pacha. Mais sais-tu que ce drôle de cabot possède un secret ? Il danse…

LA VIREVOLTE

de Nancy Huston (J'ai lu)

C'est l'histoire d'un choix. Lin est danseuse professionnelle et maman de deux filles. Un jour, elle abandonne sa famille, poussée par l'impulsion irrépressible de se consacrer à la danse. Nancy Huston décrit à merveille les mouvements de danse et les tiraillements du cœur et du corps. Ce magnifique roman – pour lectrices averties – devrait te donner envie de découvrir d'autres textes (*L'Empreinte de l'ange, Prodige...*) de cet écrivain canadien installée en France depuis de très nombreuses années.

LETTRES À UN JEUNE DANSEUR

de Maurice Béjart (Actes Sud)

Le grand chorégraphe Maurice Béjart répond à un jeune homme qui souhaite consacrer sa vie à la danse, et c'est un peu à chacun de nous qu'il s'adresse. Il explique comment lui-même est arrivé à la danse. « On entre au studio [de danse] comme on entre au temple, à la mosquée, à l'église, à la synagogue, pour se retrouver, se relier, s'unifier. »

LA FEMME QUI DANSE

de Marie-Claude Pietragalla et Dominique Simonnet (Seuil 2008)

À l'origine de ce livre, il y a une rencontre entre un journaliste et une danseuse étoile devenue chorégraphe. Il y a l'envie de mettre des mots sur cette passion pour la danse à travers le parcours d'une femme, ses doutes, ses espoirs, ses moments de joie. Bien plus qu'une autobiographie, ce texte « conçu comme un pas de deux » est une réflexion sur le métier et l'engagement de danseur.

LE GOÛT DE LA DANSE

Textes choisis et présentés par Véronique Petit (Mercure de France)

Ce petit livre compile des textes très variés autour du thème de la danse. Tu te rendras compte que cet art a inspiré de très belles pages à des écrivains comme Gustave Flaubert ou Boris Vian mais aussi aux chorégraphes. À glisser dans ton sac et à déguster selon l'envie du moment.

LA BALLERINE ET LES BARRICADES

de Kathryn Lasky (Gallimard Jeunesse)

1870. Dans Paris assiégé, Sylvie, petit rat, part à la recherche d'une jeune danseuse disparue. Ce roman riche en péripéties t'entraînera dans une période mouvementée de l'histoire de Paris à travers les aventures d'une héroïne courageuse et passionnée.

Le Riche (Nicolas)

VOIR AUSSI
Étoile

Avec humilité et discrétion, ce danseur trace sa route depuis sa nomination comme étoile, il y a plus de quinze ans. Au firmament de la danse, Nicolas Le Riche brille d'une lumière rare.

LE CHOIX DE NOUREEV

Né en 1972, Nicolas Le Riche entre à l'École de danse de l'Opéra en 1982. En 1988, il intègre le corps de ballet. Il devient coryphée en 1989, sujet un an après, puis premier danseur en 1991. Percevant un grand potentiel en ce jeune danseur, Rudolf Noureev lui donne le rôle de Roméo dans sa version de *Roméo et Juliette* en 1991. Deux ans plus tard, il est nommé étoile à l'issue de la représentation de *Giselle* où il danse le rôle d'Albrecht pour la première fois.

Nicolas Le Riche, en 1993.

UN DANSEUR « CONTEMPORAIN »

Distribué dans de grands rôles classiques et contemporains, Nicolas Le Riche se considère comme un danseur « contemporain » malgré sa formation classique. Ancré dans son époque, il ne veut pas voir de clivage entre les danses. Son interprétation du *Jeune homme et la mort* de Roland Petit ou celle du *Boléro* de Maurice Béjart ont marqué tous ceux qui ont eu le bonheur d'y assister. Il a également signé pour l'Opéra de Paris des chorégraphies comme *Caligula* en 2005.

CINQ ANS DE COMPLICITÉ

On peut le lire d'un côté ou de l'autre, selon que l'on s'intéresse à la « bête de scène » ou au Nicolas plus intime. Sorti en octobre 2008, le très beau livre de photographies d'Anne Deniau intitulé sobrement *Nicolas Le Riche* se feuillette du bout des doigts tant on craint de laisser s'envoler la grâce de ce divin danseur.

? LE SAIS-TU ? Nicolas Le Riche a joué dans le film *Aurore*, de Nils Tavernier, sorti en 2006.

Chanteuse, actrice, femme d'affaires, la « Reine de la pop » a tous les talents, y compris celui de faire du monde entier sa piste de danse !

RÊVE DE BALLERINE

Son père voulait qu'elle suive des cours de piano. Elle rêvait de prendre des leçons de danse classique. C'est pour assouvir sa soif de danser que Louise Veronica Ciccone quitte le Michigan pour tenter sa chance à New York en 1977. Elle essaie de décrocher quelques auditions, prend des cours avec Pearl Lang, une chorégraphe ayant travaillé avec Martha Graham. Mais sa carrière ne décolle pas. Elle se lance alors dans la musique… mais n'oubliera jamais ses rêves d'adolescente.

UN CORPS D'ATHLÈTE

À cinquante ans passés, Madonna possède un corps mince et musclé qu'elle entretient par un entraînement quotidien. « Mon corps est un instrument tout aussi important que ma voix », a-t-elle déclaré dans une interview. Végétarienne, elle s'astreint aussi à un strict régime alimentaire. Sur scène, à côté de ses jeunes danseuses, elle ne démérite pas. En 2008, sa tournée Sticky & Sweet Tour a été présentée comme un voyage « fabuleusement dansant ». Pari tenu !

LA REINE DES DANCE FLOOR

Si Madonna danse dans la plupart de ses clips, ce sont surtout ses concerts qui lui permettent de montrer ses talents de danseuse. Véritable « représentation théâtrale de [sa] musique », ils mêlent danse jazz, hip-hop, danses urbaines, disco, et music-hall. *Confessions on a Dance Floor*, sorti en novembre 2005, lui a permis de rendre hommage au disco avec des références à *La Fièvre du samedi soir* et au légendaire groupe suédois Abba.

Madonna au Palais Omnisports de Bercy, Paris (2004).

VOIR AUSSI
Bharata natyam

Danseuse jusqu'au bout des ongles, tu ne dois pas négliger le travail des mains... et des poignets. Eux aussi ont des choses à dire !

SE PRENDRE EN MAIN

Au début, quand on apprend à danser, on se concentre tellement sur les pieds et les jambes qu'on en oublie ses mains. Crispées sur la barre, raidies, doigts écartés dans tous les sens, on en voit de toutes les couleurs. Or, des mains expressives en prolongement d'un beau port de bras, voilà la signature d'une danseuse qui pense à tout ! Tu dois travailler à la souplesse et à l'élégance des mains. Commence par rentrer tes pouces vers la paume de la main, casse toujours légèrement le poignet. C'est déjà un bon début. Concentre-toi sur tes poignets, ce sont eux qui donnent vie et souplesse à tes mains.

PARLER AVEC LES MAINS

Dans la danse indienne, les positions des mains sont d'une grande importance, au point qu'elles ont été codifiées. Ces figures des mains appelées mudras sont répertoriées et servent à la composition chorégraphique du récit dansé dans le Bharata natyam par exemple. Au-delà de l'esthétique, elles racontent une histoire, chaque mudra possédant sa signification propre. D'autres danses, comme le flamenco ou la danse orientale, se caractérisent par des mains très expressives.

SUR LES MAINS

Dans de nombreuses figures de breakdance, les mains sont sérieusement mises à contribution. Points d'appui sur le sol, elles sont à la base d'acrobaties périlleuses. C'est pourquoi les breakers prennent soin de leurs poignets avec des protège-poignets pour éviter les entorses ou les fractures.

Jolies mains, jolie danseuse

Tes mains doivent être nickel. Des doigts aux ongles rongés, franchement, ne trouves-tu pas ça totalement inesthétique ? Occupe-toi de tes mains. Chouchoute-les. Et, un petit conseil : évite le vernis pour le cours de danse...

Comment reconnaître une danseuse d'un coup d'œil ? À sa manière de se tenir et de marcher le dos droit, les épaules basses rejetées en arrière et le cou bien dégagé...

TIENS-TOI DROITE !

Cette phrase te rappelle peut-être des souvenirs ! C'est vrai qu'avant de te mettre à la danse, tu ressemblais plutôt à Gaston Lagaffe, éternel héros lymphatique de bande dessinée. Dos rond, épaules rentrées vers l'intérieur et cou coincé dans les épaules, ton maintien laissait à désirer. La danse va transformer cette vilaine posture : soudain tu vas te redresser comme une belle plante qui s'épanouit au soleil. En plus, tu auras l'impression d'avoir gagné quelques centimètres et cela sans même porter de talons !

QUELLE ALLURE !

C'est le maintien qui donne l'allure. La plus jolie fille du monde perd tout son charme si elle marche voûtée, la tête dans les épaules. D'ailleurs, quand on voit certains mannequins dans des défilés de mode, on se demande si elles ne devraient pas prendre quelques cours ! Si tu observes une danseuse, surtout une danseuse classique, tu seras tout de suite frappée par son superbe maintien en apparence naturel. Détrompe-toi : ces épaules basses légèrement rejetées en arrière, ce buste délicatement cambré et ce cou bien dégagé sont le fruit de nombreuses heures passées à travailler son dos.

PETITES LEÇONS DE MAINTIEN

Il y a une quarantaine d'années, dans les écoles de jeunes filles, on apprenait aux jeunes élèves à se déplacer avec élégance et à s'asseoir de manière raffinée dans des cours de maintien. Elles effectuaient des allers-retours, en gardant la tête haute et les épaules baissées. Nul besoin de ce genre de leçons quand on pratique la danse. On acquiert un bon maintien sans s'en rendre compte, au fil des cours.

Pour te présenter sur scène, tu peux te permettre d'accentuer ton maquillage. C'est indispensable pour faire ressortir les traits de ton visage sous les lumières.

SECRETS DE FILLES

Apprendre à se connaître c'est aussi apprendre à se mettre en valeur. Sans en abuser, le maquillage est là pour te permettre d'être éclatante sous les projecteurs ! Prends ton temps pour te maquiller. Au besoin, avant un spectacle, prépare-toi à la maison et contente-toi de quelques retouches sur place.

PETITE LEÇON EN 8 ÉTAPES

1. Commence par nettoyer ta peau. Applique ensuite une crème hydratante.
2. Pose le fond de teint sur tout le visage. N'oublie pas le cou, le décolleté et même les oreilles ! Choisis une couleur proche de ton teint naturel.
3. Poudre ton visage avec une houppette.
4. Applique le fard à paupières. D'abord une couche claire sur toute la paupière jusqu'aux sourcils, puis une couche sombre sur la paupière mobile.
5. Trace un trait d'eye-liner ou de crayon noir en haut et en bas de la ligne des cils.
6. Applique deux ou trois couches de mascara épaississant pour accentuer le regard (attention aux pâtés !).
7. Dessine le contour de tes lèvres avec un crayon avant de poser le rouge à lèvres. Évite les couleurs pastel, un peu fades pour la scène. N'hésite pas à rajouter du gloss.
8. Termine par une touche de blush sur les joues. Souris pour délimiter l'endroit où passer ton pinceau, du milieu de la joue vers les tempes.

Que mettre dans ta trousse à maquillage ?

- une crème hydratante
- un fond de teint couvrant
- de la poudre
- du blush
- un eye-liner
- un crayon noir pour les yeux
- du fard à paupières
- du mascara noir
- un crayon contour des lèvres
- un rouge à lèvres longue tenue
- une houppette
- des pinceaux
- des cotons à démaquiller
- une lotion démaquillante
- des Coton-Tige…

Directrice du Centre chorégraphique national de Rillieux-la-Pape, Maguy Marin se distingue par une démarche artistique engagée, très ancrée dans notre époque.

DE BÉJART À CRÉTEIL

Née en 1951, Maguy Marin étudie la danse classique à Toulouse puis à Paris. Elle intègre l'école Mudra à Bruxelles en 1970 et devient l'élève de Maurice Béjart. De 1972 à 1976, elle danse au Ballet du XXe siècle. Mais, très vite, l'expérience de la création chorégraphique la tente. En 1977, elle crée le Ballet Théâtre de l'Arche qui deviendra la compagnie Maguy Marin. Installée en région parisienne, elle prend la direction du CCN de Créteil en 1989.

AU CŒUR DE LA CITÉ

En 1998, elle quitte Créteil pour inaugurer le nouveau CCN de Rillieux-la-Pape en banlieue lyonnaise. Après des « années nomades », elle s'installe en 2006 dans un nouveau lieu au cœur du quartier populaire de la Velette. Elle y poursuit sa démarche de création, de diffusion et de sensibilisation artistique auprès des habitants. Elle a toujours accordé beaucoup d'importance à la dimension sociale de son travail artistique.

MAY B, SA PIÈCE MAJEURE

Parqués dans un asile de fous, dix danseurs, augustes aux masques grimaçants et hirsutes, déplacent leurs corps pesants et leurs défroques. Inspirée de la pièce de l'écrivain Samuel Beckett, *May B* est une chorégraphie à l'humour noir grinçant qui évoque l'absurdité de notre condition humaine. Vingt-huit ans après sa création, la puissance toujours vivace de son propos continue de frapper en plein cœur.

Grosse Fugue de Maguy Marin. Biennale de la Danse.

LE SAIS-TU ? *May B* a été représentée près de six cents fois depuis sa création en 1981.

VOIR AUSSI
Danseuse professionnelle, Professeur

Si tu aimes la danse et l'univers du spectacle, différents métiers – autres que danseuse ou professeur de danse – peuvent te permettre de concilier tes goûts et ta future vie professionnelle.

COSTUMIÈRE : CRÉATIVE

La costumière conçoit les costumes. Elle échange avec le chorégraphe mais également avec le décorateur et le concepteur lumières. Avant de créer le costume, elle présente des maquettes ou des croquis accompagnés d'échantillons de tissus. Elle doit veiller à ce que les danseurs se sentent bien dans les costumes et ne soient pas gênés dans leurs mouvements. Après validation du chorégraphe, elle les coud aux mensurations des interprètes.

HABILLEUSE : ORGANISÉE

Même si elle effectue un travail de préparation en amont, l'habilleuse s'affaire surtout durant les représentations. En coulisses ou dans les loges, elle aide les danseurs à s'habiller ou à changer rapidement de costumes. Efficaces, ses gestes doivent être précis surtout face à des costumes complexes. À la fin du spectacle, elle doit veiller à tout ranger, à envoyer au nettoyage ou au repassage ce qui doit l'être. Elle doit faire preuve de calme et d'esprit d'anticipation.

MAQUILLEUSE : PERFECTIONNISTE

Beaucoup de danseurs ont appris à se maquiller tout seuls. Toutefois, certaines compagnies font ponctuellement appel à des maquilleuses professionnelles, souvent free-lance*. Généralement, les maquillages de scène sont beaucoup plus accentués, voire exagérés, que dans la vie quotidienne. C'est à elle qu'il revient de forcer le trait sans trahir le visage du danseur ou le rendre ridicule.

DÉCORATRICE-SCÉNOGRAPHE : SENSIBLE

En concertation avec le chorégraphe ou en fonction du livret d'un ballet, la décoratrice-scénographe signe la mise en espace d'un spectacle, imagine des ambiances, invente des univers… Le décor doit être un écrin pour la danse. Après avoir réalisé des maquettes, elle soumet ses propositions au chorégraphe. Une fois qu'ils sont d'accord sur le travail à réaliser, elle constitue son équipe technique. Elle supervise la construction de chaque élément de décor et l'installation des accessoires. Elle peut avoir recours à des images virtuelles, des effets spéciaux ou des vidéos.

NOTATRICE : POINTILLEUSE

Même si ce métier est encore peu répandu en France, il devrait gagner en notoriété dans les années qui viennent. Pour accéder à cette place, mieux vaut bien connaître la danse et en avoir une solide pratique. Il s'agit de retranscrire au moyen d'un système d'écriture particulier les pas, les figures et les mouvements d'une chorégraphie. La notatrice peut également jouer le rôle d'assistante du chorégraphe pour garantir le respect des pièces d'un répertoire.

ADMINISTRATRICE DE COMPAGNIE : TOUCHE-À-TOUT

Selon la taille de la compagnie, l'administratrice a un domaine d'intervention plus ou moins étendu. Dans les compagnies importantes, son rôle se cantonne à la gestion financière et administrative. Dans des structures plus modestes, l'administratrice touche un peu à tout, aussi bien à la vente des spectacles, qu'aux contrats des danseurs ou aux demandes de subventions. C'est sur elle que se repose le ou la chorégraphe.

ATTACHÉE DE PRESSE : SÉDUCTRICE

La communication autour d'un spectacle est très importante. C'est le rôle de l'attachée de presse que de solliciter les journalistes pour qu'ils s'intéressent au travail d'une compagnie. Pour susciter l'intérêt et apporter les informations indispensables, elle rédige des dossiers de presse puis relance par téléphone ou mail afin d'obtenir un maximum d'articles autour d'un spectacle.

* Cela signifie qu'elles sont payées à la prestation.

Ballerines du Ballet du Kirov s'habillant dans leur loge, Saint-Pétersbourg (1993).

VOIR AUSSI
Barre

Après la barre, un cours de danse classique se poursuit « au milieu ». Les danseurs y travaillent une succession d'enchaînements chorégraphiques.

AU CENTRE DE LA SALLE

On nomme « milieu » la série d'exercices qui suivent la barre tout simplement parce qu'ils s'effectuent au milieu de la salle face au miroir. Les élèves lâchent la barre et se retrouvent au centre afin de pratiquer, en groupe ou individuellement, variations et mouvements. Lorsque tu débutes, cette partie t'apparaît comme la plus difficile. Tu te sens un peu perdue, malhabile sans barre à laquelle te raccrocher ! Tu as du mal à trouver tes repères dans l'espace. Mais très vite, tu te rendras compte que c'est au milieu que tu peux vraiment t'exprimer.

ÉQUILIBRE ET ENDURANCE

On retrouve au milieu des exercices de la barre (pliés, battements…), plus complexes à exécuter sans soutien, ce qui permet de travailler l'équilibre ainsi que les appuis « dans » le sol. Progressivement, les enchaînements deviennent plus complexes, notamment tout ce qui concerne les tours (pirouettes, déboulés…) et les sauts (jetés, grands jetés, sissonnes…). C'est à la fin du milieu que les filles chaussent les pointes. Dans un cours de niveau avancé, en présence de garçons, les danseurs peuvent s'entraîner au pas de deux avec portés.

TOURNEZ MANÈGE !

Généralement, ce parcours circulaire, plus ou moins étendu, sert de conclusion aux exercices du milieu et au cours de danse classique. Le manège consiste à faire une succession de pas autour d'un cercle. Les pas peuvent être des tours piqués mais aussi des enchaînements de grands sauts et de pas de liaisons (par exemple glissade puis grand jeté).

Difficile d'affronter son reflet quand on n'est pas très à l'aise avec son corps. S'il ne te juge pas, ce compagnon te renvoie tout de même tous tes défauts. À toi de l'utiliser pour progresser... au lieu de te mortifier !

AGRANDIR L'ESPACE

Dans un studio de danse, le miroir sert d'abord à multiplier l'espace. Quand tu entres dans une salle, elle t'apparaît plus grande. T'imaginerais-tu danser devant un mur ? En plus de te renvoyer ton reflet, il te fournit une vision panoramique des élèves et du professeur. Tu peux ainsi te situer par rapport aux autres.

APPRENDRE À SE CORRIGER

Le miroir te donne un retour sur tes mouvements, tes postures. Grâce à lui, tu vois le professeur de face et de dos. Tu peux ainsi progressivement t'en détacher et alterner des coups d'œil sur ce qu'il ou elle montre et sur ton propre reflet. Apprendre à te regarder, c'est apprendre à rectifier de toi-même un mauvais placement de bras, un enchaînement hésitant de pas et à anticiper les critiques du professeur. C'est utile dans certains cours où le professeur n'adresse pas de remarques personnalisées mais des conseils collectifs. Tu gagneras ainsi en autonomie.

MIROIR, MON BEAU MIROIR...

Se regarder dans le miroir permet de se motiver. Face à lui, tu as envie de donner le meilleur de toi-même. Ne te prive pas de céder par moments au narcissisme. Cela fait du bien de se voir progresser et acquérir plus d'aisance au fil des cours.

DANSER SANS LUI

Travailler sans miroir oblige à écouter son corps, à sentir le mouvement de l'intérieur, à prendre conscience de ce que tu danses sans chercher seulement l'esthétique. Certains professeurs obligent leurs élèves à tourner le dos au miroir ou ne l'utilisent pas pour privilégier le ressenti. Au début, bien sûr, tu pourras peut-être te sentir déstabilisée par cette perte de repères, mais tu t'y habitueras.

L'univers de la danse a toujours inspiré les grands créateurs de mode. C'est ainsi que ballerines, cache-cœur, jupes en tulle et guêtres se retrouvent sur les podiums... puis dans nos armoires.

BALLETS DE CRÉATEURS

C'est comme s'il existait une histoire d'amour entre la mode et la danse. Ces deux univers de beauté et de rêve évoluent l'un à côté de l'autre et se rencontrent régulièrement. Depuis les années 1920 et les Ballets russes, les plus grands couturiers ont dessiné des costumes d'exception pour la danse. Coco Chanel, la première, crée pour le ballet *Le Train bleu* de Diaghilev. Plus tard, Yves Saint Laurent entretiendra une collaboration avec Roland Petit, Maurice Béjart avec Versace, William Forsythe avec Issey Miyake, Merce Cunningham avec Rei Kawakubo (Comme des garçons)... L'Opéra de Paris travaillera aussi beaucoup avec Christian Lacroix pour des ballets de Balanchine ou de Karole Armitage.

JEAN-PAUL GAULTIER, FOU DE DANSE

Jean-Paul Gaultier est un fidèle de l'univers de la danse. Connu pour avoir associé avec provocation jupon de tulle et blouson de cuir noir, le couturier a noué une collaboration avec la chorégraphe Régine Chopinot à l'occasion de douze pièces (*Délices, Les Rats, Façade*...). Leur association la plus célèbre reste *Le Défilé* créé en 1985. Ce mi-ballet mi-défilé a été spécialement conçu pour quatorze danseurs, deux comédiens et deux mannequins, chacun déambulant sur un plateau semblable à un podium de haute couture. Au final, une succession de vêtements extravagants chargés d'autodérision. Plus récemment, Jean-Paul Gaultier a réalisé les costumes du *Blanche-neige* d'Angelin Preljocaj créé à la Biennale de danse de Lyon en 2008.

DES DANSEUSES ICÔNES DE MODE

À l'automne 2008, les Galeries Lafayette ont réalisé une importante campagne de communication intitulée « Danse avec la mode ». En guest-star : la chorégraphe Mia Frye arborant une tenue hétéroclite. Un mélange de références classique et jazz : pointes roses et tutu blanc, genouillères et cheveux rouges ! Pour sa collection automne-hiver 2008-2009, Éric Bompard, la marque de vêtements en ca-

Soigne ton look de danseuse !

À la manière des grands créateurs, tu peux t'inspirer de l'univers de la danse pour customiser ton look. Glisse un détail à ta tenue. Bandeau dans les cheveux, guêtres de couleur, cache-cœur en laine et bien sûr les indispensables ballerines, un must-have de la garde-robe de toute jeune fille d'aujourd'hui.

La fée Carabosse dans *La Belle au bois dormant* (1921). Dessin de Léon Bakst.

chemire, a choisi la jeune danseuse étoile Émilie Cozette, promue en 2007, photographiée dans les coulisses et sur les toits de l'Opéra Garnier.

REPETTO, LA MARQUE QUI FAIT RÊVER

Huit stylistes créent chaque année de nouveaux modèles pour la marque Repetto, une marque qui réunit les amoureuses de la danse et les fashionistas. Dans les boutiques, les petits rats essayant leurs pointes côtoient les fans de mode s'arrachant les ballerines en version python, fluo ou argent. Kate Moss et Amy Winehouse en raffolent. Même Sarah Jessica Parker, l'héroïne de *Sex and the City*, a été vue faisant du shopping au 22, rue de la Paix.

Moderne (danse)

VOIR AUSSI
Duncan

Au début du XXe siècle, deux Américaines, Isadora Duncan et Ruth Saint Denis, jettent les bases de la danse moderne. De nombreux autres danseurs et chorégraphes leur emboîteront le pas.

UNE DANSE LIBÉRÉE

Aux alentours de 1920, le courant « modern dance » apparaît quasi simultanément en Allemagne et aux États-Unis. Les chorégraphes recherchent une facilité dans les mouvements. Ils créent une danse libérée de toute contrainte. Si elle implique une autre façon de danser, elle renouvelle aussi la manière de regarder un spectacle dansé.

LOÏE FULLER, LA « FÉE LUMIÈRE »

Aux États-Unis, Loïe Fuller, une ancienne comédienne de revue, révolutionne la présentation de la danse sur scène. En 1891, elle crée la *Danse Serpentine*. Dans un décor nu plongé dans le noir, elle apparaît drapée dans des voiles de soie éclairés par des lumières qui donnent une dimension nouvelle à la danse. Elle conçoit des solos spectaculaires qui obtiennent vite un immense succès. Elle exploite des jeux de lumière colorée, des étoffes flottant autour de son corps, et obtient des effets hallucinants. De nombreux chorégraphes s'inspireront de ses expérimentations artistiques.

ISADORA DUNCAN, L'ÉLECTRON LIBRE

Au début du XXe siècle, Isadora Duncan est la première à suivre les chemins de traverse de la tradition classique. Amoureuse de la Grèce antique, elle cherche à renouer avec la beauté et l'harmonie corporelles de cette époque en créant une danse « libre », dépouillée des conventions académiques. Elle danse en tunique légère, les pieds nus, pour mieux se connecter à la nature.

RUTH SAINT DENIS ET TED SHAWN, LES PIONNIERS

Avec Ted Shawn, son partenaire et mari, la danseuse Ruth Saint Denis crée le Denishawn (association de leurs deux noms) en 1915. Il s'agit de la première école de danse moderne aux États-Unis. De nombreux chorégraphes américains comme Martha Graham ou Doris Humphrey y seront formés. Dans cette école, la danse est vue comme un épanouissement du corps. Une grande place est accordée à l'expression des sentiments. Ruth Saint Denis invente aussi la « visualisation musicale », une sorte de transcription de la musique en mouvement.

RUDOLF LABAN ET MARY WIGMAN, L'ÉCOLE ALLEMANDE

En Allemagne, entre les deux guerres mondiales, deux chorégraphes jouent un rôle important dans l'histoire de la danse moderne. Ils sont à l'origine de la danse « expressionniste » où chaque danseur doit laisser s'exprimer ses sentiments et ses émotions. Rudolf Laban est célèbre pour avoir inventé un système d'écriture du mouvement baptisé « labanotation ». En 1905, il ouvre une école de danse avec son assistante Mary Wigman. Mais, très vite, cette dernière prend ses distances. Parlant de « danse absolue », elle crée des solos très expressifs, souvent exécutés dans le silence.

HÉRITIERS ET CONTESTATAIRES

De nombreux chorégraphes feront évoluer les bases de la danse moderne ou, au contraire, les remettront en cause. Dans les années 1960-1970, de jeunes danseurs américains font naître un courant appelé « postmoderne », en rupture avec la danse moderne. C'est le temps des performances collectives souvent données hors des salles de spectacles.

Danseuses de la Martha Graham Dance Company dans *Acts of Light*, New York (1999).

Une voix sensuelle, un corps de rêve, une blondeur photogénique, Marilyn incarne une étoile filante et dansante éternellement jeune et belle.

Marilyn Monroe dans *Le Milliardaire*, de George Cukor (1960).

UN ANGE BLOND

Il existe des milliers de photos de Marilyn Monroe. La série de 1954 réalisée par Milton Greene est l'une des plus émouvantes pour qui aime la danse. Le jeune photographe a beaucoup photographié la star jusqu'à la fin des années 1950, mais lors de cette séance, il a su capter la femme-enfant qu'elle est restée aux yeux de ses nombreux adorateurs. Sur un fond noir, il pose l'ange blond au regard triste dans du tulle vaporeux dont n'émerge qu'une épaule et un dos dénudés. Les orteils aux ongles vernis de rouge reposent à plat ou en demi-pointes.

MARILYN BALLERINE

L'histoire raconte que Milton Greene a loué ce costume pour les photos et qu'il s'est révélé trop petit lors de l'essayage. Toute sa vie, Marilyn a grossi et maigri selon ses états d'âme. Mais sur les photos, rien de tout cela n'apparaît. Le talent du photographe et la magie du modèle ont gommé ces imperfections pour laisser la place à cette ballerine lascive et pensive, auréolée de douceur.

DIAMONDS ARE A GIRL'S BEST FRIEND

De toutes les scènes mythiques qui ont traversé les décennies, il y a bien sûr celle dans *Sept ans de réflexion* où la robe blanche de Marilyn se soulève dévoilant des jambes sublimes. Mais comment oublier la scène du film *Les hommes préfèrent les blondes* ? Marilyn y danse en robe bustier rose entourée de gentlemen en smoking. Elle interprète un hymne aux diamants. Elle y est d'une beauté, d'une grâce, d'un charisme à couper le souffle. Elle ondule, se laisse porter par les hommes, et sourit tout en distribuant de petits coups d'éventail sur le nez de ses prétendants. On raconte que la star a répété toute la nuit avec le chorégraphe Jack Cole, que la scène a été tournée onze fois de suite et enregistrée directement avec l'orchestre à la demande de Marilyn.

MILLE FOIS COPIÉE, JAMAIS ÉGALÉE

En 1984, Madonna reprendra la chorégraphie, le décor et la même robe rose dans le vidéoclip de sa chanson *Material Girl*. Malgré tout, on ne peut s'empêcher de voir plus de violence dans la gestuelle d'une Madonna dominatrice repoussant les hommes. Marilyn la mutine cherchait juste à les mettre à ses pieds...

POUR L'AMOUR D'UN MILLIARDAIRE

En 1960, Marilyn est à l'apogée de sa gloire. Elle tourne *Le Milliardaire*, son avant-dernier film, aux côtés de la star française Yves Montand. Elle n'a jamais été aussi pulpeuse et attachante, séduisante et drôle que dans les séquences où elle chante et danse. L'une des plus célèbres est une scène de répétition au début du film où elle apparaît en collant noir et pull-over bleu clamant que son « cœur est à papa » (*My heart belongs to daddy*). Ondulant des hanches, tournoyant autour d'une barre, elle déploie un irrésistible numéro de charme. À la fin, elle enlève son pull et le jette... au nez d'un Yves Montand médusé. Il n'est pas le seul !

? LE SAIS-TU ? Le dramaturge Arthur Miller, son deuxième mari, disait d'elle qu'« elle dansait sans cesse au bord du gouffre ».

VOIR AUSSI
Énergie

Danser c'est mettre son corps en mouvement. Mais comment passe-t-on des gestes quotidiens, habituels, banals au mouvement dansé, expressif ?

« La danse est mouvement, qui est vie, beauté, qui est amour, proportion, qui est puissance. […] La danse pure ne connaît pas de limite. Le petit enfant commence à danser sur les genoux de sa mère. […] La danse est le mouvement naturellement rythmique d'un corps qui a longtemps été nié, distordu, et le désir de danser serait aussi naturel que celui de manger, de courir, de nager, si notre civilisation n'avait pas employé d'innombrables moyens de mettre au ban cette action instinctive et joyeuse de l'être harmonieux. »

Ruth Saint Denis,
danseuse et chorégraphe américaine.

PRENDRE CONSCIENCE DU MOUVEMENT…

Danser, c'est d'abord apprendre à connaître ton corps, prendre conscience de ta respiration, de la circulation de ton énergie, de ton tonus musculaire. Pour comprendre d'où vient le mouvement, quelle partie de ton corps l'initie.

… DANS L'ESPACE

Danser, c'est évoluer dans un espace plus ou moins défini. Selon celui dont tu disposes, tu peux te déplacer en combinant les directions, les orientations, les dimensions, les niveaux…

… DANS LE TEMPS

Le mouvement se déroule dans le temps. Tu peux te centrer sur tes propres rythmes (respiration, rythme cardiaque), faire coïncider tes gestes avec la musique ou au contraire t'en affranchir, bouger sur des rythmes lents ou rapides, t'arrêter puis reprendre.

AVEC LES AUTRES

Être en mouvement, c'est aussi entrer en relation avec d'autres danseurs. Les rencontrer en face en face, les toucher ou se laisser toucher, les transporter, les soulever, les pousser ou prendre appui sur eux.

SANS OUBLIER L'ÉNERGIE

L'énergie donne au mouvement sa qualité. Ce n'est pas la même chose si on te demande un mouvement fluide ou saccadé, lourd ou léger, tonique ou relâché, doux ou brusque.

Soigner ton échauffement, adopter une alimentation saine et apprendre à te relaxer... Voici quelques clefs pour t'éviter des douleurs musculaires pendant et après l'effort.

PRIORITÉ À L'ÉCHAUFFEMENT

Démarre progressivement. Inutile de te jeter avec frénésie dans les exercices. Une mise en route est nécessaire. Vas-y lentement, dose ton effort et tu éviteras, en principe, toutes les douleurs liées à un effort trop violent.

SUCRES LENTS... SUCRES RAPIDES

Avant et après ton cours de danse, les sucres lents (pâtes, riz, légumineuses...) sont tes meilleurs alliés. Fais le plein d'énergie : tu récupéreras plus vite. Pendant un effort prolongé, si tu enchaînes deux cours par exemple, privilégie les sucres rapides comme les fruits secs.

BOIRE, BOIRE !

Si tu veux éviter les courbatures et garder ton tonus musculaire, anticipe la déshydratation en buvant régulièrement. Lors d'un exercice prolongé, on dit qu'il faut boire l'équivalent d'un verre d'eau tous les quarts d'heure.

STRETCHING EN DOUCEUR

Les étirements jouent un rôle déterminant pour les muscles. Il ne s'agit pas d'arrêter net ton activité musculaire, mais de la diminuer progressivement en t'étirant doucement au sol par exemple.

MANGER DES PROTÉINES

N'oublie pas d'inscrire la viande ou le poisson sur l'ardoise de tes menus. Les protéines sont essentielles aux cellules musculaires avant et après l'effort. Et si tu essayais de manger un œuf dur à la place d'une barre chocolatée ?!

SÉQUENCE RÉCUPÉRATION

Apprends à te reposer après l'effort. Inutile de t'acharner sur des muscles déjà douloureux. Octroie-leur une période de récupération avant de les solliciter de nouveau pour un autre exercice.

AUTOMASSAGE

Une fois rentrée chez toi, offre-toi un petit massage pour relaxer tes muscles. Utilise une huile ou un gel à base d'arnica et détends tes cuisses et tes mollets.

Et si tu te fais mal ?

Applique de la glace le plus vite possible sur la partie douloureuse. Mets-toi au repos dix à quinze jours. Il existe aussi des sprays réfrigérants qui soulagent bien. Consulte sans tarder un médecin et ne néglige jamais une douleur en te disant « ça va passer ».

La nécessité d'avoir un corps souple et musclé te semble une évidence. N'est-il pas l'instrument qui te permet de t'exprimer comme danseuse ? Mais jusqu'où peux-tu aller sans te faire mal ?

REPOUSSER SES LIMITES

Abdominaux, adducteurs, fessiers, ischio-jambiers… La liste est longue des muscles que tu sollicites quand tu lèves tes jambes, travailles ton grand écart ou maintiens un équilibre. Après avoir été beaucoup sollicités, les muscles expriment leur fatigue par la douleur. C'est une sorte de signal qui doit t'inciter à t'arrêter. Parfois, il intervient pendant l'effort ou quelques jours après. Ne fais jamais la sourde oreille à cette sonnette d'alarme, tu peux le payer cher…

SOIS SAGE, Ô MA DOULEUR !

Selon ton degré d'échauffement ou ta fatigue, tu peux faire face à différentes douleurs musculaires. Les courbatures sont un phénomène naturel d'inflammation du muscle. Elles peuvent durer de deux à cinq jours avant de disparaître. Les crampes sont une contraction soudaine et brève d'un muscle. L'élongation survient quand le muscle a dépassé ses possibilités normales d'élasticité. La douleur dure dix à vingt jours. La déchirure musculaire résulte d'un muscle trop sollicité. Une petite partie du tissu musculaire se déchire. Il faut arrêter sur-le-champ l'exercice et se reposer trois à cinq semaines. Le claquage est une grosse déchirure. Elle est très douloureuse. Le muscle déjà fragilisé a été sollicité brutalement et s'est rompu sur une grande partie. La récupération prend plusieurs mois.

Les Quatre Saisons de Angelin Preljocaj. Vaison-la-Romaine (2005).

On reconnaît un bon danseur à sa manière de ressentir la musique, de l'incarner dans chacun de ses gestes.

« Dire d'un danseur qu'il est musical est l'un des plus beaux compliments que l'on puisse faire. C'est quand le danseur avale la musique, nous empêche de l'écouter avec les oreilles pour nous la faire entendre avec ses gestes, gestes nourris de musique, gestes qui jouent pour la musique le rôle de l'interprète et la rendent visible et traduite, c'est-à-dire compréhensible. Il y a de l'alchimie là-dedans. »

Maurice Béjart, chorégraphe.

LE CORPS MUSICAL

Comme un musicien possède l'oreille musicale, le danseur doit développer sa propre musicalité, c'est-à-dire traduire la musique dans sa danse. L'une des recommandations de George Balanchine était « *Voyez la musique et écoutez la danse* », chacun de ses danseurs devant rendre visible la musique. « *La danse est toujours tournée vers la musique, elle la met en valeur, elle lui donne une importance visuelle. Dès la minute où l'œil prend du plaisir, l'oreille commence à écouter plus attentivement* », poursuivait-il.

CULTIVE TA PROPRE MUSICALITÉ

Plus tu avanceras dans ton apprentissage de la danse, plus tu comprendras l'importance de la musicalité, de danser non seulement « sur » mais « avec » la musique. L'improvisation est un bon exercice. Comme l'explique Marion Ballester, chorégraphe et ancienne danseuse de la chorégraphe Anne Teresa de Keersmaeker : « *Le mouvement est juste non parce que sa forme est juste, mais parce que son rythme est juste. C'est comme un instrument. Et lorsqu'il est juste, ce n'est pas par rapport à un modèle, c'est par rapport à soi. C'est comme une pulsion interne, un vêtement. Inconsciemment, cela se fixe dans les os. C'est un langage, un rythme ou même un chant qui fait que lorsqu'un danseur est sur scène, il ne se sent pas seul.* »

Danse et musique semblent indissociables. L'une accompagne les pas de l'autre depuis les origines. Pourtant, progressivement, la danse s'est émancipée de sa cousine musique pour mener une existence à part.

LULLY OU L'INVENTION DE LA MUSIQUE DE DANSE

D'origine italienne, Jean-Baptiste Lully est le surintendant de la musique de Louis XIV au XVIIe siècle. Compositeur talentueux, il domine la vie musicale en France à l'époque du Roi-Soleil, le roi danseur. Les premières danses de Lully ont été composées pour les ballets de cour. Elles ont aussi été utilisées comme intermèdes dans les comédies-ballets de Molière. Pour ses œuvres, Lully s'est beaucoup inspiré de différentes danses régionales françaises ou italiennes comme la bourrée, la chaconne, la courante, la gaillarde, la gigue, la passacaille ou le rigaudon. Il affiche un faible tout particulier pour le menuet, appelé ainsi en raison d'une chorégraphie composée de petits pas menus et serrés.

BALLETS ET MUSIQUE

Au XIXe siècle, les compositeurs Adolphe Adam (*Giselle*) et Léo Delibes (*Coppélia, Sylvia*) sont les premiers à s'atteler à la musique de ballets. Ensuite, le chorégraphe Marius Petipa passe commande de partitions originales à des compositeurs comme Piotr Ilitch Tchaïkovski. Ensemble, les deux hommes créent notamment trois ballets mythiques : *La Belle au bois dormant*, *Casse-Noisette* et *Le Lac des cygnes*. Plus tard, Igor Stravinski travaille avec les célèbres Ballets russes de Diaghilev, avec Nijinski pour *Le Sacre du printemps* et avec George Balanchine.

DUO CONTEMPORAIN

Les compositeurs de musique contemporaine unissent leur parcours aux chorégraphes. Certains sont même indissociables les uns des autres. Maurice Béjart découvre Pierre Henry et Pierre Schaeffer ; ensemble, ils créent *Symphonie pour un homme seul* en 1955. Merce Cunningham réinvente le rapport à la musique avec John Cage. Anne Teresa de Keersmaeker collabore avec Steve Reich ou plus récemment, Angelin Preljocaj avec Karlheinz Stockhausen.

PATCHWORK MUSICAL

Des chorégraphes préfèrent assembler différents extraits musicaux pour constituer la « bande son » de leurs créations. Maurice Béjart est connu pour avoir abondamment pratiqué ce que d'aucuns appellent le « collage musical », Pina Bausch également, ainsi que de nombreux autres qui n'hésitent pas à faire cohabiter différents genres musicaux.

LA « DANCE MUSIC »

Descendant directement du disco et apparue dans les années 1980, la dance a souvent été décrite comme un style de musique commercial. Destiné à entraîner les foules sur les pistes de dansé, il faut reconnaître qu'il est bien difficile d'y résister. Bien sûr, face à l'ampleur du succès, on a vu fleurir dans les années 1990 des chanteurs médiocres et des productions au rabais. Mais le danseur n'est pas dupe et, même quand on adore bouger son corps sur le dance floor, on n'est pas prêt à le faire sur n'importe quelle musique !

Qu'est-ce que le leitmotiv ?

Il s'agit du thème musical répété à plusieurs reprises dans un ballet pour évoquer un personnage, une idée, un objet ou une situation. Tu peux entendre des leitmotive dans *Giselle* ou *La Belle au bois dormant*. Avec un peu d'entraînement, ton oreille apprendra à les reconnaître et à associer l'expression musicale au personnage ou au sentiment qu'elle illustre.

Le Sacre du printemps de Pina Bausch. Opéra Garnier, Paris (1997).

Mélangeant danse et natation, ce sport nautique est très exigeant. Tu t'imagines danser en apnée, sur une musique diffusée sous l'eau sans jamais mettre un pied au fond de la piscine et en gardant le sourire ?

DES NAÏADES OLYMPIQUES

Les origines de la natation synchronisée remonteraient à l'Antiquité mais il faut attendre le XXe siècle pour qu'elle devienne une discipline sportive et artistique reconnue. Elle apparaît d'abord en Australie, puis aux États-Unis et au Canada. C'est dans ce pays que les premières règles sont établies. Les films hollywoodiens avec la « sirène » Esther Williams popularisent les ballets aquatiques dans les années 1940. En 1941, les États-Unis organisent la première compétition officielle. La France suit dans les années 1950 et découvre la « natation artistique ». En 1984, la natation synchronisée fait son apparition aux Jeux olympiques de Los Angeles avec des épreuves de solos et de duos. Le grand public découvre cette discipline.

ENTRE FILLES

La natation synchronisée se pratique en solo, en duo ou en équipe de huit nageuses. Très apprécié des filles, ce sport attire aussi quelques garçons, surtout aux États-Unis et au Canada. En France, cela commence petit à petit mais les équipes masculines peinent à s'imposer. Les deux grandes championnes françaises s'appellent Muriel Hermine et Virginie Dedieu.

NAGEUSE ET DANSEUSE

Inutile de te transformer en Laure Manaudou pour te mettre à la natation synchronisée, mais autant être à l'aise dans l'eau ! Il te faudra maîtriser le crawl, le dos et la brasse, indispensables aux entraînements et aux chorégraphies. Discipline exigeante, cette natation demande une grande énergie musculaire, de la concentration, de la souplesse, de l'endurance et de la créativité. Sans négliger un minimum de grâce, d'élégance et de beauté. Rien que ça ! N'oublie pas, enfin, que les nageuses exécutent souvent les mouvements en apnée.

COMME UN MARSOUIN DANS L'EAU

Comme les galops en équitation ou les étoiles en ski, les marsouins sont des épreuves que passent les nageuses pendant les premières années où elles pratiquent la natation synchronisée. Il existe sept marsouins qui permettent l'accès aux différents niveaux de compétition.

EN COMPÉTITION

Les compétitions comportent des figures imposées et un programme libre. Les nageuses créent leur propre programme (ballet), sur une durée imposée de deux à cinq minutes selon la catégorie d'âge et

Esther Williams dans *La Première Sirène* (1952).

d'épreuve. Les mouvements peuvent être effectués avec les jambes ou les bras, sous l'eau ou hors de l'eau. Elles doivent évoluer de façon synchronisée entre elles et avec la musique. Pour rester toujours dans le rythme et pour pouvoir compter sur la musique, des haut-parleurs sous-marins sont installés. Les nageuses ne doivent sous aucun prétexte toucher le fond de la piscine, même lorsqu'elles effectuent des portés. Deux notes sont attribuées par les juges : le mérite technique (difficulté du ballet, exécution, prise de risques…) et le mérite artistique (synchronisation, parcours dans l'eau, présentation des nageuses…).

Tenue de sirène

- Un maillot de bain une pièce, ni trop échancré ni trop décolleté.
- Un pince-nez autorisé même pendant les compétitions.
- Des lunettes de natation et un bonnet de bain, seulement pour l'entraînement.
- Du maquillage.
- Une coiffe coordonnée au maillot à poser sur les cheveux tirés en arrière avec de la gélatine alimentaire pour une bonne tenue dans l'eau.

Nijinski (Vaslav)

Considéré comme un « dieu de la danse », ce danseur mythique aux dons exceptionnels a connu une gloire fulgurante et un destin tragique.

LE PARTENAIRE PRÉFÉRÉ

Né à Kiev, en 1889, fils de danseurs polonais, Vaslav Nijinski est admis à l'âge de dix ans à l'École impériale de ballet de Saint-Pétersbourg. Il montre très tôt de remarquables dispositions. À dix-huit ans, il entre dans le corps de ballet du théâtre Mariinski. Sa réputation est déjà installée et les danseuses se le disputent comme partenaire. Il devient le chouchou du public. La haute société russe se l'arrache.

À NOUS DEUX, PARIS !

En 1908, il rencontre Diaghilev ; l'aventure des Ballets russes commence. Il se rend à Paris. Séducteur, il éblouit l'assistance par sa brillante technique et son charisme – malgré sa petite taille. Particulièrement doué dans les sauts, on le décrit comme « semblant ne pas toucher terre ». En 1910, le public parisien découvre *Giselle*, un ballet créé en 1841. Sa popularité ne cesse de grandir.

L'APRÈS-MIDI D'UN FAUNE

Nijinski quitte le Théâtre impérial en 1911 et ne retournera jamais en Russie. Il consacre tout son temps aux Ballets russes et danse dans toute l'Europe. Il danse *Petrouchka*, l'histoire d'une marionnette humaine manipulée jusqu'à la mort par un magicien. Diaghilev le pousse à se lancer dans la chorégraphie. Créé le 29 mai 1912, *L'Après-midi d'un faune* est son premier ballet sur une musique de Claude Debussy. Pour incarner le faune*, il porte un collant, ses bras sont nus et maquillés pour prolonger le dessin du costume. Sa coiffure : de petites cornes avec des oreilles pointues. Tout est fait pour rappeler la nature animale de son personnage. L'originalité de la chorégraphie, la scène finale, très osée pour l'époque, suscitent une forte polémique.

UN SACRE SCANDALEUX

En 1913, Nijinski provoque de nouveau un immense scandale avec son *Sacre du printemps* sur la musique d'Igor Stravinsky. Il impose une danse rompant avec la danse classique, très ancrée dans le sol où les pieds ne sont plus en dehors mais en dedans. Le public a du mal à comprendre cette nouvelle approche et rejette violemment ce nouveau ballet. Au point qu'il ne sera représenté que huit fois.

FOUDROYÉ EN PLEINE GLOIRE

La dernière apparition de Nijinski sur une scène a lieu le 19 janvier 1919 à Saint-Moritz, en Suisse. Sa femme Romola a appelé cette représentation la « danse de la vie contre la mort ». En effet, le danseur souffre depuis des années de troubles psychiques graves. Du 19 janvier au 4 mars, il écrit quatre cahiers publiés de nombreuses années plus tard. Il bascule juste après dans la folie. Jusqu'à sa mort en 1950, il séjourne dans des hôpitaux psychiatriques et ne dansera plus jamais. Il repose au cimetière Montmartre à Paris. Sur sa tombe, on peut voir une statuette en bronze le représentant en Petrouchka.

* Dans la mythologie latine, un faune est une divinité champêtre représentée avec un torse humain, des oreilles pointues, des pieds et des cornes de chèvre.

? LE SAIS-TU ? Bronislava Nijinska, la sœur de Nijinski, a été une grande chorégraphe, auteure de plus de soixante ballets.

Nikolais (Alwin)

VOIR AUSSI
Decouflé

Magicien de la scène, ce chorégraphe américain est une figure essentielle de la « modern dance » américaine.

« Alwin Nikolais est un artiste authentique par la fusion qu'il réalise entre le son, la couleur, la lumière et la danse. Son approche de la scène est celle d'un peintre et d'un sculpteur. C'est une forme spéciale de théâtre de danse dans laquelle les lumières, les accessoires et le son importent autant que les danseurs, qui deviennent donc des formes en mouvement. »

Agnes de Mille,
danseuse et chorégraphe.

Crucible d'Alwin Nikolais, Paris (2004).

UN DANSEUR SUR LE FRONT

Né en 1910, Alwin Nikolais découvre la danse en assistant à un spectacle de la danseuse Mary Wigman. Il se forme avec une de ses disciples, Hanya Holm. En 1939, il signe sa première chorégraphie *Eight Column Line*, une pièce antinazie. En 1942, il est mobilisé et participe à la Seconde Guerre mondiale. De retour, il fonde une école de danse à New York. Dans son enseignement, il insiste sur la créativité de l'interprète.

« NIK L'ENCHANTEUR »

Dans les années 1950, les créations de cet illusionniste surprennent. Il adore projeter des images sur les corps des danseurs, jouer avec les lumières, les couleurs, les trucages. Ses pièces sont des révolutions visuelles. En 1953, dans *Masks, Props and Mobiles*, il enferme ses danseurs dans des rubans élastiques qui créent des formes géométriques en dansant.

UN AMOUREUX DE LA FRANCE

Le public français découvre Nikolais en 1968 avec *Imago*, pièce dans laquelle danse notamment Carolyn Carlson. De 1978 à 1980, il est le premier directeur du Centre national de danse contemporaine (CNDC) d'Angers. De nombreux chorégraphes français, dont Philippe Decouflé, suivront son enseignement.

Depuis des siècles, ceux qui pratiquent la danse cherchent à laisser une trace écrite de cet art de l'éphémère. Pour en conserver une mémoire au-delà des représentations sur scène.

GARDER UNE TRACE

Depuis le XVe siècle, les maîtres de ballet cherchent à transcrire les pas de danse sur papier comme les musiciens le font sur des partitions. Mais ce n'est pas chose facile. Comment rendre compte à la fois du mouvement, de sa direction, de sa durée, de son intensité en trois dimensions ? En 1674, Louis XIV charge Pierre Beauchamps, son maître de ballet, d'établir un système de notation de la « belle danse » de l'époque. Au XVIIIe siècle, Raoul-Auger Feuillet rédige un traité sur « *l'art de décrire la danse par caractères et figures* ».

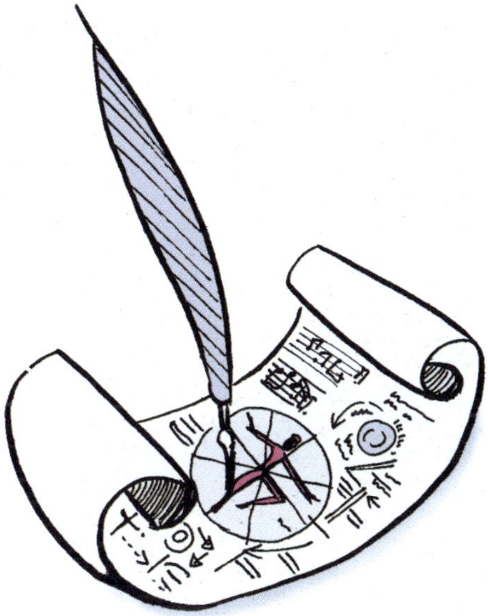

LE SYSTÈME LABAN TOUJOURS EN VIGUEUR

Au XXe siècle, plusieurs systèmes d'écriture apparaissent. Parmi eux, celui du théoricien et chorégraphe allemand Rudolf Laban, datant de 1928, est le plus connu et le plus utilisé dans le monde. Il est construit autour des quatre éléments essentiels constitutifs d'un mouvement : l'espace, le temps, le poids et la force. Un deuxième système apparaît en 1955 en Angleterre, grâce à Rudolf Benesh qui le codifia vers 1955. La notation Benesh est notamment utilisée au Ballet Preljocaj qui emploie une notatrice depuis plus de quinze ans.

NOTATEUR : UNE PLACE PRIVILÉGIÉE

Le notateur, ou choréologue, est une personne maîtrisant un système de notation et qualifiée pour noter et remonter les œuvres. À la différence de l'enregistrement vidéo, aujourd'hui très répandu, la notation permet une plus grande liberté d'interprétation du danseur. Une formation est enseignée au Conservatoire national supérieur de musique et de danse de Paris. Depuis 2006, le ministère de la Culture apporte une aide financière à des projets de notation afin de constituer un fonds de partitions chorégraphiques et permettre la reconstitution d'œuvres importantes.

Noureev (Rudolf)

VOIR AUSSI
Partenaire, Perfection

Celui que tout le monde considère comme l'un des plus grands danseurs de tous les temps est mort il y a plus de quinze ans, mais il est toujours présent dans les mémoires. Comment oublier ce prince sublime et farouche ?

Rudolf Noureev dans *Fête des fleurs à Genzano*, Opéra Garnier (1974).

NÉ DANS UN TRAIN

Rudolf Noureev aimait raconter sa naissance prématurée dans un train en 1938, à proximité du lac Baïkal. D'origine tartare, la famille Noureev vit à Oufa, ville située à un millier de kilomètres à l'est de Moscou. À six ans, il découvre la beauté de la danse grâce à sa mère qui emmène toute la famille voir un ballet, *Le Chant des cigognes*. À partir de ce moment, il ne rêve plus qu'à une seule chose : devenir danseur. À dix-sept ans, il brave l'interdiction paternelle et se rend à Leningrad pour passer l'audition d'entrée à l'École Vaganova. Il s'astreint à une discipline de fer pour rattraper le temps perdu. Il démontre très vite un talent exceptionnel en dépit d'un caractère emporté et indomptable.

LA RÉVÉLATION

En 1955, il entre à l'école de ballet du Kirov, où il devient rapidement premier danseur. Puis il est engagé comme soliste. Il passe trois ans au Kirov où il danse dans de nombreux ballets comme *Don Quichotte*, *La Bayadère*, *La Belle au bois dormant* et *Le Lac des cygnes*. Il devient le partenaire préféré des étoiles de la compagnie. Le public plébiscite sa présence magnétique, ses prouesses techniques, son expressivité, sa lecture personnelle des ballets.

LE « SAUT DE LA LIBERTÉ »

En 1961, le public parisien découvre Rudolf Noureev à l'occasion d'une tournée du Kirov. Son comportement indépendant énerve les autorités soviétiques qui envisagent de le renvoyer à Moscou. Craignant pour sa liberté, il décide de demander asile à l'Occident et reçoit l'autorisation de rester en France. Ce coup d'éclat fait la une de la presse mondiale et contribue à asseoir sa réputation.

RUDOLF ET MARGOT

Engagé en 1962 au Royal Ballet de Londres, il devient le partenaire favori de Margot Fonteyn, âgée de quarante-deux ans, qui s'apprêtait à quitter la scène. Pendant une dizaine d'années, ils entretiendront une collaboration parmi les plus riches de l'histoire de la danse. Ils formeront un couple légendaire et marqueront de leur empreinte des ballets comme *Le Lac des cygnes* ou *Roméo et Juliette*. « *Ce n'est pas elle, ce n'est pas moi, c'est le but que nous poursuivons ensemble* », disait-il pour expliquer cette étonnante complicité artistique.

NOUREEV CHORÉGRAPHE

Très tôt, Rudolf Noureev s'est essayé à la chorégraphie et a remonté de nombreux ballets classiques. En 1983, l'Opéra de Paris lui offre le poste de directeur de la danse. Pendant six ans, il fait souffler un vent nouveau sur cette institution. Il invite de nombreux chorégraphes et donne sa chance à toute une génération de danseurs. Il continue de danser tous les grands rôles du répertoire jusqu'à l'âge de cinquante ans. Il meurt en 1993, emporté par le sida. Son dernier ballet pour l'Opéra de Paris est une version de *La Bayadère*, qui reste aujourd'hui encore l'un de ses ballets les plus réussis.

? LE SAIS–TU ? Le magnifique tombeau de Rudolf Noureev se trouve au cimetière russe de Sainte-Geneviève-des-Bois (Essonne).

La plus célèbre des compagnies françaises est attachée à l'Opéra de Paris depuis sa fondation en 1669. Chaque saison (de septembre à juillet), environ 180 représentations sont données en France et à l'étranger.

ALLER « À GARNIER »

Le 30 mai 1861, Charles Garnier, architecte méconnu de trente-neuf ans, est proclamé vainqueur à l'unanimité du concours pour l'édification d'une « Académie impériale de musique et de danse ». Inauguré en 1875, c'est l'un des plus beaux théâtres au monde. Depuis l'ouverture de l'Opéra Bastille en 1989, le Palais Garnier est entièrement dédié à la danse. Au cœur de ce magnifique lieu, une grande salle de spectacle habillée aux couleurs rouge et or où deux mille personnes peuvent assister aux représentations sur cinq niveaux.

UNE RUCHE HUMAINE

En plus des cent cinquante-quatre danseurs, de très nombreuses personnes contribuent à la bonne marche du Ballet de l'Opéra de Paris : une directrice de la danse, un maître de ballet principal, deux maîtres de ballet et leurs assistants, des professeurs, des chefs de chant, des pianistes pour les cours de danse, deux kinésithérapeutes… Sans compter tous les corps de métiers (régisseurs, éclairagistes, accessoiristes, costumiers…) qui s'activent en coulisses pour que les représentations se déroulent sans encombre.

TOUT PRÈS DES ÉTOILES

En 2001, Nils Tavernier réalise *Tout près des étoiles**, un film sur les danseurs de l'Opéra de Paris. Deux ans de négociations avec la direction ont été nécessaires pour décrocher trois mois de tournage et pénétrer dans le saint des saints de la danse. De petit rat à étoile, le chemin est long, semé d'embûches, d'efforts, de sacrifices et de souffrances. Nils Tavernier filme tout cela avec le regard éclairé et admiratif du passionné.

* Disponible en DVD.

? LE SAIS-TU ? Le peintre Marc Chagall a repeint le plafond de la salle de l'Opéra Garnier en 1964.

Option danse (au baccalauréat)

Tout élève de terminale peut choisir de présenter la danse en option facultative au bac. Pourquoi ne pas t'inscrire à cette épreuve supplémentaire ?

DEUX OPTIONS DIFFÉRENTES

Il est possible de présenter l'option danse au bac, dans deux disciplines différentes : Art danse et EPS danse. La plupart du temps, les candidats se préparent seuls à cette épreuve. Tu peux aussi demander quelques conseils à ton professeur de danse. Pour s'inscrire, mieux vaut être motivée, mais inutile de placer la barre trop haut, ce n'est pas non plus le concours d'entrée pour le Conservatoire national supérieur de musique et de danse de Paris !

L'ÉPREUVE, MODE D'EMPLOI

L'épreuve EPS danse comporte une prestation physique individuelle notée sur 15 points et un entretien noté sur 5 points. L'épreuve Art danse comporte, en plus de la composition (notée sur 7 points) et de l'entretien (noté sur 6 points), une improvisation (notée sur 7 points).

DÉROULÉ DE L'ÉPREUVE

Tout candidat dispose d'un temps d'échauffement avant son passage en solo. Présente-toi devant le jury avec une fiche sur laquelle tu décris ta chorégraphie (titre, titre et références de l'extrait sonore choisi, note d'intention). Le solo dure de deux à trois minutes maximum en un seul passage. Tous les styles de danse sont acceptés. L'entretien s'étale sur quinze minutes. Il s'agit d'argumenter sur ton projet chorégraphique. Le jury testera aussi ta réflexion sur ta pratique personnelle et tes connaissances du monde et de l'histoire de la danse.

COMMENT LA RÉUSSIR ?

En trente minutes, le jury cherche à voir plusieurs choses : la candidate investit-elle par sa présence une gestuelle et des manières corporelles liées à un thème ? Danse-t-elle en toute conscience de ses choix et de son interprétation ? Prend-elle des risques dans ses partis pris chorégraphiques ? A-t-elle retenu un thème original ? Gère-t-elle son émotivité ?...

Tout en féminité et en sensualité, la danse orientale – évite de parler de « danse du ventre » – est une invitation au voyage dans le monde des mille et une nuits.

Quelle tenue adopter ?

- Un bas de survêtement ou une jupe ample.
- Un tee-shirt court avec ou sans manches, couvrant ou laissant voir le nombril.
- De préférence pieds nus.
- Éventuellement un foulard à nouer autour des hanches, avec ou sans sequins.

SE MÉFIER DES IMITATIONS

La danse orientale existe depuis l'Antiquité. En Égypte et dans d'autres pays, elle se pratique à l'occasion des fêtes ou des mariages. En France ou en Europe, elle est souvent appelée « danse du ventre », ce qui est un peu réducteur pour une danse envoûtante, mélange de grâce et de sensualité. Le développement d'une danse orientale dite « de cabaret », pas toujours de bonne qualité, est peut-être responsable de ce qualificatif un peu méprisant de « danse du ventre » et de la mauvaise réputation dont elle souffrait il y a quelques années encore.

RAQ AL SHARKI OU BALADI ?

Il existe différents styles de danse orientale. On considère le raq al sharki comme étant la forme la plus classique et la plus subtile de la danse orientale. Les mouvements sont amples et fluides. Par opposition, le baladi est une forme de danse populaire. Elle se pratique en famille, entre femmes, mais également au cours de rituels d'initiation dans les populations rurales. À noter qu'il existe de nombreuses variantes de ces deux danses, selon le pays où l'on se trouve.

RONDEURS ACCEPTÉES

Danse très gracieuse et expressive, elle permet de laisser parler son corps et sa féminité sur des musiques tantôt langoureuses, tantôt très rythmées. Mais attention, c'est bien autre chose que de secouer les hanches en souriant. Conçue pour être dansée seule, cette danse laisse la liberté à chacune de s'exprimer comme elle le sent. Et bonne nouvelle : la danse orientale apprécie les rondeurs féminines !

LE SECRET DE LA DANSE ORIENTALE

Toutes les parties du corps sont sollicitées, en travaillant par « isolation ». L'isolation, c'est l'art de bouger le bas du corps sans bouger le haut ; si le buste bouge, les hanches restent immobiles. Voilà tout le secret de la danse orientale – et ce qui est le plus long et le plus ardu à assimiler.

La Danseuse

Par un jour, la cour du prince convia une danseuse
Accompagnée de ses musiciens.
Elle fut présentée à la cour,
Puis elle dansa devant le prince
Aux sons du luth, de la flûte et de la cithare.
Elle dansa la danse des flammes et celle des épées,
Elle dansa la danse des étoiles et celle de l'univers,
Puis elle dansa la danse de la séduction et de l'envoûtement.
Et le prince d'être subjugué.
Il la pria de s'approcher.
Elle se dirigea alors vers le trône
Et s'inclina devant lui.
« Belle femme, fille de la grâce et de la joie,
d'où vient ton art ?
Comment peux-tu maîtriser la terre et l'air
dans tes pas,
L'eau et le feu dans ta cadence ? »
La danseuse s'inclina de nouveau
devant le prince et dit :
« Votre Altesse, je ne saurais vous répondre,
Mais je sais que :
L'âme du philosophe veille dans sa tête,
L'âme du poète vole dans son cœur,
L'âme du chanteur vibre dans sa gorge,
Mais l'âme de la danseuse vit dans son corps
tout entier. »

Poème de Khalil Gibran (1883-1931), poète et peintre libanais.

? LE SAIS-TU ? Dans le film *La Graine et le Mulet*, la jeune Hafsia Herzi se lance dans une mémorable démonstration de danse orientale.

Dans certains ballets, les danseurs expriment des sentiments uniquement par des gestes. Il faut de solides talents de comédien pour maîtriser cet « art du silence ».

ACTION !

Appelé aussi « ballet d'action », le ballet-pantomime apparaît au XVIIIe siècle. Le recours à une gestuelle narrative était déjà très populaire dans l'Antiquité gréco-romaine. On la retrouve aussi dans la commedia dell'arte. Le ballet-pantomime connaîtra un bel engouement jusqu'au XXe siècle où les chorégraphes élimineront progressivement la pantomime des ballets. Certains pensent notamment que la danse se suffit à elle-même pour raconter une histoire.

L'ART DU MIME

La pantomime, connue aussi sous le terme « mimique », consiste à représenter une action par un geste symbolique. Au XIXe siècle, dans le cadre du ballet-pantomime, de nombreux gestes sont codifiés. Ils sont enseignés aujourd'hui encore dans des cours de mime dispensés dans certaines écoles de danse. Dans quelques ballets comme *Coppélia* (photo), la gestuelle des bras et des mains est très élaborée. En 2008, dans sa création des *Enfants du paradis*, d'après le célèbre film de Marcel Carné, le danseur José Martinez a remis au goût du jour cet art de la gestuelle. La pantomime *L'Amoureux de la lune*, interprétée par Mathieu Ganio, mêle burlesque et pathétique.

TRAVAILLER SON EXPRESSIVITÉ

Rivaliser avec Charlie Chaplin ou le mime Marceau n'est pas donné au premier venu ! Dans la pantomime, il faut non seulement maîtriser le langage des gestes mais aussi les incarner et leur donner vie. Le risque est d'en faire des tonnes et de tomber dans le ridicule. Pour exprimer la tristesse, il ne suffit pas de mimer du revers des deux mains les larmes qui roulent sur les joues pour convaincre le spectateur.

Quel bonheur de trouver quelqu'un pour partager son amour de la danse... Être sur la même longueur d'onde, parier sur la confiance mutuelle, un sacré défi à relever !

Rudolf Noureev et Margot Fonteyn. Paris (1967).

« Je n'aime pas ces rôles où la seule fonction du danseur est de se trouver derrière la danseuse pour la porter. Ce qui m'intéresse, c'est le dialogue, le bout de chemin que l'on fait avec une danseuse, une femme toujours différente... »

Nicolas Le Riche, danseur *

COUPLES CÉLÈBRES

En principe, quand on est danseur, on devrait pouvoir former un couple de danse avec n'importe quel partenaire. Mais, en fait, on sait très bien qu'il n'en est rien. En réalité, tous les couples ne dégagent pas la même entente et la même alchimie. Certaines danseuses plébiscitent certains partenaires. Au Kirov, au début de sa carrière, les *prima ballerina* se disputaient les pas de deux avec Rudolf Noureev, lequel a trouvé, de nombreuses années plus tard, l'alter ego idéal : la danseuse Margot Fonteyn.

L'ALCHIMIE DU PAS DE DEUX

Au XIXe siècle, le ballet romantique devient le théâtre de superbes et poétiques pas de deux. Longtemps cantonné à des rôles de faire-valoir, le danseur trouve sa place en devenant un appui solide qui maintient, porte et réceptionne sa partenaire. C'est lui qui la rend plus gracieuse et plus aérienne. Dans la danse contemporaine, le porteur est indifféremment le ou la partenaire. Tout est question de confiance en l'autre.

* Extrait d'une interview accordée le 17 avril 2003 à *L'Express*.

Le partenaire de danse idéal, c'est...

- ... celui qui a la bonne taille. Une petite différence entre le garçon et la fille est préférable. Question d'esthétique !
- ... celui qui a de l'allure. Trouve-toi quelqu'un avec un style semblable au tien. Question d'harmonie !
- ... celui qui ressent et interprète la musique, de manière identique à la tienne. Question de synchronisation !

Toutes les danses possèdent leurs propres mouvements codifiés. L'apprentissage consiste à assimiler l'ensemble de ces pas pour exécuter les chorégraphies.

PAS À PAS

Un pas désigne un mouvement simple ou complexe des jambes. Les pas simples nécessitent une seule prise d'appui : demi-coupé, jeté, entrechat… Les pas composés sont une combinaison d'au moins deux pas simples. Pour nommer les pas, on s'est servi d'images (rond de jambe, temps de flèche…) ou du trait distinctif du pas (chassé, jeté, assemblé, tombé…).

PAS DE DEUX

En danse classique, on utilise le mot « pas » pour désigner une séquence chorégraphique plus ou moins longue. Le « pas de deux », « de trois » ou « de quatre » fait référence au nombre de danseurs engagés dans la chorégraphie. Le plus célèbre est le pas de deux, qui constitue la plupart du temps les moments forts d'un ballet. S'il est généralement exécuté par un homme et une femme, certains chorégraphes ont mis en scène deux danseurs du même sexe pour rompre avec cette habitude.

MARQUER LES PAS

Dans certains cours ou en coulisses, tu remarqueras parfois une curieuse gestuelle. Les danseurs bougent leurs mains dans tous les sens sans bouger le reste du corps. On appelle cela « marquer ». C'est une façon de répéter une chorégraphie. Au lieu de dessiner les pas avec tes mains, tu peux aussi marcher et te déplacer dans l'espace en les esquissant.

Définitions de quelques pas

- Rond de jambe : mouvement en arc de cercle qu'effectue la jambe libre soit à terre, soit en l'air.
- Chassé : saut avec déplacement pendant lequel une jambe chasse l'autre en l'air et reprend appui aussitôt.
- Déboulés : série de demi-tours en cinquième position, qui s'enchaînent l'un en dedans, l'autre en dehors, généralement exécutés en diagonale.
- Pas de bourrée : trois pas successifs sur la demi-pointe précédée d'un plié.

Pour la plupart des gens, l'amour de la danse ne souffre pas la demi-mesure. Que tu aies enfilé tes premiers chaussons à cinq ans ou que tu découvres plus tard cette discipline artistique, il se peut très bien que la danse prenne toute la place dans ta vie.

« C'est ma passion, ma seconde vie. J'oublie ma vie au collège, mes soucis. »

« Je serais prête à tout pour la danse. »

« Tout ce qui compte pour moi, c'est danser. »

« Je préfère que l'on me prive de dormir, de manger ou de respirer que de danser. »

« Le jour où j'ai poussé la porte de mon école de danse j'ai eu une révélation. Rien n'a plus été pareil. Aujourd'hui c'est devenu une drogue pour moi. J'ai besoin de danser pour vivre. »

« Quand je danse, je me sens en vie. »

« Il n'y a que lorsque je danse que j'ai vraiment l'impression d'être moi-même. »

UN AMOUR EXCLUSIF

Il suffit de tendre l'oreille dans les vestiaires d'une école de danse ou de surfer sur Internet pour se rendre compte que la danse n'a rien d'un passe-temps ordinaire. Pour bon nombre de danseuses, elle s'apparente plus à une véritable passion qu'à un loisir ou une distraction. On ne s'en rend pas compte au début mais cet amour exclusif grignote un peu plus de terrain chaque jour. On s'inscrit à un cours, puis à deux et on se retrouve à faire cinq heures de danse par semaine.

UN FORMIDABLE MOTEUR

À côté des cours au collège ou au lycée et la vie de famille, qui ne rêve pas de bulles d'oxygène ou de parenthèses enchantées où se retrouver face à soi-même ? C'est ce que la danse offre : des moments volés à la pression scolaire et parentale où tu peux t'occuper de toi et te faire du bien. Portée par ta passion de la danse, tu te sens plus forte pour affronter le quotidien et donner un sens à ta vie.

INVESTISSEMENT ET SACRIFICES

Plus la danse prend de place dans ta vie, plus tu dois faire des choix. Il faut arriver à concilier rythme scolaire, devoirs familiaux et cours de danse. Rentrer deux ou trois soirs par semaine à 22 heures, gérer son emploi du temps, prévoir les répétitions en vue des spectacles de fin d'année... Tout cela demande un gros investissement et quelques sacrifices sur les sorties entre copines ou les heures de télé. À toi de voir ce qui pèse le plus dans la balance !

On dit « la » Pavlova comme on dit « la » Callas. Son nom est synonyme de *prima ballerina*. Serge de Diaghilev disait d'elle : « *Elle ne danse pas, elle vole.* »

Anna Pavlova dans *La Mort du cygne* (1910).

« J'ai rêvé que j'étais une ballerine, et que je passais toute ma vie à danser avec la légèreté d'un papillon... »

GRÂCE ET FRAGILITÉ

Née à Saint-Pétersbourg en 1881, dans une famille très modeste, Anna Pavlova entre à l'École impériale de danse à dix ans. Malgré une santé délicate, elle veut devenir ballerine, après avoir vu *La Belle au bois dormant*. En 1899, elle rejoint le ballet du théâtre Mariinski. Nommée *prima ballerina* en 1906, elle danse les grands rôles du répertoire classique. Sa technique, son charme, sa grâce lui permettent de se distinguer des autres danseuses. Elle se fait remarquer pour la sensibilité de ses interprétations, notamment dans *Giselle,* en 1903.

STAR EN TOURNÉE

Très vite, dès 1908, avec les Ballets russes, elle commence à se produire à l'étranger. Elle est accueillie avec les honneurs dignes d'une grande star. C'est la première interprète à danser hors de la Russie tsariste. Ses duos avec Vaslav Nijinski dans *Les Sylphides* et *Giselle* sont restés dans les mémoires. Elle demeure attachée au Mariinski jusqu'en 1913 mais monte sa propre troupe et voyage. Lorsque la Première Guerre mondiale éclate, elle rejoint Londres, où elle s'installe. Elle ne cesse de voyager durant toute sa carrière, danse huit à neuf fois par semaine, jusqu'à l'épuisement. Elle meurt d'une pneumonie au cours d'une tournée aux Pays-Bas en 1931. Elle repose au crématorium de Golders Green près de Londres.

« LA » BALLERINE

Son nom est devenu célèbre bien au-delà du monde du ballet. Il symbolise aujourd'hui encore la grâce romantique et la beauté inaccessible. À une époque où les danseuses étaient encore bien en chair, Pavlova se distinguait par une constitution menue, presque fragile. Mais son lyrisme, son élégance et l'intensité dramatique qu'elle savait mettre dans ses rôles ont su traverser les époques.

LA MORT DU CYGNE

Quand, en 1906, le chorégraphe Michel Fokine crée un solo de trois minutes sur la musique de Camille Saint-Saëns, intitulé *La Mort du cygne*, la Pavlova ignore qu'il va devenir son œuvre fétiche. Elle le dansera jusqu'à la fin de sa vie. Pur joyau du répertoire académique, les mouvements évoquent ceux d'un oiseau battant des ailes avant de mourir. Il existe des images de ce solo*. On peut y constater la sensibilité de l'interprétation, la musicalité, l'expressivité des bras et du buste...

HISTOIRE D'UN COSTUME

Lors d'une récente exposition à l'Opéra de Paris, on pouvait voir le costume porté par la Pavlova dans *La Mort du cygne*. Son époux Victor Dandré en a fait don aux Archives internationales de la danse. Plus tard, la bibliothèque-musée de l'Opéra en hérite. Restauré, il est le fragile témoin de ce ballet mythique et de la plus célèbre ballerine du XXe siècle qui servit la danse jusqu'au bout.

* Visibles sur YouTube et Dailymotion.

? LE SAIS-TU ? En 1986, le chorégraphe Roland Petit a créé le ballet *Ma Pavlova* pour la danseuse Dominique Khalfouni.

Art exigeant du dépassement de soi, la danse ne souffre pas la médiocrité. Beaucoup de danseurs cherchent à atteindre la perfection du geste, mais très peu y parviennent.

« En tout art, une bonne technique est le premier pas vers la perfection ; mais il y a tellement d'autres pas, il y a tout un monde à franchir avant de pouvoir seulement s'approcher de ce que l'on cherche. »

Sri Aurobindo,
philosophe et mystique indien.

DÉPASSER SES LIMITES

Dans de nombreuses danses, la quête du geste parfaitement réalisé est une quête de chaque instant. Répéter et répéter encore le même mouvement, la même attitude, jusqu'à atteindre sa plénitude, tel est le lot quotidien de milliers de danseurs. Travailler sans relâche, se corriger dans le miroir, ne jamais se contenter de l'à-peu-près, repousser chaque jour un peu plus loin les limites, placer la barre toujours plus haut, aller au bout de soi-même, voilà ce qui caractérise les grands danseurs. À un journaliste qui le complimentait sur ses extraordinaires cabrioles, Rudolf Noureev raconta qu'il avait répété l'exercice une nuit entière en studio. Il s'était quasiment rué sur le miroir pour s'observer de dos et atteindre la perfection à laquelle il aspirait.

RELÂCHER LA PRESSION

Cette recherche de la perfection ne doit pas t'empêcher de poursuivre ton propre chemin dans la danse. Trouve-toi des modèles pour te motiver et utilise-les comme un moteur pour sortir le meilleur de toi-même. Ne te dis pas « je veux lui ressembler », car immanquablement la phrase qui suivra risque d'être « je n'y arriverai jamais »… Évite de te mettre une pression inutile : tout le monde ne devient pas étoile. Comme le dit joliment Nicolas Le Riche, l'essentiel est de trouver « [sa] vérité » en tant que danseur. Même à ton niveau, c'est déjà beaucoup !

À la tête du Ballet de Marseille pendant vingt-six ans, c'est l'une des grandes figures de la danse au XXe siècle. Il est l'auteur de ballets cultes comme *Carmen* ou *Le Jeune Homme et la Mort.*

DE PARIS A HOLLYWOOD...

Formé à l'école de danse de l'Opéra de Paris, il est engagé dans le corps de ballet en 1940. Quatre ans plus tard, il démissionne et fonde les Ballets des Champs-Élysées en 1945. Il devient l'un des chorégraphes les plus en vue du Paris de l'après-guerre. Il collabore avec de grands créateurs comme Yves Saint Laurent ou Pablo Picasso. Dans les années 1950, il règle la chorégraphie de nombreux films à Hollywood.

... JUSQU'À MARSEILLE

La danseuse Zizi Jeanmaire, sa femme, a été son inspiratrice. Pour elle, il a monté des ballets et des revues de music-hall éblouissants. En 1972, il fonde les Ballets de Marseille, labellisés Ballet national de Marseille-Roland Petit en 1981. Il le dirige jusqu'en 1997. En plus de soixante ans de carrière, il a créé plus de cent cinquante ballets, revues ou show télévisés.

LE JEUNE HOMME ET LA MORT

Un jeune homme attend dans sa mansarde. Une jeune femme entre. Elle le provoque, puis le repousse. Désespéré, il se pend. Le décor s'envole, révélant les toits de Paris et la tour Eiffel. Une femme apparaît portant un masque de la mort. Le jeune homme se libère de sa corde et la suit. Elle enlève son masque et l'on reconnaît la jeune fille. Considéré comme son chef-d'œuvre, *Le Jeune Homme et la Mort* a été créé en 1946 par le sublime Jean Babilée, puis repris notamment par Rudolf Noureev ou Nicolas Le Riche.

Zizi Jeanmaire et Roland Petit, Paris (1962).

? LE SAIS-TU ? La mère de Roland Petit, Rose Repetto, est la créatrice des chaussons de danse Repetto.

VOIR AUSSI
Chaussons, Pointes

C'est sans doute eux qui souffrent le plus, comprimés dans des chaussons ou nus pour un meilleur contact avec le sol. Tu as tout intérêt à en prendre soin !

GREC OU ÉGYPTIEN ?

Il existe trois types de pieds faciles à reconnaître en observant ses orteils. Et toi, quel pied as-tu ?

- **Le pied grec** se caractérise par le deuxième orteil plus long que le gros orteil.
- **Le pied égyptien** possède un gros orteil long et les autres orteils de taille décroissante. Le talon est généralement étroit.
- **Le pied carré ou romain** est large avec des orteils courts. Trois ou quatre orteils sont généralement de la même longueur.

AÏE, AÏE, AÏE !

La pratique intensive de la danse, notamment des pointes, peut entraîner des déformations des orteils. Il est conseillé de ne pas acheter des chaussons trop petits et de mettre du coton entre le gros orteil et le deuxième avant de les enfiler. Les danseuses peuvent aussi rencontrer des problèmes d'ongles incarnés ou de pertes d'ongles. Si tu constates de tels bobos, il est préférable de consulter un podologue.

CHOUCHOUTE TES PETONS

Outre les protège-pointes à glisser dans tes chaussons ou le sparadrap à enrouler autour de tes orteils si tu danses pieds nus, prends-en soin. Fais rouler une balle de tennis sous tes pieds pour détendre les articulations et la voûte plantaire. Pense aussi à prendre des bains d'eau froide additionnés de sel et de bicarbonate en fin de journée pour les faire dégonfler.

Une hygiène irréprochable

- Les laver tous les jours.
- Éviter les bains prolongés.
- Bien les sécher en insistant entre les orteils.
- Les masser avec une crème relaxante et hydratante au menthol ou à la lavande.
- Couper les ongles, mais pas trop ras.
- Vérifier l'absence de cors ou de verrues plantaires. Au cas où, traiter sans attendre.

LE SAIS-TU ? Le pied comporte vingt-six os (tarse, métatarse et phalanges des orteils).

Pietragalla (Marie-Claude)

Danseuse étoile formée à l'Opéra de Paris, chorégraphe, cette « longue dame brune », surnommée « Pietra », a créé sa propre compagnie en 2004.

« Aujourd'hui, je sais pourquoi je danse : c'est tout simplement pour moi la meilleure façon d'exprimer ce que je ressens [...] Au fil des années, j'ai compris que la danse m'offrait un langage généreux et universel, compréhensible par tout le monde, tout en gardant une part de mystère et même de sacré. On est différent lorsque l'on danse. »*

RÊVE DE PETITE FILLE

Née en 1963, Marie-Claude Pietragalla décide de devenir petit rat en regardant un feuilleton télévisé, *L'Âge heureux*, qui se passe dans les coulisses du Palais Garnier. À neuf ans, elle entre à l'École de danse de l'Opéra de Paris. Elle est admise dans le corps de ballet en 1979. Le 22 décembre 1990, elle est nommée danseuse étoile par Patrick Dupond, à l'issue d'une représentation de *Don Quichotte*.

DE DANSEUSE À CHORÉGRAPHE

Pietra danse les ballets de Maurice Béjart, Roland Petit, William Forsythe, Mats Ek... En 1998, elle quitte l'Opéra de Paris pour prendre la direction du Ballet de Marseille. Pendant six ans, elle remonte une trentaine de pièces et crée de nombreux ballets. Elle s'est inspirée des sculptures de Camille Claudel pour créer *Sakountala*, ou de la révolution industrielle pour *Fleur d'automne*.

PIETRAGALLA COMPAGNIE

Depuis 2004, elle est à la tête de sa propre compagnie et enchaîne les créations avec Julien Derouault, son compagnon dans la vie et sur scène. Son dernier spectacle *Marco Polo* a été présenté pour la première fois à l'Opéra national de Pékin, durant les Jeux olympiques 2008.

* Extrait de *La Femme qui danse*, Seuil, 2008.

VOIR AUSSI
Muscles 1 & 2, Souplesse

Plébiscitée avant tout le monde par les danseurs, cette méthode de placement du corps vise à muscler la silhouette en longueur.

« Des mouvements intelligemment dessinés, effectués correctement, avec une grande précision et en équilibre, sont beaucoup plus efficaces que des heures d'entraînement monotone composées d'exercices stéréotypés. »

Joseph Pilates

« L'ART DU CONTRÔLE »

D'origine allemande, Joseph Pilates naît en 1880. Il émigre aux États-Unis dans les années 1920. Asthmatique, de santé fragile, il rêve d'avoir un corps d'athlète. Pour améliorer sa condition, il s'essaie à différentes pratiques sportives. Par la suite, il élabore une méthode douce de mise en forme globale du corps. Il baptise sa méthode l' « art du contrôle ». Son credo pour vanter les mérites de sa méthode : *« En dix séances, vous sentez la différence. En vingt séances, vous voyez la différence. En trente séances, vous avez un corps tout neuf. »*

LES BIENFAITS DE CETTE MÉTHODE

Le principe de la méthode Pilates (prononce Pilatesse) est de travailler ses muscles en les faisant lutter contre la résistance d'appareils munis de ressorts. Le dos est étiré, les abdominaux et les fessiers contractés. La silhouette est affinée et le corps raffermi. On accroît sa souplesse musculaire et articulaire.

COMMENT SE DÉROULE UN COURS ?

Guidé par un professeur, on exécute des exercices à l'aide de divers appareils, qui sollicitent tous les groupes musculaires. Il existe une grande variété d'exercices, plus de mille. On les répète cinq à dix fois maximum. Nécessitant beaucoup de concentration, le meilleur entraînement est celui qui se pratique en cours particulier, mais il existe aussi des cours en petits groupes.

? LE SAIS-TU ? Les chorégraphes Martha Graham et George Balanchine étaient des adeptes de la méthode Pilates.

Pirouette

Ce tour complet du corps en appui sur une seule jambe est un pas de danse très répandu.

EN DEDANS OU EN DEHORS ?

La pirouette est un tour relevé qui, à partir d'une position sur les deux pieds, se fait sur un seul pied élevé. La rotation rapide est de 360 degrés. Elle s'exécute à partir de l'une des cinq positions, sur demi-pointe ou sur pointe. Il existe un grand nombre de pirouettes en fonction du placement de la jambe libre : pirouette à la seconde, en attitude, en arabesque, enveloppée, sur le cou-de-pied... On parle de pirouette en dehors lorsque l'on tourne du côté de la jambe libre ou de pirouette en dedans quand le tour se fait du côté de la jambe d'appui.

UN CORPS BIEN PLACÉ

Le placement du corps est essentiel pour la bonne exécution des pirouettes. Le corps doit être bien centré sur la jambe d'appui, les hanches et les épaules alignées, le dos droit. L'élan est donné par les bras qui demeurent immobiles pendant le tour et le plié de la jambe de terre. La tête doit être la dernière à tourner.

INSISTE SUR LA « PRÉPARATION »

Entraîne-toi d'abord à faire des préparations aux pirouettes sans tourner : mets-toi en quatrième ou en cinquième position. Plie puis positionne ta jambe libre en retiré. Essaie de tenir en équilibre le plus longtemps possible. Serre les abdominaux. Tiens le dos parfaitement droit.

Pour tourner, pousse sur ta jambe d'appui. Dans les pirouettes en dedans, c'est le talon de terre qui guide le mouvement. Pense à bien le pousser en avant.

Truc pour faire plusieurs tours

Tu rêves de réussir plusieurs tours sans perdre l'équilibre ? Concentre d'abord ton attention sur un seul tour et tu verras que les autres s'enchaîneront quand tu gagneras en maîtrise. Pour t'aider, fixe du regard un point en face de toi et tourne très rapidement la tête pour retrouver ce point.

VOIR AUSSI
Barre

Il en existe deux : le demi-plié et le grand plié. Élément de préparation incontournable aussi bien des pas que des sauts, le plié est un exercice clef de la barre.

Lucia Lacarra dans *Coppélia* de Roland Petit (1996).

Conseils pour réussir tes pliés

- Pousse les cuisses en arrière.
- Utilise toute la surface des orteils, évite de faire rouler tes pieds vers l'avant.
- Maintiens ton bassin et ta colonne vertébrale, veille à ne pas « t'asseoir » en laissant partir tes fesses en arrière.
- Ne laisse pas le haut de ton corps s'affaisser.
- Contiens l'énergie de la descente et sers t'en pour remonter.

LE PLIÉ, MODE D'EMPLOI

Ce mouvement consiste à plier les genoux partiellement ou au maximum en répartissant le poids du corps sur les deux jambes. Il s'achève en les redressant complètement. Le plié agit comme amortisseur et ressort dans l'exécution de chaque pas, notamment les sauts. Le grand plié prépare à de grands mouvements comme les développés.

UN EXERCICE DE BASE

À la barre, puis au milieu, on le pratique plusieurs fois de suite dans toutes les positions. Le plié assouplit et fortifie les articulations des chevilles, des genoux et des hanches. Il renforce la musculature du mollet, de la cuisse et du cou-de-pied en plus de faire travailler l'en-dehors. Il est conseillé de procéder lentement, sans mouvements brusques à la descente comme à la remontée.

DEMI ET GRAND PLIÉS

Le demi-plié se limite à une flexion des genoux à 90 degrés. Les talons restent au sol. Le grand plié le prolonge et représente une flexion maximale. Au cours de la descente, les talons se soulèvent, sauf en seconde position où ils restent à plat. Dans les deux cas, les genoux doivent rester en en-dehors, alignés avec les épaules et les pointes de pieds. Il faut s'imaginer glisser le long d'un fil à plomb.

Comment ne pas être obsédée par son poids quand on doit se coltiner son reflet dans le miroir à chaque cours, ou affronter la prof et ses petites remarques sur un ventre légèrement rebondi ?

LA VÉNÉRATION DE LA MINCEUR

La danse est sans conteste l'une des activités les plus exigeantes en ce qui concerne le poids. Outre les qualités techniques et artistiques, les danseurs – les filles tout particulièrement – sont soumises à une injonction esthétique de minceur. Nombre d'entre elles cherchent à se maintenir à un poids souvent en dessous de leur poids physiologique. Infliger à son corps une telle punition peut être la source de problèmes de santé graves.

S'AFFAMER... NON MERCI !

Alors que tu jongles entre tes études et tes nombreuses activités, pourquoi devrais-tu te priver de manger à ta faim ? Mauvais calcul ! Ce n'est pas en t'affamant ou en te mettant au régime que tu vas conserver la ligne. D'autant plus que, si tu pratiques la danse à haute dose, tu dois fournir à ton organisme suffisamment d'énergie pour qu'il mène à bien sa mission ! En adoptant une alimentation équilibrée, saine et variée, tu mets toutes les chances de ton côté. Veille surtout à consommer des protéines végétales (légumes secs, féculents, céréales, soja) ou animales (poissons, œufs, jambon, produits de la pêche, viandes, produits laitiers). Elles sont nécessaires à l'entretien et au renouvellement du tissu musculaire. À ton âge c'est essentiel !

RESPECTE TON CORPS

Pour gagner la bataille du poids, autant identifier tes ennemis. Pas de chance, les aliments les plus tentants à ton âge sont souvent les plus mauvais. Tous les repas « fast-food » (sandwich, pizza, hamburger...) sont très riches en graisses, pauvres en fibres et en vitamines. Le contraire de ce dont tu as besoin. Il est préférable de limiter ce type de repas à une fois par semaine maximum. Sans vouloir te priver de ces petits plaisirs, reste consciente que ton corps est ce que tu lui fais manger.

Même si elles font souffrir, elles font rêver les ballerines en herbe qui attendent avec impatience le moment où elles pourront glisser leurs pieds dans ces chaussons satinés.

« Mon premier jour de pointe ? J'étais aux anges. Tellement fière de rentrer dans la cour des grandes ! Mais le soir, j'étais en enfer : des ampoules plein les pieds et l'envie de tout arrêter ! J'ai mis mes blessures dans de l'eau salée, j'ai pleuré et j'y suis retournée. »

Elisabeth Ros,
soliste au Béjart Ballet Lausanne.*

HISTOIRE D'UN CHAUSSON

Au début du XIXe siècle, de nombreuses danseuses se mettent aux pointes. L'Italienne Amalia Brugnoli et la Française Geneviève Gosselin sont les premières à tenter l'expérience. Mais c'est Marie Taglioni qui les popularise dans *La Sylphide* en 1832. Le ballet romantique met à l'honneur les pointes qui rendent la danseuse plus aérienne et plus légère. Au XXe siècle, le chausson commence à se transformer pour devenir celui qu'on connaît aujourd'hui avec semelle et embout renforcés.

ANATOMIE D'UNE POINTE

Les pointes sont des chaussons en satin, doublés de toile avec une semelle en cuir.

- **Le bout**, sur lequel repose tout le poids du corps en position d'équilibre, s'appelle la plate-forme. Plus ou moins carrée, elle est faite d'une superposition de toile et de papier. La partie qui enserre les orteils s'appelle la boîte. Selon les modèles de chaussons, elle est plus ou moins large.
- **L'empeigne** recouvre le dessus du pied. Plus le cou-de-pied est fort, plus elle doit monter haut.
- **La semelle** est plus étroite et moins longue que le pied. Le cambrion, forme rigide destinée à définir la cambrure, est inséré dans les épaisseurs de la semelle. Les danseuses professionnelles, contrairement aux autres, utilisent le plus souvent des cambrions courts et assez souples.

À QUEL ÂGE COMMENCER ?

Pour commencer les pointes il faut avoir acquis un bon travail sur demi-pointes et une grande force musculaire dans la cheville et le pied. Seul le professeur est apte à décider si l'élève est capable de commencer les pointes. Généralement, on peut débuter vers 11ou12 ans.

CHERCHE POINTES À TON PIED

Mieux vaut essayer tes nouveaux chaussons avec un collant de danse. La « boîte » (l'intérieur du chausson) doit épouser la forme de tes orteils. Ces derniers ne doivent pas être compressés. À toi de trouver un chausson dont la semelle a une dureté adaptée à la force de ton pied. Vérifie si le chausson est à la

LE SAIS-TU ? Une danseuse professionnelle use une douzaine de paires de pointes par mois !

bonne pointure en le pinçant au talon. Si c'est impossible, il est trop petit. En revanche, si tu peux passer un doigt sous l'empeigne, c'est qu'il est trop grand.

SOS ORTEILS MALTRAITÉS !

Pour protéger tes orteils, il existe des remèdes plus efficaces que l'escalope crue que certaines danseuses utilisaient, il y a encore quelques années, pour soulager leurs douleurs. Malgré leur coût un peu élevé, les embouts en silicone sont très efficaces. Moins chers mais plus fragiles, les embouts en tissu ou en mousse absorbent la transpiration, et protègent bien le pied. Les écarteurs d'orteils préviennent les ampoules, mais augmentent la largeur du pied et peuvent déstabiliser l'équilibre. Enfin, tu peux glisser un peu de coton cardé – jamais du coton hydrophile ! – au fond des pointes pour réduire la pression sur les orteils.

* Extrait d'un article paru le 30 janvier 2009 dans le quotidien suisse *Le Temps*.

L'élégance d'un port de bras impose la personnalité d'une danseuse. Mouvoir et tenir ses bras nécessitent beaucoup de travail et une attention extrême.

À PLEINS BRAS

Même si l'on insiste beaucoup sur les jambes et les pieds, les bras sont loin d'être négligés dans la danse. Selon les pas, ils bougent en harmonie avec le reste du corps. La tenue des bras, appelée couramment « port de bras », demande beaucoup de travail pour parvenir à acquérir fluidité et grâce. Certaines disciplines comme le flamenco privilégient une très grande expressivité des bras (*braceo*).

À BRAS LE CORPS

En danse classique, les ports de bras désignent à la fois les positions de bras associées aux positions de pied et la série d'exercices qui préparent aux mouvements des bras. Exécutés à la barre et au milieu, ils permettent de travailler l'articulation de l'épaule et le placement des omoplates, d'acquérir le sens de l'arrondi des mouvements dans le haut du corps et de donner vie au buste.

LES POSITIONS DES BRAS

Il existe cinq positions coordonnées aux positions des pieds (voir ci-contre « Positions ») auxquelles s'ajoutent deux autres positions. L'une est dite « de maintien ». Les bras sont placés le long du corps, presque de manière naturelle, les coudes légèrement arrondis. L'autre est dite « troisième position médiane ». L'un des bras est en première position, l'autre à la seconde. Elle prépare aux tours et à de nombreux pas.

Travaille ton port de bras

- Pense à dégager ton port de tête, abaisse tes épaules.
- Ne casse pas tes coudes. Au contraire, soutiens-les grâce à une légère rotation interne qui donnera un joli arrondi à tes bras.
- Soutiens tes mains dans le prolongement de tes bras, souples, allongées, doigts rapprochés mais non serrés.

? LE SAIS-TU ? Il existe deux positions « néoclassiques » appelées sixième et septième position. Les pieds sont parallèles.

Positions

Les cinq positions des bras et des pieds au sol sont un repère fondamental dans l'acquisition des bases de la danse classique.

LE BON PLACEMENT DU CORPS

Tous les pas de danse classique commencent et s'achèvent sur l'une des cinq positions. Elles s'exécutent les hanches placées en en-dehors, les épaules baissées, le corps étiré, le ventre rentré, les genoux tendus et les muscles fessiers contractés.

D'OÙ VIENNENT LES POSITIONS ?

Le mot est employé à partir du XVIe siècle puis défini au XVIIe siècle. Les positions des pieds n'ont guère varié depuis cette époque. En revanche, celles des bras ont bougé avec les siècles et en fonction des écoles (école française, école russe…). Elles n'ont été codifiées qu'au XXe siècle. Il existe même des positions de bras particulières dites « de caractère » comme « l'espagnole », « la tyrolienne », « la cambodgienne », la « pleureuse », la « joueuse de flûte »…

LES POSITIONS DES PIEDS

On désigne les positions par l'expression suivante : « en première », « à la seconde », « en troisième »…

- **Première position**

Les deux pieds sont sur la même ligne horizontale. Les talons sont joints, les pointes tournées vers l'extérieur, le poids du corps est réparti sur toute la surface du pied.

- **Seconde position**

Elle est identique à la première mais les talons sont écartés d'une longueur d'un pied environ. Le poids du corps est bien réparti entre les deux jambes, le bassin au milieu.

- **Troisième position**

Les jambes sont croisées. Le talon de la jambe de devant est « collé » au milieu de l'autre pied.

- **Quatrième position**

Les pieds sont écartés de la longueur d'un pied environ en avant. Le poids du corps est toujours bien au milieu et réparti sur toute la longueur des pieds.

- **Cinquième position**

La plus difficile de toutes. Le talon du pied de devant vient se placer devant les orteils du pied de derrière.

Et les bras ?

En première position, les bras sont arrondis devant soi, les mains espacées de quelques centimètres comme si la danseuse tenait un ballon devant elle. En seconde, ils sont dépliés sur les côtés. En troisième position, l'un des bras se lève au-dessus de la tête, l'autre reste à la seconde. En quatrième, l'un est en première, l'autre en cinquième. En cinquième, dite « bras en couronne », ils sont élevés au-dessus de la tête, légèrement en avant.

Preljocaj (Angelin)

VOIR AUSSI
Notation

Directeur du CCN d'Aix-en-Provence, chorégraphe talentueux, il est l'une des figures les plus connues – et reconnues – de la danse contemporaine d'aujourd'hui.

Angelin Preljocaj dirige une répétition de son ballet *Helikopter & MC 14/22*, en 2001.

LE DÉCLIC : UNE PHOTO DE NOUREEV

Angelin Preljocaj est né en 1957, en banlieue parisienne, d'une famille albanaise immigrée en France. Il découvre la danse grâce à une camarade qui lui prête un livre où figure une photo de Noureev en plein saut. En légende, le jeune garçon peut lire : « Rudolf Noureev transfiguré par la danse. » « *Transfiguré ? Je ne savais pas ce que cela voulait dire, mais si la danse était cette chose capable de rendre si beau, si heureux, alors, moi aussi, je voulais faire ça* !* » Malgré l'opposition de sa famille, il décide d'étudier la danse classique puis aborde la danse contemporaine avec Karin Waehner. En 1980, il s'envole pour New York et s'initie à la technique Cunningham, avant d'achever sa formation au Centre national de la danse contemporaine d'Angers.

SES DÉBUTS DE CHORÉGRAPHE

Il est engagé en 1982 dans la compagnie de Dominique Bagouet, installée à Montpellier. Deux ans plus tard, il crée sa première pièce *Aventures coloniales*, un duo avec un autre chrégraphe, Michel Kelemenis, puis enchaîne avec *Marché noir* primé au fameux Concours de Bagnolet. En 1986, il fonde sa propre compagnie et s'installe à Champigny-sur-Marne, en banlieue parisienne. Il crée plusieurs pièces, voyage notamment au Japon et, en 1989, il prend la direction du nouveau Centre chorégraphique national de Champigny et du Val-de-Marne, aujourd'hui disparu.

IL HISSE SON « PAVILLON NOIR »

En 1996, il s'installe à Aix-en-Provence après un bref séjour à Toulon. Le Ballet Preljocaj devient Centre chorégraphique national d'Aix-en-Provence. Dix ans plus tard, la compagnie, composée de vingt-six danseurs permanents, trouve enfin un havre de création et de diffusion. Conçu par l'architecte Rudy Ricciotti, le Pavillon Noir, majestueux bâtiment de fer, de béton et de verre, ouvre ses portes en septembre 2006. 3 000 mètres carrés dédiés à la danse… Soucieux de la mémoire de la danse, Preljocaj a recours à la notation chorégraphique.

PRELJOCAJ À L'OPÉRA DE PARIS

Pour le Ballet de l'Opéra de Paris, Angelin Preljocaj a créé de nombreuses pièces et entrées au répertoire dont *Annonciation* (1996), *Casanova* (1998) ou *Le Songe de Médée* (2004) dans laquelle l'étoile Marie-Agnès Gillot excellait en mère infanticide. Créée en 1994, puis cinq fois reprise au Palais Garnier ou à l'Opéra Bastille, *Le Parc* est l'une de ses plus belles créations. « *Qu'en est-il aujourd'hui de l'amour, pris dans la confusion de la crise, en proie au doute, confronté au sida ? Comment se manifeste le cheminement des sentiments, l'itinéraire des passions ?…* » se demande le chorégraphe. Porté par la musique de Mozart, nourri de la littérature française des XVIIe et XVIIIe siècles, il a imaginé un magnifique ballet sur « *l'art d'aimer* ».

* Interview parue dans *L'Express* du 20 septembre 2004.

? LE SAIS–TU ? En 1990, il revisite *Roméo et Juliette* en s'associant au dessinateur Enki Bilal, qui crée décors et costumes.

Professeur-1 (devenir)

Aimer la danse peut conduire à avoir envie de la transmettre à d'autres. Mais on ne s'improvise pas professeur de danse... Pour enseigner, il faut obligatoirement être titulaire d'un diplôme d'État.

PRÉPARER LE DIPLÔME

Depuis 1989, un diplôme d'État (DE) est obligatoire pour devenir professeur de danse dans l'une des trois options : danse classique, contemporaine, jazz. Pour s'inscrire à la formation, il faut être âgé d'au moins 18 ans et avoir obtenu l'examen d'aptitude technique (EAT) qui justifie d'un très bon niveau en danse. Il est composé d'une variation imposée, d'une composition personnelle, d'une improvisation et d'un entretien. Une fois l'EAT en poche, le DE se prépare dans l'un des trente centres de formation qui existent en France. Le diplôme est organisé en quatre unités de formation réparties sur deux ans : l'histoire de la danse, l'anatomie-physiologie, la formation musicale et la pédagogie. Cela représente 600 heures de cours.

QUELLES QUALITÉS FAUT-IL ?

Avoir pratiqué la danse depuis l'enfance semble évidemment un préalable incontournable. Mais cela ne suffit pas ! Des qualités personnelles comme la patience, la disponibilité, le sens de l'écoute feront de toi une bonne candidate. Outre les compétences techniques et une connaissance approfondie de l'art chorégraphique, il faut savoir transmettre son amour de la danse avec enthousiasme.

OÙ ENSEIGNER LA DANSE ?

Quand on possède un diplôme de professeur de danse, il est permis d'enseigner dans les nombreuses écoles de danse privées, les centres socioculturels, les MJC et les écoles municipales de musique et de danse. On peut également ouvrir sa propre école même si ce rêve n'est pas à la portée de tout le monde. Mais mieux vaut garder à l'esprit que les postes ne courent pas les rues. Il faut beaucoup de persévérance pour gagner correctement sa vie en enseignant la danse.

Apprendre à danser c'est trouver un professeur qui va te donner envie de progresser, d'exprimer le meilleur de toi-même. Ce n'est pas à la portée du premier venu...

SOUVENIRS, SOUVENIRS...

Tu fréquentes peut-être les cours d'une dame ou d'un monsieur revêche qui te corrigent d'un ton sec en faisant les cent pas dans la salle de danse : « *Rentrez le ventre, grandissez-vous, tendez les pointes de pieds !* » Les ordres claquent tandis que tu essaies de te concentrer et d'intégrer tous les conseils à la fois. Tu rentres parfois à la maison avec l'envie de pleurer et de ne plus jamais y retourner. Et pourtant, crois-moi, des années après on se souvient encore, attendrie, de ce professeur, avec ses vieux chaussons de danse, qui appelait ses élèves « ma grenouille », et à qui on doit son port de danseuse, lequel ne nous a jamais quittées.

QUESTION DE FEELING

Apprendre avec un professeur titulaire du Diplôme d'État garantit ses connaissances et ses aptitudes pédagogiques... mais pas la sympathie qu'il (ou elle) t'inspire. Pour progresser, le courant doit passer entre vous. Cela ne veut pas dire qu'il doit être laxiste et ne pas te corriger. Un bon professeur est celui qui va savoir se mettre au niveau de ses élèves et leur expliquer les mouvements. Devant le miroir, il corrige les gestes et les positions de ses élèves tout en montrant les pas. Ceux qui restent les fesses collées à une chaise – cela existe encore ! – sont à bannir.

SOURIRE ET BONNE HUMEUR

Soit on te recommandera un professeur, soit tu devras te faire ta propre opinion. Toutes les écoles proposent des cours à l'essai. C'est un bon moyen de te rendre compte si la pédagogie et le style du professeur te conviennent. Enseigner à des groupes d'élèves de niveaux différents demande de sérieuses capacités d'adaptation et une certaine autorité naturelle. Si cette autorité s'exerce avec le sourire et dans la bonne humeur, voilà de quoi te mettre en confiance.

Rat (petit)

VOIR AUSSI
Discipline, Opéra de Paris

On appelle ainsi les jeunes élèves de l'École de danse de l'Opéra national de Paris. En janvier 2009, 151 garçons et filles étaient inscrits dans cette prestigieuse école.

UN ÉTONNANT SURNOM

Tout le monde connaît les petits rats de l'Opéra mais qui sait réellement d'où leur vient ce curieux surnom ? Le terme « rat » apparaît, au XIXe siècle, sous la plume d'Honoré de Balzac et celle de Théophile Gautier. À l'époque, les élèves prenaient leurs cours au cœur de l'Opéra Garnier. Le bruit de leurs chaussons sur le parquet des couloirs évoquait à certains la course des rongeurs. D'autres y voient un rapport avec les conditions de vie assez rudes et le fait que ces enfants dormaient dans des greniers traversés par les rats.

UNE ÉCOLE PRESQUE TRICENTENAIRE

L'École de danse de l'Opéra de Paris a été fondée en 1713. C'est la plus ancienne école de danse d'Europe. Sa création remonte au règne de Louis XIV. Pendant longtemps, l'école se trouvait à l'intérieur du Palais Garnier, un lieu peu adapté. En octobre 1987, une nouvelle école de danse imaginée par l'architecte Christian de Portzamparc est inaugurée à Nanterre en banlieue parisienne.

UNE ADMISSION STRICTE

Pour s'inscrire à l'École de danse, il faut avoir de 8 ans révolus à moins de 13 ans, et remplir des critères de taille et de poids*. Les élèves âgés de 8 ans à moins de 11 ans sont convoqués en décembre. S'ils sont sélectionnés, ils suivent un stage de six mois de janvier à juin. Les autres élèves sont convoqués en mai pour un stage d'un an de septembre à juin. À l'issue de ces stages, les élèves passent un examen d'entrée à l'École de danse. Certains candidats âgés de 13 ans et plus peuvent être admis exceptionnellement en cours d'année.

UN ENSEIGNEMENT EXIGEANT

Les petits rats sont répartis en six classes. Le matin est consacré à l'enseignement général et l'après-midi à l'enseignement artistique. Les élèves suivent différents cours de danse (classique, caractère, contemporain, jazz et folklore), de musique, de mime, de comédie, d'histoire de la danse, d'anatomie ou de gymnastique. Chaque année, outre le contôle continu, le passage en classe supérieure est conditionné par un examen. Les élèves de dernière année se présentent au concours d'entrée dans le corps de Ballet ou quittent l'École pour être engagés dans d'autres compagnies.

PETITE MÈRE

La tradition veut que chaque élève de l'École de danse choisisse un parrain ou une marraine parmi les danseurs du Ballet : un « petit père » ou une « petite mère », qui accompagnera le jeune danseur tout au long de son apprentissage.

PREMIERS PAS SUR SCÈNE

Chaque année, généralement en décembre, les élèves proposent des démonstrations pour offrir un aperçu de leur formation. Ce n'est pas un spectacle, mais la présentation des différents cours. Le spectacle annuel de l'École de danse a lieu au printemps.

* Par exemple, à 11 ans : taille et poids minimum 1,42 m, 29 kg. Maximum 1,50 m, 34 kg.

? LE SAIS-TU ? En 2004, la danseuse étoile Elisabeth Platel a succédé à Claude Bessy comme directrice de l'École de danse.

Apprendre à détendre ton corps et ton esprit, même pendant de courtes périodes, peut te faire du bien, t'apaiser et te permettre de te ressourcer.

À L'ÉCOUTE DE TON CORPS

Certains professeurs de danse ont coutume de proposer à leurs élèves de finir le cours par quelques minutes de relaxation, yeux fermés, allongés sur le sol. Après une heure d'exercices intenses, cette courte pause permet de se détendre musculairement et mentalement. Une sorte de sas de décompression avant de reprendre pied dans le cours des activités quotidiennes.

BIENFAITS DE LA RELAXATION

À la maison, dans ta chambre, tu peux t'accorder quelques instants de pause pour lutter contre la fatigue et recharger les batteries. Ces moments de détente peuvent aussi t'être utiles à la veille d'un examen ou d'un spectacle. L'objectif n'est pas de t'endormir, mais de te détendre tout en restant éveillée.

RELAXE-TOI EN SOLO

- Exercice n°1

Allonge-toi sur le sol et pose tes jambes à la verticale le long du mur. Ne décolle pas tes fesses du sol, tes talons en appui sur le mur. Quelques minutes suffisent pour te délasser.

- Exercice n°2

Du bout des doigts, effectue de petits mouvements sur le côté interne de la voûte plantaire. Puis masse doucement le dessous du pied avec des mouvements plus lents, en partant des orteils et en prolongeant jusqu'au talon. Malaxe ensuite doucement tes orteils un par un. Termine en massant les chevilles. Allonge progressivement le massage depuis le cou-de-pied jusqu'au mollet. C'est parfait pour activer la circulation sanguine.

- Exercice n°3

Les fessiers posés sur les talons, le front contre le sol, allonge tes bras derrière le long des jambes, tes poignets, bras, coudes et épaules complètement détendus. Respire profondément avec le ventre.

- Exercice n°4

Assise en tailleur, le dos droit, les épaules basses et décontractées, les mains posées sur le ventre, essaie de sentir ton inspiration et ton expiration. Ferme les yeux. En conservant cette position deux à trois minutes, tes tensions vont lâcher.

- Exercice n°5

Allongée sur le sol, les mains posées sur le ventre, bouts des doigts se touchant, inspire longuement et lentement par le nez en comptant jusqu'à cinq. Les poumons et le ventre se gonflent, les doigts se séparent. Retiens ta respiration cinq secondes, puis, en comptant jusqu'à 10, expire par la bouche.

EXERCICE DE VISUALISATION

Installe-toi dans une position allongée confortable. Aligne ta nuque dans le prolongement de ta colonne vertébrale. Relâche tes pieds et retourne tes poignets

pour que tes paumes de mains regardent en l'air. Ferme les yeux. Passe en revue les différentes parties de ton corps, en commençant par les pieds, les chevilles, les mollets, les genoux et les cuisses. Au passage prends conscience de tes muscles et de tes articulations. Laisse-les se relâcher. Continue avec tes mains, tes poignets, tes avant-bras, tes coudes jusqu'aux épaules. N'oublie pas ton dos. Laisse-le se détendre. Prends ensuite conscience de ton visage. Avale ta salive. Décontracte ta mâchoire, tes joues, ton front…
Laisse défiler les pensées qui viennent à ton esprit, ne te fixe sur aucune en particulier. Profite de cet état de relaxation.

À la fin, inspire et expire plusieurs fois profondément, bâille et étire-toi longuement avant de t'asseoir.

Conseils pour bien pratiquer la relaxation

- Isole-toi dans ta chambre, ou dans une pièce calme où tu ne seras pas dérangée.
- Porte des vêtements lâches et confortables.
- Mets une musique douce en fond sonore si tu as du mal à rester en silence.
- Ferme les yeux. Cela t'aidera à faire le vide et à t'isoler des éléments extérieurs.

Que reste-t-il d'un chorégraphe après sa mort ? Un ensemble d'œuvres qui constitue son répertoire. Ses ballets ou ses pièces peuvent alors être repris par sa propre compagnie, ou par d'autres.

LES GRANDS BALLETS DU RÉPERTOIRE

On appelle ainsi les œuvres faisant référence et dont le seul nom évoque quelque chose même à ceux qui ne s'intéressent que de très loin à la danse : *Giselle, La Sylphide, Coppélia, Le Lac des cygnes, La Bayadère, La Belle au bois dormant, Le Sacre du printemps...* Ces ballets ont traversé les décennies et sont dansés par presque toutes les grandes compagnies. Certains sont régulièrement revisités par des chorégraphes qui en offrent des versions personnelles parfois assez éloignées de celle d'origine.

ENTRÉE AU RÉPERTOIRE

Des pièces de chorégraphes contemporains font leur entrée au répertoire de grandes compagnies comme celle de l'Opéra de Paris. Elles viennent enrichir l'ensemble des œuvres régulièrement présentées et sont une forme de reconnaissance pour le chorégraphe.

FAIRE VIVRE UN RÉPERTOIRE

Quand un chorégraphe disparaît, la survie de son répertoire est souvent liée à celle de sa compagnie. Bien sûr, les œuvres de chorégraphes comme Martha Graham ou George Balanchine continuent d'être dansées, mais qu'en est-il de ceux dont la compagnie ne dure pas ?

Approfondis ta culture chorégraphique !

Pour cinq grands ballets du répertoire, voici la version d'origine et une sélection de versions revisitées. À toi, si tu en as l'occasion, de jouer au jeu des comparaisons en en visionnant les DVD ou en allant les voir sur scène :

- *Le Lac des cygnes*
Chor. originale : Marius Petipa et Lev Ivanov.
Versions de Rudolf Noureev (1964), Mats Ek (1987), Matthew Bourne (1995)...
- *Coppélia*
Chor. originale : Arthur Saint Léon.
Versions de Roland Petit (1975), Maguy Marin (1993)...
- *Le Sacre du printemps*
Chor. originale : Vaslav Nijinski.
Versions de Pina Bausch (1975), Angelin Preljocaj (2001), Tero Saarinen (2002)...
- *Giselle*
Chor. originale : Jean Coralli et Jules Perrot.
Versions de Mats Ek (1982), Maryse Delente (1992)...
- *Cendrillon*
Chor. originale : Marius Petipa, Lev Ivanov et Enrico Cecchetti.
Versions de Maguy Marin (1985), Rudolf Noureev (1986)...

Ces séances de préparation à un spectacle ont pour but de faire, refaire et parfaire – parfois jusqu'à l'épuisement – les mouvements.

REPRENDRE ENCORE ET ENCORE

En regardant un spectacle, le public ne découvre que la forme finale d'un travail engagé depuis longtemps. Présenter un ballet ou une pièce le plus abouti possible nécessite des heures, voire des semaines, de répétitions. Les danseurs s'exercent et reprennent inlassablement les mouvements pour parvenir à un résultat le plus satisfaisant possible pour le chorégraphe. Les répétitions ont lieu dans une salle de cours. À quelques jours de la première représentation, elles migrent jusqu'au plateau du spectacle.

FILAGE, GÉNÉRALE...

Le filage est une répétition de toutes les scènes en continu. Il se concentre sur l'enchaînement, la cohérence, la fluidité, le rythme. Tous les moyens techniques (lumière, son, musique, vidéo) sont utilisés. En théorie, un filage ne peut être interrompu. Mais certains chorégraphes interviennent parfois pour indiquer les améliorations à apporter. La « générale » , ou plus exactement la répétition générale, est la répétition d'ensemble. Elle a lieu en principe la veille de la première et présente le spectacle dans les conditions de la représentation. Les danseurs sont en costumes avec les accessoires, dans les décors mis en lumières et avec la bande son. Elle peut être interrompue pour les ultimes calages. Il arrive aussi que la générale soit ouverte au public ou à quelques invités.

UN MÉTIER : RÉPÉTITEUR

Le répétiteur intervient auprès du chorégraphe, ou en son absence, au cours des étapes de réalisation d'une création. Il (ou elle) suit le travail des danseurs dans le respect de la chorégraphie et de la mise en scène. Il possède des solides compétences techniques et artistiques. Il joue l'intermédiaire entre l'interprète et le chorégraphe.

Ah, le délicieux bonheur de glisser ses orteils dans une paire de Repetto... Soixante ans après sa création, c'est aujourd'hui la marque de référence en matière de danse. Ses ballerines de ville sont elles aussi devenues cultes.

Rose Repetto, mère de Roland Petit.

DÉBUTS EN CHAMBRE DE BONNE

En 1947, Rose Repetto, mère du danseur et chorégraphe Roland Petit, confectionne sa première paire de chaussons à la demande de son fils. Elle s'installe dans un petit atelier rue de la Paix, à deux pas de l'Opéra Garnier. Les chaussons sont cousus à l'envers puis retournés pour plus de confort et d'esthétique. Rapidement, elle remporte un vif succès et les danseurs du monde entier lui commandent demi-pointes et pointes.

ET BRIGITTE BARDOT CRÉA LA BALLERINE

En 1956, une étoile montante du cinéma se rend chez Rose Repetto. Danseuse devenue actrice, la jeune Brigitte Bardot rêve d'une chaussure de ville aussi souple et confortable qu'un chausson de danse. Pour elle, Rose Repetto crée la ballerine. Baptisée Cendrillon, elle est immortalisée en version rouge carmin dans le film de Roger Vadim *Et Dieu créa la femme*. C'est la naissance d'un mythe. Trois ans plus tard, la première boutique Repetto ouvre au 22, rue de la Paix. Toutes les stars de la danse viennent s'y fournir.

« REPETTO À PERPET' »

Créées à l'origine pour la danseuse Zizi Jeanmaire, la belle-fille de Rose, les fameuses « Zizi » ont été popularisées par le chanteur Serge Gainsbourg dans les années 1970. Ne jurant que par ces chaussures à lacets au cuir aussi doux que celui d'un chausson, il pouvait en acheter jusqu'à trente paires par an, et les portait toujours blanches et pieds nus. Aujourd'hui, de nombreuses autres stars lui ont emboîté le pas comme Matthieu Chedid, Sofia Coppola ou Kate Moss.

22, RUE DE LA PAIX : UNE ADRESSE MYTHIQUE

L'entreprise retrouve un second souffle grâce à son rachat à la fin des années 1990. Elle regagne en quelques années sa réputation dans l'univers de la danse et se fait peu à peu un nom dans le monde du luxe. Rénovée en 2006, la boutique mythique de la rue de la Paix est une pure merveille : amples rideaux de velours, barre de danse dans les cabines, lustres en cristal, éclairage de scène...

60 ARTISTES POUR UN ANNIVERSAIRE EN GRANDE POMPE

En 2007, pour fêter les soixante ans de la marque, Repetto crée une Fondation avec la fameuse danseuse étoile Marie-Agnès Gillot comme marraine. Repetto demande à soixante personnalités de customiser chaussons, tutus et ballerines dans le but d'aider à l'intégration d'enfants défavorisés du monde entier dans le cadre de la pratique de la danse.

UNE ÉTOILE POUR REPETTO

En mai 2008, Marie-Agnès Gillot prête son image pour une campagne de communication « Entrez dans la danse ». Ces annonces publicitaires sont diffusées dans les magazines féminins en France, en Italie, en Angleterre, aux États-Unis, et jusqu'en Russie et au Japon.

? LE SAIS-TU ? Depuis 1967, pointes et ballerines sont toujours fabriquées à Saint-Médard-d'Excideuil, en Dordogne.

Rarement une activité a autant fait rêver les jeunes filles. Devenir danseuse professionnelle, rentrer dans une compagnie, vivre de sa passion... Le rêve est un formidable moteur de vie... si l'on garde un minimum les pieds sur terre !

« On ne réussit qu'une seule chose, on réussit ses rêves. »

Jacques Brel, chanteur

RÊVE D'ENFANCE

Quand on interviewe une danseuse confirmée (ou un danseur !), à quelques exceptions près, elle raconte toujours comment un jour elle s'est dit : *« Ce que je désire par-dessus tout dans la vie c'est danser ! »* Une vocation naît bien souvent de souvenirs d'enfance. Parfois, c'est en allant voir un spectacle, en feuilletant un livre ou en tombant sur une scène dans un film. Tous ces souvenirs de danse nourrissent le rêve. Te rappelles-tu ta première rencontre avec la danse ? Quel visage avait-elle ? Quel âge avais-tu ? Qu'as-tu ressenti ?

DERRIÈRE LE RÊVE... LA RÉALITÉ

Devenir danseuse professionnelle, un rêve chevillé au corps de bien des jeunes filles qui pratiquent la danse. Mais un rêve qui n'est pas à la portée de tout le monde. Derrière la magie du rêve, il y a la réalité du travail quotidien de la danse, la sueur, la douleur, les efforts à réaliser, les sacrifices à consentir, la sélection rude et les débouchés aléatoires. S'engager dans cette voie n'est pas une promenade de santé, comme on dit. Mieux vaut être solide psychologiquement...

PROTÉGER SON RÊVE

Peut-être connais-tu des filles pour lesquelles le rêve s'est brisé sur un examen raté, une mauvaise blessure ou une décision parentale intransigeante ? Difficile de faire le deuil de son rêve de danse. Le secret est de ne pas tout arrêter par déception, mais de continuer de danser pour le plaisir. La danse est une compagne qui ne vous quitte jamais. Rien n'empêche de continuer de rêver en regardant les autres danser, en les laissant nous embarquer par leur sensibilité et leur grâce. Il y en a même qui poursuive leur rêve... en écrivant une *Encyclo de la danseuse* !

Révérence

Il n'y a pas que devant la reine d'Angleterre qu'on doit pratiquer ce gracieux plié des genoux. C'est encore l'usage dans les cours de danse classique et, sur scène, lors des saluts.

COLLER À L'ÉTIQUETTE

La révérence nous renvoie des siècles en arrière à l'époque des rois. Ce mouvement du corps appartenait au cérémonial en usage dans une cour, appelée « l'étiquette ». Il servait à saluer et à exprimer la considération que l'on avait pour une personne d'un rang plus élevé. Les hommes inclinaient le buste en avant de manière plus ou moins accentuée. Les femmes pliaient gracieusement leurs genoux en tenant leur robe. Par ailleurs, la coutume voulait que l'on débute et achève les danses de bal par une révérence à son partenaire.

PETITE OU GRANDE RÉVÉRENCE ?

Il existe deux façons d'exécuter une révérence. La manière la plus simple est de placer son pied droit à l'arrière du pied gauche, tandis que les genoux sont légèrement fléchis. Les bras restent le long du corps. La grande révérence est plus élaborée. Il faut esquisser un geste ample en forme de cœur avec ses mains et ses bras en accentuant fortement le fléchissement des genoux, le pied droit toujours placé derrière le pied gauche. Dans les cours de danse classique, on salue son professeur à la fin du cours, ou le public, à la fin d'un spectacle, par une révérence.

Conseils pour une belle révérence

- Dégage la jambe droite en seconde, pointe de pied tendue. Monte ton bras droit sur le côté plus haut que l'épaule, paume de main vers le sol. Le bras gauche s'élève légèrement sur le côté.
- Glisse lentement la jambe droite derrière en quatrième en fléchissant les genoux. Penche le buste en avant et incline la tête. Abaisse tes bras le long de ton corps.
- Redresse-toi et enchaîne de l'autre côté.

Cette dynamique danse de couple est née aux États-Unis dans les années 1950, en même temps que la musique du même nom. Indémodable, c'est l'une des danses les plus pratiquées.

AU BON VIEUX TEMPS DU ROCK'N'ROLL

Dans les années 1950, grâce à la radio et aux juke-boxes*, la musique rock devient rapidement populaire. Elle se caractérise par un rythme très marqué et une forte présence des guitares électriques. Les États-Unis puis l'Europe dansent sur des chansons de Chuck Berry, Bill Haley ou Buddy Holly. Le chanteur Elvis Presley se rend célèbre par son jeu de jambes et ses mouvements de hanches endiablés.

GARDER LE CONTACT !

La danse rock est issue du lindy hop, une danse de rue qui s'est développée dans la communauté noire américaine du quartier de Harlem (New York) vers la fin des années 1920. Cette danse de couple consiste en une succession de passes où les deux danseurs se séparent, se rapprochent, tournent sur eux-mêmes ou en se croisant. Les partenaires doivent garder le contact durant toute la danse, même en se tenant par une seule main. Chaque danseur connaît un nombre de passes plus ou moins sophistiquées selon son niveau (croisés de bras, changements de mains, lasso, zig-zag, enroulé...). Le cavalier guide sa partenaire par des impulsions et des positions de mains. C'est lui qui choisit les passes à réaliser.

À QUATRE OU SIX TEMPS

Deux versions de cette danse existent : le rock à quatre temps et celui à six temps. Si tu veux t'initier au rock, préfère celui à quatre temps. Les pas de base sont plus simples. Tu pourras poursuivre par le rock à six temps, plus élaboré et très codifié. Les tubes de rock'n'roll des années 1950-1960 permettent de se défouler pleinement, mais les danseurs sont libres de choisir d'autres morceaux plus récents.

* Dans les bars et les cafés de cette époque, appareil automatique contenant une réserve de disques. On le mettait en marche avec une pièce de monnaie ou un jeton, pour sélectionner les chansons.

Henri Salvador et Mimi Brilli, Paris (1956-1957).

? LE SAIS-TU ? La version danse sportive du rock s'appelle le rock acrobatique.

Cousine de la danse sur glace, mais beaucoup moins connue, la danse sur roller se pratique en solo, en couple ou en groupe. Elle est spectaculaire... et le cinéma d'hier ne s'y est pas trompé.

DE LA DANSE COMME SUR DES ROULETTES !

L'entraînement ou les démonstrations de roller dance ont lieu sur un sol dur, un parquet ou une surface synthétique. Les danseuses utilisent des quads, des patins traditionnels munis de quatre roues. Dans une version plus sportive, cette discipline peut aussi se pratiquer sur des rollers in-line, modèles avec quatre roues alignées comme sur une lame de patin à glace. Il existe des pas codifiés mais la créativité chorégraphique occupe une très large place.

ÉQUILIBRE ET SOUPLESSE... FAÇON CHAT !

Pour pratiquer la roller dance, mieux vaut être une patineuse aguerrie. Si tu sais tenir en équilibre sur des patins, c'est déjà du temps de gagné ! Cette discipline est assez physique et nécessite un entraînement sérieux. Au fur et à mesure, tu sentiras que tu gagnes en tonus et en élasticité musculaire. Bien sûr, le bas de ton corps (cuisses, mollets et fessiers) sera très sollicité mais la partie supérieure ne sera pas en reste dans les changements de direction, le maintien de l'équilibre et les mouvements de bras.

LA ROLLER DANCE AU CINÉMA

Tous les cinéphiles connaissent ces scènes de roller dance issues de deux films américains des années 1930. Dans *Shall We Dance* (1937), Fred Astaire et Ginger Rogers exécutent une danse romantique dans un décor reproduisant Central Park à New York. Ce couple mythique est aussi à l'aise sur roulettes que sans ! Autre scène culte dans *Les Temps modernes* de Charlie Chaplin sorti en 1936 * : la danse sur patins à roulettes dans un grand magasin. Veilleur de nuit, Charlot fait profiter son amoureuse du luxe et du confort « moderne » le temps d'une nuit avant qu'ils soient découverts par la police. Comment échapper à la misère grâce à quelques pas de danse…

* A découvrir d'urgence si tu n'as jamais vu ce film !

VOIR AUSSI
Deux

Cette danse aux origines musicales cubaines est née aux États-Unis dans les années 1970. Mais, depuis quelques années, dans les bals et les soirées, la fièvre salsa a gagné la France !

DES RACINES CUBAINES

Au départ, le terme « salsa » n'est pas utilisé pour parler de danse mais pour désigner une musique mixant plusieurs rythmes comme le son, la guaracha, le mambo et le boléro, des danses d'origine cubaine. Ce mot apparaît à la fin des années 1960 dans les quartiers hispanophones, le Spanish Harlem à New York. Cette « sauce » (*salsa*, en espagnol) musicale est composée et interprétée par des musiciens d'origine cubaine et portoricaine. À partir de 1973, sous l'impulsion de Fania, une maison de disques, le nom de « salsa » se généralise.

INSPIRÉE DU MAMBO

Longtemps improvisée, la salsa est codifiée par quelques danseurs et devient une danse de couple. Elle se pratique également seul ou à plusieurs : un danseur et deux partenaires, deux danseurs et une partenaire, plusieurs couples en même temps en *rueda*. Dans ces rondes de couples, tous les danseurs changent régulièrement de partenaire. La salsa s'inspire du mambo, une danse d'origine cubaine apparue au début des années 1950. À la base, il s'agit d'une succession de pas latéraux avec déhanchement, ou de déplacements d'avant en arrière. Ensuite, viennent s'y ajouter des figures plus élaborées…

TEMPS DANSÉS, TEMPS DE PAUSE

Le principe est d'alterner les pas à gauche et à droite. Il faut bouger en rythme. La salsa se danse en huit temps avec six temps dansés et deux temps de pause. Certains professeurs comptent « 1,2,3, et 4,5,6 et » ou « 1,2,3, et 5,6,7 et » ou encore « 1,2,3 … 5,6,7 ». D'autres dansent aussi en comptant « 2,3,4 … 6,7,8 ».

Familiarise-toi avec le pas de base

1 – Débute par le pied droit. Déplace-le en arrière. Ton cavalier débute avec le pied gauche et avance d'un pas en avant.
2 – Prends appui sur ton pied gauche. Ton cavalier prend appui sur son pied droit.
3 – Ramène ton pied droit à côté de ton pied gauche. Ton cavalier ramène son pied gauche à côté de son pied droit.
Pause
4 – Déplace ton pied gauche en avant. Ton cavalier déplace son pied droit vers l'arrière.
5 - Prends appui sur ton pied droit. Ton cavalier prend appui sur son pied gauche.
6 - Ramène ton pied gauche à côté de ton pied droit. Ton cavalier ramène son pied droit à côté de son pied gauche.
Pause.

LE PAS DE BASE : LA CLEF DES DÉBUTANTS

Au début, on apprend le pas de base seul. On peut le décomposer en soulevant volontairement les pieds du sol, pour s'habituer à bien marquer chaque temps. Quand ce pas est bien assimilé, on passe à la danse à deux. La danseuse saisit la main gauche de son partenaire et pose sa main droite sur l'épaule de celui-ci. En retour, il lui offre sa main gauche et place sa main droite dans le dos de celle-ci. Ils effectuent le pas de base en miroir. S'il déplace son pied gauche, la partenaire déplace son pied droit et inversement.

DES STYLES DIFFÉRENTS

La salsa peut se danser de multiples façons mais il existe trois styles principaux : le style cubain, le plus couramment enseigné en France par les écoles de danse, le style « portoricain » et le style colombien, plus nerveux et légèrement sautillant.

À la fin d'un spectacle, les danseurs viennent saluer le public. C'est l'occasion pour les spectateurs de les féliciter par leurs applaudissements.

EN GUISE DE CONCLUSION

Quand le rideau tombe ou que le noir se fait sur scène, les applaudissements retentissent. Les danseurs sortent alors des coulisses et viennent saluer. Quand ils ont été nombreux à se produire, ils se succèdent par ordre d'importance. Les solistes ferment le ban. L'interprète féminine principale salue en dernier avec son partenaire qui se met ensuite en retrait quelques pas derrière elle. Les saluts finals font partie du spectacle. Ils sont réglés au millimètre près comme le reste. Parfois, tu remarqueras que l'un des danseurs adresse un geste de la main au fond de la salle : c'est une manière de remercier les techniciens du son et des lumières.

SUR SCÈNE AVEC SES DANSEURS

Maurice Béjart était coutumier du fait : certains chorégraphes montent sur scène saluer avec leurs danseurs. A plus de 90 ans, c'est en fauteuil roulant que Merce Cunningham vient retrouver les interprètes de sa compagnie à la fin d'une représentation. Quand la musique n'est pas une bande enregistrée mais qu'elle est jouée « en live », l'interprète principal peut également chercher le chef d'orchestre pour l'associer aux saluts.

BRAVO, BRAVO !

Les applaudissements destinés à faire revenir sur scène un artiste s'appellent un rappel. Sauf exception, dans certains spectacles de flamenco notamment, les danseurs n'interprètent pas de morceaux supplémentaires. Après plusieurs rappels, alors que le rideau reste baissé, seul le (ou les) soliste(s) peut venir saluer sur le devant de la scène. Le ballet qui a obtenu le plus grand nombre de rappels est *Le Lac des cygnes* dansé par Margot Fonteyn et Rudolf Noureev. Durant le mois d'octobre 1964, le couple a obtenu 89 rappels ! Un record inégalé qui figure au *Guiness World Records.*

Rythmée, sensuelle et exubérante, cette danse populaire brésilienne est le symbole de la fête et du célèbre carnaval de Rio.

DANSER AVEC LE NOMBRIL

La samba a été introduite à Rio de Janeiro au début du XXe siècle par des familles originaires de l'État de Bahia, au nord-est du Brésil. D'abord baptisée *Umbigada* (« nombril contre nombril » en portugais), la samba aurait pour origine le mot *semba*, nombril en langue bantou*. Petit à petit, elle supplante les danses pratiquées dans les défilés de carnaval.

DÉFILÉ AU « SAMBODROME »

Lors du carnaval de Rio, le plus célèbre au monde, les meilleures écoles de samba défilent sur des chars décorés, dans des costumes somptueux, chacune sur un thème particulier. On les appelle « écoles » mais il s'agit en fait de rassemblements de personnes (3 000 à 5 000 danseurs) d'un même quartier ou d'une même favela (bidonville brésilien). Un jury est chargé d'élire une école chaque année. Tout est noté (costumes, rythme, originalité des thèmes, évolution des danseurs...). Le défilé a lieu sur le « sambodrome », conçu par l'architecte brésilien Oscar Niemeyer et inauguré le 2 mars 1984. Longue de 800 mètres, cette avenue est bordée de tribunes pouvant accueillir jusqu'à 88 500 personnes.

DANSE LA SAMBA !

La samba à deux temps, avec un accent sur le deuxième temps de chaque mesure, consiste en pas croisés très rapides, avec des rebondissements liés à des flexions des genoux. Même si la samba enseignée en France est assez différente de celle dansée à Rio, elle constitue une excellente manière de se défouler sur des rythmes entraînants !

* Famille de langues africaines.

VOIR AUSSI
Pas, Souplesse

Saut de chat, cabriole, jeté... Il en existe un très grand nombre, de petite ou grande amplitude, plus ou moins vifs ou rapides, généralement précédés d'un plié qui sert d'élan.

S'ÉLEVER DU SOL

La notion d'élévation se développe avec le ballet romantique qui exploite largement les sauts. Les danseurs doivent donner l'illusion aux spectateurs qu'ils s'élèvent du sol, comme en apesanteur. Un grand nombre de sauts naissent et sont codifiés. Les danseurs travaillent leur aptitude à sauter haut et légèrement.

AVOIR DU BALLON

Une des qualités que l'on recherche chez un danseur classique est son aptitude à s'élever du sol en bondissant et rebondissant avec souplesse et légèreté. Comme le ferait un ballon. L'expression « avoir du ballon » est d'ailleurs très couramment utilisée. Tu remarqueras que certains danseurs sautent et donnent l'impression de rester suspendus en l'air.

SE DONNER DE L'ÉLAN

Qui veut voyager loin ménage sa monture... Qui veut sauter haut travaille son plié ! C'est une préparation indispensable. Les sauts sont généralement précédés d'une flexion des genoux qui sert à donner de l'élan. Le demi-plié étire et prépare les muscles (quadriceps et triceps) à leur contraction dans les sauts. C'est un préalable nécessaire à toute impulsion de saut , mais aussi le passage obligé pour amortir la réception des sauts.

SAUTER, C'EST LE PIED !

On classe les sauts en fonction de la position des pieds durant l'exécution du mouvement. On peut les ranger en cinq grandes catégories :

- **les sauts d'un pied sur le même** (ballonné, cabriole, contretemps)
- **les sauts d'un pied sur l'autre** (jeté, ballotté, saut de chat, saut de basque, temps de flèche)
- **les sauts d'un pied sur deux** (assemblé, brisé)
- **les sauts de deux pieds sur deux** (changement, soubresaut, échappé sauté, entrechat, saut de l'ange, temps levé sur les deux pieds)
- **les sauts de deux pieds sur un** (sissonne, entrechat, brisé volé).

Certains sauts s'exécutent sur place ou en tournant. D'autres nécessitent quelques pas de préparation.

CHAT OU BICHE ?

- **La cabriole** est un saut d'un pied sur le même. La jambe libre est dégagée à la hauteur et rejointe pendant la suspension (quasiment à l'horizontale) par la jambe de terre venant la frapper dessous, une ou plusieurs fois.
- **Le jeté** est un saut d'un pied sur l'autre. Il existe le petit et le grand jeté. Ce dernier est un grand écart en quatrième position en l'air. Il se prépare avec des pas

courus, des glissades ou des pas chassés. C'est un saut qui nécessite une grande élévation.

• **Le saut de biche** est un grand jeté avec la jambe de devant repliée, le corps de profil et les bras en couronne, ou en position d'arabesque (un bras devant et un bras parallèle à la jambe tendue à l'arrière).

• **L'assemblé** est un saut d'un pied sur deux. La jambe libre est dégagée avant le saut et se joint à l'autre jambe, avant qu'elles retombent toutes deux à terre en position fermée (les deux pieds sont en contact). C'est un saut à demi-hauteur.

• **Le changement de pied** est un saut très utilisé qui permet d'inverser la position initiale des pieds.

• **Le soubresaut** est le saut de deux pieds sur deux, le plus simple à exécuter. C'est l'équivalent d'un saut à pieds joints. Le plus utilisé est le soubresaut en cinquième position.

• **Le saut de chat** est un bond alerte sur le côté, souvent réservé aux danseuses. Pour l'exécuter, il faut retirer à la demi-hauteur chacune des jambes successivement en s'élevant du sol puis laisser retomber une jambe après l'autre. Lors du temps de suspension en l'air, les deux jambes sont repliées.

La Alvin Ailey American Dance Theater. New York (2005).

VOIR AUSSI
Coulisses

C'est le rêve et l'épreuve du feu de tout danseur : se produire un jour devant un public et accéder aux feux de la rampe.

SUR UN PLATEAU

On appelle « plateau » la scène d'un théâtre où sont plantés les décors et où évoluent les artistes. L'ouverture de scène, c'est-à-dire l'espace disponible pour danser, peut être plus ou moins large. La profondeur de scène permet d'entreposer des éléments de décors, invisibles des spectateurs. Dans certaines salles, la scène est très proche du public ; dans d'autres, danseurs et spectateurs sont séparés par une fosse destinée à l'orchestre.

RAMPES ET CINTRES

Au premier plan de la scène, avant l'installation des dispositifs techniques modernes, on trouvait une rampe d'éclairage – d'où l'expression « sous les feux de la rampe ». Au-dessus de la scène, se situent les cintres. C'est là que sont entreposés les dispositifs techniques automatisés qui commandent les changements de décors et de lumières.

EN PENTE

Dans de nombreux Opéras, la scène est légèrement inclinée vers la salle. Par exemple, à l'Opéra de Paris, cette inclinaison est de 5%. Cette faible pente sert à accentuer la perspective afin que les spectateurs aient une vision la plus complète possible de ce qui se passe sur scène. Les danseurs doivent prendre en compte ce paramètre lorsqu'ils dansent. Lors d'événements particuliers ou de représentations exceptionnelles, le plateau peut être prolongé par l'ouverture du Foyer de la danse, soit une profondeur totale de près de cinquante mètres. Ce lieu de répétitions possède un sol incliné comme celui de la scène mais sa pente est inversée. Les effets de perspective en sont renforcés surtout quand les danseurs arrivent de très loin.

? LE SAIS-TU ? La scénographie est l'art de l'organisation de la scène et de l'espace théâtral ou chorégraphique.

Savoir danser permet d'acquérir une plus grande confiance en soi et une aisance corporelle qui attirent et charment le regard de l'autre.

DANSER À DEUX

Beaucoup de danses, notamment les danses latines (salsa, tango...), se pratiquent en couple. Danser à deux, c'est apprendre à écouter son partenaire, à le regarder dans les yeux, à apprivoiser son contact physique, à lui faire confiance en se laissant guider. Au-delà du plaisir d'unir ses pas à ceux de quelqu'un d'autre, danser à deux peut être le début d'une jolie histoire d'amour. Le temps d'un air ou d'une chanson, il peut s'en passer des choses entre deux personnes qui dansent !

QUESTION DE REGARD

Danser c'est s'offrir au regard de l'autre : son professeur, les autres élèves du cours, un jury lors d'un examen ou d'une audition, ses partenaires, les spectateurs... C'est aussi porter un regard sur soi. Connais-tu beaucoup d'activités où tu passes autant de temps face à ton propre reflet ? Connais-tu un compagnon plus direct et plus loyal que le miroir de la salle de danse ? Combien de filles refusent leur reflet en se cachant au fond de la salle ? Un conseil : avant de penser à charmer les autres, c'est toi que tu dois séduire en premier lieu. Danse d'abord pour toi, amuse-toi, fais-toi plaisir, tu n'en seras que plus séduisante aux yeux des autres.

ONDULATIONS ET DÉHANCHEMENTS

Séductrice, la danse orientale permet de laisser s'exprimer sa féminité sur des musiques langoureuses. Souvent en solo, un léger sourire aux lèvres, la danseuse invite le spectateur à la regarder en ondulant du ventre et des hanches, en balayant l'air de sa longue chevelure, en secouant les épaules. Elle danse pour son propre plaisir et pour charmer ceux qui l'observent. C'est une danse où il est souvent demandé aux femmes de se révéler dans tout ce qu'elles ont de plus sensuel, sans sombrer dans la vulgarité.

Qu'admire-t-on chez les grands danseurs au-delà de leurs qualités techniques ? Une sensibilité artistique, une subtilité, une finesse, une touche unique et personnelle…

« Ne méprisez la sensibilité de personne. La sensibilité de chacun, c'est son génie. »

Charles Baudelaire, poète.

ÉVEILLER LA SENSIBILITÉ

L'une des responsabilités des professeurs de danse est de stimuler, d'aiguiser la sensibilité artistique de leurs jeunes élèves, notamment leur sensibilité musicale. Les emmener voir des spectacles, leur faire écouter des genres musicaux différents, leur donner l'occasion d'improviser de petites chorégraphies… Il existe beaucoup de moyens pour faire germer cette capacité à être touché par ce formidable langage qu'est la danse.

IMPOSER UNE PRÉSENCE

Tu remarqueras que lorsqu'on évoque les qualités des grands danseurs, on parle souvent de leur sensibilité. On parle parfois de « sensibilité à fleur de peau ». Danser, ce n'est pas « faire le danseur », être dans la prouesse technique mais imposer une présence, transmettre des émotions. Bien sûr, cela ne s'acquiert pas du jour au lendemain. Cette finesse d'interprétation grandit avec le travail et la maturité. Elle se nourrit d'expériences, d'échanges, de rencontres.

TROUVER SA POÉSIE

Dans tes cours, tu as peut-être l'impression de danser de manière un peu mécanique, concentrée sur la bonne exécution des mouvements. Au fil du temps, tu vas t'affranchir de cette manière un peu scolaire de danser. Tu vas pouvoir laisser s'exprimer ta propre sensibilité artistique. Laisse-toi porter par ce que tu ressens. N'essaie pas d'imiter qui que ce soit mais trouve ta propre voie, ta propre poésie, ta spontanéité en t'engageant entièrement dans chacun des mouvements.

Shuffle (Melbourne)

Cette danse est apparue à la fin des années 1980 dans des soirées australiennes. Depuis deux ans, elle s'est popularisée en France grâce aux sites internet de partage de vidéos.

LE « MELBSHUFFLE »

Le Melbourne Shuffle, ou « MelbShuffle », est une danse née à la fin des années 1980 à Melbourne, en Australie. Elle a longtemps été réservée à un petit nombre de danseurs, fans de musique électro. Leur revendication se résume en une phrase « *Dance to express, not to impress* » : danser pour s'exprimer, pas pour impressionner. Ils organisent des rencontres en petits groupes dans des clubs ou des soirées et donnent libre cours à leur plaisir de danser. Chacun développe son propre style.

Apprends le *running man*

La figure la plus répétée dans le shuffle s'appelle le *running man*. Elle est assez proche du *moonwalk*. Avec un peu de pratique, c'est un pas facile à exécuter. Mieux vaut commencer lentement et accélérer par la suite.

- Avance ta jambe gauche devant toi.
- Ramène la jambe droite en pliant puis repose-la devant toi en sautant légèrement.
- Recommence de l'autre côté.

Attention : veille à bien poser le talon de la jambe de derrière.

SHUFFLE MODE D'EMPLOI

Pour faire simple, on pourrait dire que le Melbourne Shuffle s'apparente au célèbre *moonwalk*. *To shuffle* signifie traîner les pieds en anglais. Les « shufflers » donnent l'impression de décoller du sol grâce à cette incroyable manière qu'ils ont de glisser les pieds. Après les avoir soulevés du sol, ils les reposent en appuyant le talon avant les orteils. Ils peuvent aussi utiliser des mouvements de bras. La tenue vestimentaire est généralement composée de pantalons assez larges, les *phat pants*, de vestes avec capuches et d'une casquette.

LA FRANCE À L'HEURE DU SHUFFLE

Avec l'explosion des sites Internet de partage de vidéos comme YouTube, cette danse traverse les frontières au début des années 2000 et obtient une reconnaissance internationale. Les « shufflers » mettent en ligne des vidéos les représentant en train de danser. Cet échange permet à d'autres d'apprendre les mouvements de base et de progresser. Aujourd'hui, certains danseurs organisent des battles de danse. Un esprit de compétition que regrettent bon nombre de « shufflers » de la première heure qui veulent garder le côté festif de cette danse.

VOIR AUSSI
Diététique

Un corps élancé et délié débarrassé de petits bourrelets disgracieux, on en rêve toutes. Jambes musclées, port de reine, taille fine, à toi la silhouette de danseuse !

LA DANSE, TA MEILLEURE ALLIÉE

Si tu ne pratiques pas la danse classique, elle rime peut-être pour toi avec une trop grande rigidité. Détrompe-toi ! Il n'existe rien de mieux pour affiner la silhouette, améliorer la posture, la souplesse et la tonicité du corps. D'ailleurs, il n'est pas obligatoire d'avoir usé ses premiers chaussons depuis l'enfance pour oser s'inscrire à un cours. Tu peux commencer à tout moment. De plus en plus de femmes et de jeunes filles redécouvrent les bienfaits de la danse classique « sur le tard ». Entre les exercices à la barre, les étirements, les sauts, les tours, une danseuse travaille durablement sa silhouette.

TIENS LA BARRE !

Même si cela peut paraître fastidieux, la succession d'exercices à la barre (pliés, dégagés, ronds de jambe, développés, battements...) constitue un entraînement physique et musculaire le plus complet qui soit. Il permet de raffermir les bras, de galber les jambes et de renforcer les abdominaux. Le port de tête, du buste, ainsi que la fluidité des mouvements se gagnent tout au long des cours.

NON À LA TYRANNIE DE LA MINCEUR !

Surveille ton miroir plutôt que ta balance ! Tu constateras l'affinement de ta silhouette à tes muscles qui se fusellent et s'allongent plutôt qu'à une perte de poids. Difficile de réformer l'image de la danseuse « sylphidesque », mais arrêtons avec cette hantise des kilos en trop. Les danseuses qui possèdent un corps bien proportionné, musclé et dynamique, même avec quelques rondeurs, ça court les rues !

Peut-être redoutes-tu le moment des slows dans les fêtes ? C'est toujours intimidant, au début, de danser avec quelqu'un qu'on ne connaît pas. Surtout sur une musique douce et dans la lumière tamisée...

À FLEUR DE PEAU

Prendre des cours de danse ne prépare pas plus à aborder le slow que lorsqu'on n'a jamais fait de danse de sa vie. Pourtant, cette danse lente de couple, à la mode depuis les années 1960, est une sorte de pas de deux bien réglé. Pour que ça marche, les danseurs doivent évoluer ensemble et être parfaitement « synchro ». Au cinéma, quelques magnifiques slows ont été immortalisés. Dans le film *Sur la route de Madison*, Meryl Streep et Clint Eastwood accomplissent une émouvante démonstration de cette danse à fleur de peau.

LE PREMIER PAS

Aujourd'hui, dans les fêtes, tu as un peu perdu l'habitude de danser à deux. Mais arrive le moment où la musique devient plus douce et où un garçon s'approche pour t'inviter à danser. L'inverse est moins fréquent mais, si tu es l'organisatrice de la fête, rien ne t'empêche d'inverser les règles du jeu et de décider que, pour une fois, ce sont les filles qui feront le premier pas ! Généralement, les lumières sont moins intenses, l'ambiance plus intime. Chaque couple est seul au monde... ou presque !

SLOW, MODE D'EMPLOI

Ce n'est pas rien pour un garçon de se jeter à l'eau pour oser inviter une fille à danser. Pas facile, à l'inverse, quand on est une fille, de vaincre sa gêne, d'accepter de rapprocher son corps de celui d'un autre. Quand ton cavalier te tend la main, accepte-la. D'autres peuvent se contenter de s'avancer vers toi pour t'inviter. Rapprochez-vous l'un de l'autre. Tu poses tes mains sur ses épaules ou autour de son cou et lui t'enserre la taille. Ainsi enlacés, vous allez vous mettre à tourner doucement en bougeant légèrement les pieds. Pas de panique : le rythme musical est assez facile à suivre. Il suffit de se laisser aller.

VOIR AUSSI
Relaxation

Pour bien danser, il est important de savoir bien respirer. « Élémentaire », penses-tu... Ce mouvement naturel n'est pourtant pas évident pour tout le monde.

DANSER EN APNÉE !

Lors de mouvements difficiles, beaucoup de danseurs ont tendance à oublier de respirer. Bloquer sa respiration conduit à se mettre quasiment en apnée. Cette mauvaise habitude, pas toujours facile à contrôler, est évidemment contre-productive. Comment les muscles, privés de leur ration d'oxygène, pourraient-ils continuer de travailler efficacement ? Pour bien danser, l'idéal est d'adopter une respiration régulière et calme et de penser à bien souffler entre deux exercices. Une respiration saccadée et superficielle prive le corps de l'air dont il a besoin et met en état d'essoufflement.

Inspire, expire !

Voici des mini-exercices pour te réconcilier avec ton souffle :

- Inspire à fond avec le nez, expire le plus longtemps et le plus lentement possible avec la bouche. Et inversement.
- Expire par la bouche le plus lentement possible. Vide tes poumons.
- Lève-toi et assieds-toi en suivant le rythme de ta respiration.
- Pose une balle sur ton ventre, observe son mouvement.
- Pose tes mains sur ta poitrine. Sens le gonflement de tes poumons.

RÉAPPRENDS À RESPIRER

- Exercice n°1

Allonge-toi confortablement. Ferme les yeux. Porte ton attention sur ta respiration. Essaie de suivre mentalement le trajet de l'air de tes narines jusqu'à tes poumons et inversement. Ressens tes narines s'ouvrir, ta cage thoracique s'élargir, tes côtes et ton abdomen se soulever...

- Exercice n°2

Ferme la bouche, prends de l'air par le nez, gonfle ton ventre en essayant de garder les épaules baissées. Expire lentement en rentrant le ventre. Inspire à nouveau en gonflant bien le ventre. Et ainsi de suite... Tu peux faire cet exercice quand tu te sens stressée partout où tu te trouves en position debout, assise ou couchée.

- Exercice n°3

Mets-toi debout, pieds parallèles, bien à plat, écartés de la largeur du bassin. Baisse tes épaules. Inspire par le nez et élève tes bras par les côtés jusqu'au-dessus de ta tête. Tiens la position une ou deux secondes. Puis, expire par la bouche et abaisse tes bras en les ramenant le long du corps. Recommence.

- Exercice n°4

Debout pieds serrés en sixième position. Inspire et lève tes bras devant toi en montant sur la demi-pointe. Bloque la position. Puis, expire en abaissant tes bras en sens inverse. Pose tes talons au sol. Bloque de nouveau la position.

Souplesse

Même si nous n'avons pas toutes un corps naturellement élastique, lever les jambes haut ou faire le grand écart est à la portée de toutes les ballerines.

UNE PRÉDISPOSITION NATURELLE

Certaines danseuses possèdent une souplesse naturelle qui se remarque dès leur plus jeune âge. Elles font ce qu'elles veulent de leur corps et n'ont guère besoin de travailler pour le rendre plus flexible. Cette « laxité » articulaire est une des qualités recherchées chez les jeunes danseuses. Plus on la travaille tôt, quand le squelette est encore malléable, plus on a des chances de la conserver longtemps.

JAMAIS EN FORCE !

La souplesse se travaille comme le cou-de-pied ou l'en-dehors. Tu vas mettre plus de temps à poser ta poitrine sur tes genoux quand tu t'étires vers le bas ou à lever la jambe sur le côté, mais cela viendra avec la pratique. Veille à ne jamais forcer sur tes muscles ou tes articulations. Certes, il est normal de sentir que « ça tire » mais la douleur doit rester supportable. Les étirements doivent toujours être progressifs et constants, sans à-coups. Car, si tu es déjà souple, un entraînement forcé risque d'affaiblir tes ligaments et de favoriser l'apparition de problèmes articulaires. À l'inverse, si tu es raide comme un piquet, faire travailler ton corps avec rudesse pourra provoquer élongations et déchirures musculaires.

GRAND ÉCART ET PIED DANS LA MAIN

Quand tu travailles ton grand écart facial, pense toujours à respirer à fond, et à détendre tes muscles. Si tu te contractes, tu auras plus de difficulté à aller plus loin. Ouvre ton écart, tends tes bras devant toi en basculant le bassin vers l'avant. Tente de poser ta poitrine sur le sol en te grandissant. Pense aussi à bien respirer et à étirer ton dos, lorsque tu t'entraînes au pied dans la main à la barre. Cet exercice d'assouplissement, qui s'exécute en quatrième position devant ou en seconde, est un étirement d'une jambe dont le talon est saisi par une main.

C'est fou comme certaines danseuses sont lumineuses ! Elles se remarquent du premier coup d'œil à cette discrète expression qui éclaire leur visage et les rend tout de suite plus belles.

HEUREUSE DE DANSER

Une danseuse bien dans ses chaussons brille d'un éclat particulier. Il est facile de s'en apercevoir quand on assiste à un spectacle. Certaines sortent du lot grâce au léger sourire qu'elles accrochent à leur visage le plus naturellement du monde. Elles respirent la joie de danser et cela fait plaisir à voir. Elles ne se contentent pas d'exécuter les mouvements, elles les vivent ! Sais-tu que l'on appelle la danse orientale, *« la danse de la joie »* ? Il n'y a qu'à voir les grands sourires qu'adressent les danseuses à leur public pour comprendre pourquoi…

LA FILLE QUI SOURIT

« Même devant une salle où il n'y aurait qu'une seule personne, il faut sourire et danser », recommandait Inna, professeur de danse d'origine russe à ses jeunes élèves. Et elle avait raison ! Dans un cours comme dans un corps de ballet, quand une fille sourit, c'est elle qu'on regarde. Cela change tout. Devant un jury, n'oublie pas non plus de sourire. C'est tellement rafraîchissant pour ceux que tu as en face de toi. Cette expression est aussi un signe d'ouverture aux autres, penses-y !

NON AU SOURIRE COMMERCIAL !

L'idée n'est pas de te forcer à sourire si tu n'en as pas envie. Rien n'est plus horrible que ces rictus crispés qui ornent certains visages. Et ils sont contre-productifs ! Inutile donc de t'exercer des heures devant ta glace si cela ne te vient pas spontanément. Laisse-toi aller. Au fur et à mesure que tu gagneras en assurance, le bonheur de danser montera naturellement à tes lèvres et illuminera ton visage. Même fatiguée…

L'astuce sourire

Si jamais il t'arrive de te tromper dans une chorégraphie, évite de faire la grimace et de te refermer comme une huître, furieuse contre toi-même. Ne t'arrête pas non plus de danser. Fais comme si de rien n'était, enchaîne en gardant le plus beau des sourires, ton public n'y verra que du feu !

Faut-il danser pour aimer voir des spectacles de danse ? Sans doute as-tu une réponse à cette question que beaucoup de gens se posent avant d'oser franchir le pas...

« JE N'AI RIEN COMPRIS »

Si tu es passionnée de danse, un seul conseil : saisis toutes les occasions possibles pour aller voir des spectacles. Si tu n'as jamais vu de danse sur scène, tu ne peux pas passer à côté de cette expérience. Tu hésites ? Tu ne sais pas où porter ton choix ? Commence par ce qui te semble le plus familier. Si tu as déjà fait cette expérience et que tu n'en gardes pas un bon souvenir, genre « je n'ai rien compris », ne te décourage pas. Certaines pièces ou ballets te plairont, d'autres moins, mais tu cultiveras ton regard critique et tes goûts.

PRÊTE POUR LE VOYAGE ?

L'aventure commence dès l'instant où tu t'installes dans le théâtre et que les lumières s'éteignent. Avant, tu peux lire le programme pour avoir quelques pistes sur le voyage. Pendant le spectacle, laisse venir toutes les pensées, émotions ou idées qui te traverseront l'esprit. « *Mes ballets sont comme des pages blanches. Ils ne racontent pas une histoire. À chacun d'y mettre la sienne [...] L'essentiel, pour moi, est d'avoir ouvert le cœur. Être familier des spectacles de danse aide évidemment à entrer dans l'esprit d'un ballet. Mais, si une œuvre est vraiment forte, tout spectateur, même novice, reçoit quelque chose* », expliquait Carolyn Carlson dans une interview*.

De la première à la dernière

- La « première » est la première représentation publique payante. Elle a souvent une saveur particulière car les danseurs n'ont pas encore eu le temps de roder le spectacle.
- La « dernière » clôt le cycle des représentations d'un spectacle. Il règne également une atmosphère spéciale, surtout au moment des saluts où tout le monde a conscience que l'aventure de ce spectacle se termine !

FAIS TON SHOW !

Dès qu'on pratique la danse, on fourmille d'idées pour créer ses propres spectacles. Voici quelques conseils pour te lancer à l'occasion d'une réunion de famille ou de tout autre événement. Mise sur une durée d'un quart d'heure maximum : tu verras c'est déjà très long ! Trouve un thème, choisis tes extraits de musique, imagine l'enchaînement des pas. Puise dans ce que tu as appris en cours de danse, dans des spectacles que tu es allée voir ou des chorégraphies repérées dans des clips. Pense enfin aux costumes, au maquillage, et aux éventuels éléments de décor.

* *L'Express* du 7 novembre 2002.

Sportive (danse)

VOIR AUSSI
Rock, Valse

Appelée « dancesport » dans les compétitions internationales, cette discipline exige un très haut niveau technique dans deux styles de danses : les danses dites latines et les danses standard.

DANSER À DEUX

Beaucoup de danses se pratiquent en duo. Du menuet à la polka en passant par la valse ou le rock, il semble qu'on recherche depuis des siècles à unir ses pas à ceux d'un partenaire. Le XXe siècle a vu apparaître de nombreuses danses de couple. On les appelle « danses de société » ou « danses de salon ». Pratiquées en compétition, ces danses sont réunies sous l'appellation « danse sportive ». Pour rentrer dans cette catégories, samba, rumba ou valse ont été modifiées et codifiées. En 1997, le Comité international olympique a officiellement reconnu la danse sportive en tant que sport.

DEUX CATÉGORIES DE DANSE

La danse sportive comporte deux disciplines : les danses « latines » et les danses « standard ».

• **Les danses latines** : la samba, le cha cha cha, la rumba, le paso doble, le jive (ou rock).

• **Les danses standard** : la valse lente, le tango, la valse viennoise, le slow fox trot, le quick step.

SE LANCER DANS LA COMPÉTITION

Ces danses peuvent se pratiquer comme un loisir en participant à des rencontres amicales entre clubs de danse sportive. Il existe des concours qui permettent d'acquérir des niveaux. Pour passer à la vitesse supérieure et se lancer dans la compétition, mieux vaut suivre les conseils d'un professeur de danse et danser avec un partenaire attitré. Comme dans d'autres disciplines sportives, il existe des compétitions internationales, des championnats d'Europe et du monde. En France, le Comité national de danse sportive promeut la danse de couple de compétition ou de loisir. Il est membre de la Fédération française de danse et de la Fédération internationale de danse sportive (IDSF), reconnue par le CIO.

AMATEURS OU PROFESSIONNELS ?

Les compétitions sont divisées en deux catégories : amateur et professionnel. Les danseurs amateurs sont répartis en divisions selon l'âge du partenaire le plus âgé. Cela va de « juvénile » (inférieur à 13 ans) à « senior » (35 ans et plus). Les professionnels doivent avoir au minimum 16 ans. Les compétiteurs gravissent les échelons jusqu'à accéder, dans le meilleur des cas, en demi-finale voire en finale. À chaque étape, ils doivent montrer cinq danses dans des variations durant deux minutes chacune. Autant dire qu'une sacrée endurance est nécessaire !

QUELLES QUALITÉS POUR RÉUSSIR EN DANSE SPORTIVE ?

En quelques minutes, les danseurs doivent faire la démonstration de leur musicalité, de leur grâce, de leur technique, de leur agilité, de leur coordination... L'esthétique entre aussi en ligne de compte. Les couples accordent beaucoup de soin à leur apparence physique, à leurs costumes et à leur maquillage. Certains jugeront que c'est même parfois un peu outrancier... mais il faut pouvoir séduire le public et les juges, qui sont placés très loin !

BERCY, LE RENDEZ-VOUS DE LA DANSE SPORTIVE

Chaque année, les meilleurs couples de la planète se donnent rendez-vous au Palais Omnisports de Paris-Bercy pour un grand show de danse sportive. Retransmis par la chaîne Paris Première, c'est l'occasion de découvrir des démonstrations éblouissantes. En 2009, Bercy a accueilli pour la première fois en compétition des « formations » , une catégorie impressionnante. Composées de huit couples chacune, elles sont jugées sur leur synchronisation et leur créativité.

? LE SAIS-TU ? La danse sportive attend encore sa reconnaissance comme discipline olympique.

VOIR AUSSI
Dos, Muscles-1 & 2

Pour développer la souplesse, le stretching est un allié de choc. Ces exercices d'étirement procurent un bien-être général et une réelle relaxation musculaire.

S'ÉTIRER EN DOUCEUR

Le stretching (de l'anglais *to stretch*, « étirer ») est une gymnastique douce, qui permet d'étirer et d'assouplir les principaux groupes musculaires : les mollets, les lombaires, le bas du dos, les pectoraux, les abdominaux, les épaules, la nuque, les quadriceps (face antérieure de la cuisse), les ischio-jambiers (face postérieure de la cuisse), les adducteurs et les fessiers.

EN COMPLÉMENT

Il existe des cours complets de stretching. Certains professeurs de danse proposent aussi à leurs élèves de finir le cours par quelques exercices d'étirement. Ces derniers ne peuvent se faire qu'après un échauffement musculaire et ne remplacent pas l'échauffement proprement dit. Malgré leur apparente simplicité, les gestes de stretching doivent être exécutés de façon rigoureuse pour éviter de se blesser. C'est pourquoi, il est préférable de suivre des cours avant de te lancer seule dans des séries d'exercices.

C'EST QUOI, CE TREMBLEMENT ?

Lorsque l'on étire un muscle, il a tendance à se contracter immédiatement. C'est un réflexe. Si l'on continue l'étirement, le muscle réagit, en se contractant de façon rapide et involontaire. On appelle cela la « myoclonie ». Le muscle est tétanisé, fortement contracté et parfois douloureux. Grâce à un entraînement régulier, les muscles acceptent plus facilement d'être étirés et ces tremblements désagréables s'estompent.

Six conseils pour t'étirer sans te faire mal

- Vas-y progressivement. Un quart d'heure d'exercices pour commencer peut être suffisant.
- Ne force pas sur une articulation douloureuse ou sur un muscle qui se contracte.

En cas de crampes, arrête immédiatement, respire profondément plusieurs fois, jusqu'à la disparition de ces douleurs.
- Étire l'ensemble du corps, pas seulement les jambes.
- Porte des vêtements amples et confortables. Superpose les couches car la chaleur augmente l'efficacité des exercices.
- Prolonge la durée de l'étirement. En dessous d'une trentaine de secondes, ça ne sert pas à grand-chose, sauf au début.
- Réserve tes exercices de stretching à la fin de la journée.

STRETCHING EN SOLO

• Exercice n°1

Assieds-toi au sol, jambes pliées, plantes des pieds l'une contre l'autre, mains sur les orteils. Penche le buste en avant jusqu'à ressentir un léger étirement des muscles adducteurs. Garde cette position pendant une vingtaine de secondes en maintenant le dos droit. Redresse-toi lentement.

• Exercice n°2

Assieds-toi, les jambes tendues devant toi, talons flex, écartés d'une dizaine de centimètres l'un de l'autre. Penche-toi en avant pour toucher tes orteils. Reste dans cette position. L'étirement se fait sentir derrière les genoux et les cuisses et dans le bas du dos. Garde le dos droit et le cou dans l'alignement.

• Exercice n°3

Tiens-toi debout, genoux légèrement fléchis. Tends tes bras au-dessus de ta tête et croise tes doigts, paumes de mains tournées vers le haut. Tire sur les bras en inclinant ton buste sur le côté. Recommence l'étirement de l'autre côté.

• Exercice n°4

Incline le haut de ton corps à la perpendiculaire de tes jambes. Tes pieds sont parallèles, les genoux légèrement fléchis. Pose tes mains sur un meuble pour sentir l'étirement dans les épaules et le haut du dos. Si tu le souhaites, tu peux accentuer le fléchissement des genoux.

ENTRETIENS TON DOS EN SOLO

• Exercice n°1

Tu es allongée sur le dos, bras tendus le long du corps, jambes fléchies jointes, pieds au sol. Expire en décollant les fesses du sol, en contractant les fessiers et sans creuser le bas du dos. Inspire en redescendant le bassin en évitant de poser les fesses au sol.

• Exercice n°2

Mets-toi à quatre pattes. Sors les fesses et creuse le dos sans forcer. Maintiens cette position une dizaine de secondes. Ensuite, fais le dos rond comme un chat effrayé en rentrant le ventre. Continue l'exercice en alternant les deux positions.

• Exercice n°3

Reste à quatre pattes. Inspire profondément puis, en expirant de façon lente et régulière, glisse tes mains vers l'avant aussi loin que possible. Attention : tu ne dois surtout pas poser tes fesses sur tes talons. Reviens à la position de départ en inspirant.

• Exercice n°4

Allongée sur le ventre, contracte tes abdominaux. Soulève et tends le bras gauche et la jambe droite. Ne relève pas la tête pour ne pas casser la nuque. Garde la position pendant cinq secondes, puis recommence l'exercice de l'autre côté.

Cette danse de couple sensuelle et provocante est apparue en Argentine à la fin du XIXe siècle. Depuis les années 1990, dans certains bals, le tango a le vent en poupe !

NÉ DANS LES QUARTIERS POPULAIRES

On ignore les origines exactes du tango. Sans doute un mélange de flamenco espagnol, de rythmes africains et de milonga, une danse argentine aux accents mélancoliques mais entraînants. En tout cas, il fait son apparition à la fin du XIXe siècle, dans les quartiers populaires de Buenos Aires en Argentine, et de Montevideo en Uruguay.

ENTRE HOMMES

Faute de femmes, les Argentins et les immigrés européens* prennent l'habitude de danser entre hommes. Le quartier de La Boca, à Buenos Aires, fréquenté par des voyous et des prostituées, devient le lieu de rendez-vous des tangueros. Ils s'y retrouvent pour s'adonner à cette danse que la bourgeoisie trouve indécente. Grâce au tango, on oublie les conditions de vie misérables et les espoirs déçus. Les premiers thèmes chantés sont la tristesse, la nostalgie, l'abandon, la trahison… Les paroles sont nourries d'argot populaire voire de mots grossiers, ce qui accroît la mauvaise réputation de cette danse.

LA FOLIE TANGO

En 1912, Enrique Saborido, un excellent danseur, fait découvrir cette danse aux Européens. Le tango arrive dans les cafés et séduit par sa sensualité, la complexité de ses pas, la place accordée à l'improvisation et ses changements de rythme. À Paris, tout le monde veut s'encanailler en essayant cette nouvelle danse. Le tango fait fureur. Tous les prétextes sont bons pour danser ou assister à des spectacles. Des écoles ouvrent. Cette reconnaissance européenne contribue à sortir le tango des bas-fonds argentins et lui ouvre les portes des beaux quartiers. Même les bourgeois peuvent désormais pratiquer cette danse de séduction.

*MI NOCHE TRISTE***

Chantée en 1917 par Carlos Gardel, l'une des grandes figures du tango, *Mi noche triste* marque un tournant dans l'histoire du tango chanté, qui conquiert définitivement l'Amérique du Sud. Pour la première fois, on cherche à raconter une histoire. Ce sont souvent des récits intimes, des amours perdues, des trahisons, des séparations, des rendez-vous manqués… Une longue plainte portée par différents instruments dont le fameux bandonéon. Le son singulier de ce petit accordéon est emblématique de cette danse.

UNE DANSE D'IMPROVISATION

Dans le tango, chaque couple invente sa propre danse en improvisant autour des figures de base. C'est l'homme qui guide en douceur sa partenaire en l'enlaçant par la taille. Elle doit se laisser aller sans chercher à anticiper les pas. Les pieds suivent les déplacements du corps, en arrière, sur la gauche, en avant ou sur la droite. Il existe plusieurs formes de tango : une version populaire issue des bals traditionnels que tes grands-parents dansent peut-être encore et une version beaucoup plus sophistiquée dont l'apprentissage demande beaucoup de temps.

TOUT EST DANS LE REGARD !

Pour inviter sa partenaire à danser, l'homme lui jette un regard appuyé. Si elle détourne les yeux, il comprend qu'elle décline son invitation. Si elle soutient son regard, il peut alors lui faire un léger signe de tête plus explicite. Cette invitation délicate et discrète, appelée *cabeceo*, évite l'humiliation d'un refus en face à face. Pas bête !

* Des Italiens et des Espagnols venus chercher fortune.
** « Ma nuit triste », en espagnol.

Lancée en 2000 au Metropolis, une boîte de nuit de la région parisienne, cette danse s'inspire de plusieurs danses électroniques et du hip-hop. Marque déposée, elle a installé sa notoriété grâce au partage de vidéos sur Internet.

LES SOIRÉES « TECKTONIK KILLERS »

Née dans la plus grande boîte de nuit de la région parisienne, le Metropolis, temple de la danse électro, la tecktonik désigne la danse mais aussi le style de vie qui lui est associé. Le nom « teck tonik » (souvent abrégée en TCK) est un raccourci des soirées Tecktonik Killers, organisées à partir de 2000 par Cyril Blanc et Alexandre Barouzdin. Dans ces

La chanteuse Yelle au festival de Coachella (Californie), en 2008.

soirées, on associe des sons venus de Belgique et des Pays-Bas, tels le jumpstyle et le hardstyle, et des sons plus latins, comme l'électro. C'est la rencontre de plusieurs genres musicaux.

UNE MARQUE DÉPOSÉE

La tecktonik est une variante de la danse électro. C'est aussi une marque qui appartient à... TF1 ! De nombreux produits dérivés (boissons, compilations, tee-shirts...) ont été commercialisés sous cette licence. Le logo choisi est un aigle que l'on retrouve un peu partout sous toutes ses déclinaisons.

COMMENT ÇA SE DANSE ?

Ce style de danse s'inspire du jumpstyle, une danse venue de Belgique qui consiste à sauter sur place au rythme de la musique. La plupart des mouvements font appel à la désarticulation du corps. C'est une danse dynamique et très rapide. On en ressort vidé. Elle emprunte des figures au hip-hop comme le locking (mouvements arrêtés debout). Le geste le plus connu consiste à passer une main puis l'autre derrière la tête, comme si l'on s'appliquait du gel dans les cheveux ! La plupart du temps, chacun se fait plaisir en solo, mais des battles peuvent être improvisés. Des équipes se forment et se mettent au défi d'être meilleures que les autres.

APPRENDRE LA TECKTONIK

Ce style de danse peut s'apprendre entre amis ou en suivant les vidéos sur Internet. Les premiers danseurs se sont filmés grâce à leur téléphone portable, puis ont posté leurs vidéos sur des sites de partage comme You Tube ou My Space. Si elle est à l'origine un « mélange de free-style, de plaisir et de show », quelques danseurs ont décidé de structurer certains pas et de créer des cours de danse.

Ce que peut t'apporter la tecktonik

Tout le corps est mis à l'épreuve. C'est une danse assez complète qui fait travailler la souplesse, la coordination des mouvements, le souffle, l'endurance... On peut la danser n'importe où, seul ou en groupe. Une liberté qui explique le nombre de fans !

LE LOOK TECKTONIK

Les tecktonik-addicts aiment s'habiller en jean slim, avec des tee-shirts moulants graphiques ou à motifs. Ils privilégient les couleurs flashy – ce qu'on appelle parfois le look fluokid. Évidemment, les baskets genre Converse ou Vans sont de rigueur. Quant aux coiffures, elles sont savamment travaillées à grand renfort de gel !

POURQUOI SI PEU DE FILLES ?

Même si cette danse très énergique demande beaucoup d'endurance, il est étonnant qu'elle soit bien souvent le domaine réservé des garçons. Quelques filles osent toutefois se lancer dans des « impros », en boîte ou dans la rue, mais c'est encore rare !

? LE SAIS-TU ? Tu as pu voir des danseurs électro dans les clips de Yelle ou Michael Youn, *À cause des garçons* et *Parle à ma main*.

La panoplie de danseuse est par définition féminine et jolie ; pense toutefois à la choisir confortable et pratique. Elle reste une tenue de travail.

ÊTRE À L'AISE

Avant de te préoccuper de l'esthétique, l'important est d'être à l'aise dans les vêtements que tu choisis. Pense que tu vas bouger, sauter, t'étirer dans tous les sens. Ta tenue ne doit pas entraver tes mouvements ou te tracasser toutes les cinq minutes. Sinon tu vas passer ton temps à réajuster tes vêtements devant la glace et oublier de te concentrer sur les mouvements. À toi de voir si tu préfères danser avec un justaucorps à manches, une brassière avec soutien-gorge intégré ou un top à fines bretelles. Même si tu privilégies le confort, rien ne t'empêche d'apporter quelques touches personnelles et féminines à ton look de danseuse !

TOUT EN DOUBLE

Même si c'est un peu d'investissement (tu n'es pas obligée de tout acheter le même jour), mieux vaut avoir des vêtements en double. Si tes cours sont rapprochés dans la semaine, cela t'évite de te préoccuper de la lessive et d'avoir toujours une tenue de rechange prête. Si tu as deux cours qui se suivent dans la même journée, tu peux aussi te changer pour ne pas attraper froid avec une tenue dans laquelle tu as transpiré. Tu te sentiras plus à l'aise.

SUPERPOSE LES COUCHES !

Lorsque tu t'échauffes, veille à superposer les couches de vêtements. C'est très important pour garder tes muscles au chaud et éviter les blessures. Au bout d'un moment, enlève une couche puis une autre si tu sens que ton corps est en surchauffe. Pour le bas du corps, privilégie un pantalon d'échauffement, des jambières ou des guêtres par-dessus tes collants. Pour le haut, opte pour un cache-cœur ou un chauffe-épaules. Il existe de plus en plus de matières innovantes, antibactériennes, aux propriétés absorbantes (... de la sueur !) qui sont très agréables à porter.

Question de poils

Impossible d'éluder cet épineux problème ! Quelle que soit ta pilosité, tu ne peux pas la négliger. As-tu déjà vu beaucoup de danseuses avec des poils sous les bras ? Veille à la netteté de tes aisselles et de tes gambettes. Des poils sous un collant clair ne sont pas du meilleur effet... Essaie de prendre de bonnes habitudes dès le départ et privilégie l'épilation pour être tranquille plus longtemps.

Le cœur qui bat à toute vitesse, les jambes qui tremblent, l'impression d'avoir tout oublié... Sans doute as-tu déjà ressenti le trac avant de monter sur scène. Relax, même les plus grands danseurs stressent !

JAMBES EN COTON ET TROU DE MÉMOIRE

Chaque fois c'est le même scénario, lors du traditionnel spectacle de fin d'année ou de l'examen de passage en classe supérieure. Quelques minutes avant d'apparaître sur scène ou de te lancer dans ta variation, tu as l'impression que tu ne te souviens plus de ta chorégraphie. Prise de panique, tu voudrais te cacher dans un trou de souris ou disparaître. Ton pouls s'accélère, tu es prise de tremblements, de suées... Tu as du mal à respirer calmement. Tu as l'impression que tes jambes sont en coton et que le sol se dérobe sous tes pas.

PARALYSANT OU STIMULANT ?

Tous les danseurs ressentent le trac même après des années de pratique. Certains disent même que ça les motive et leur insuffle une énergie qui les pousse à se dépasser sur scène. C'est ce qu'on peut appeler le bon trac, une poussée d'adrénaline stimulante qui permet d'améliorer ses performances et de tout donner. Le mauvais trac, lui, est complètement inhibant. La peur de mal faire empêche de donner le meilleur de soi-même. Le mieux est d'essayer de garder le contrôle et de ne pas se laisser envahir par cette pression démesurée que tu te mets sur les épaules. Reste positive, relaxe-toi, convaincs-toi que tu vas les épater !

Trucs antitrac

Pour combattre le trac et se détendre, chacun utilise ses propres astuces. À toi de voir celles qui te conviennent le mieux.

- La veille, prends un bain tiède et relaxant pour passer une bonne nuit.
- Vérifie le contenu de ton sac (collant de rechange, maquillage...). Contrôle les coutures de ton costume, les élastiques et les rubans de tes chaussons.
- Détends-toi avant le spectacle, bouquine, écoute de la musique, fais une longue balade dans la nature (pas très pratique si tu habites en ville, il est vrai... Mais la cité aussi peut permettre l'évasion mentale, question de regard).
- Une fois prête, répète mentalement la, ou les, chorégraphie(s). Reconstitue les mouvements, esquisse-les en coulisses.
- Pratique une petite séance de relaxation. Allonge-toi, respire à fond, essaie de faire le vide dans ta tête ou de penser à un lieu apaisant où tu aimes te retrouver.

VOIR AUSSI
Ballerine, Mode

Ce costume en tissu très léger symbolise la grâce de la danseuse classique. Version courte ou longue, ces volants de tulle font rêver les apprenties ballerines.

DE LA SYLPHIDE...

Le tutu apparaît à la fin des années 1820. C'est l'adaptation pour la scène d'une robe de bal très à la mode, constituée d'une jupe bouffante montée sur plusieurs jupons très cintrés à la taille. Elle s'arrête en dessous du genou. Rapidement, ce jupon immaculé devient le costume de la danseuse. Il est popularisé par Marie Taglioni, l'inoubliable interprète de *La Sylphide* en 1832. Le recours à un textile très léger accentue le côté immatériel et évanescent du personnage. Le poète Théophile Gautier décrit Marie Taglioni « *comme un esprit voltigeant au milieu des transparentes vapeurs des blanches mousselines [...] toute de grâce aérienne et virginale* ».

... AUX WILIS

Dans la lignée de *La Sylphide*, le tutu long sera très vite associé à des rôles tels ceux des Wilis dans le ballet *Giselle*. Ces fantômes de jeunes filles mortes avant de se marier portent d'amples juponnages blancs dépouillés qui leur tombent jusqu'aux chevilles.

« PAN-PAN TUTU »

Ce nouveau costume de scène ne prend son nom de « tutu » qu'en 1881. L'origine de ce terme vient sans doute du mot « tulle » qui sert à sa confection. Mais il existe aussi une explication moins romantique de l'apparition de ce nom : « tutu » viendrait en fait d'une déformation du mot « cucul » et de l'expression « pan-pan cucul ». En effet, à cette époque, les riches abonnés du Palais Garnier prennent sous leur protection les danseuses d'origine souvent modeste. Leurs rendez-vous galants ont lieu dans le foyer ou les coulisses, parfois même durant les entractes ! Ces pratiques libertines dureront jusqu'au début des années 1930.

LE TUTU RACCOURCIT

A la fin du XIXe siècle, le tutu raccourcit pour libérer le mouvement des jambes et mettre en valeur la silhouette de la danseuse. Au cours du XXe siècle, il s'embellira de couleurs, de strass, de paillettes, de broderies, de dentelles... Les grands couturiers laisseront libre cours à leur créativité pour inventer des modèles, tous plus originaux les uns que les autres. La plastique de la danseuse n'ayant eu de cesse de s'affiner au fil des décennies, le tutu magnifie des jambes longues, un buste délicat et des hanches plates.

ACCESSOIRE DE MODE

Bien qu'il appartienne au monde de la danse, le tutu apparaît régulièrement dans la mode. Les créateurs, comme Jean-Paul Gaultier, jouent souvent le contraste et la provocation en associant sa blancheur virginale à des blousons de cuir noir. Accessoire « hype », il entre dans la garde-robe de toute fashionista. Dans le générique de la série *Sex and the City*, Sarah Jessica Parker, *alias* Carrie Bradshaw, déambulait en long tutu blanc et débardeur rose au milieu de Manhattan.

ANATOMIE D'UN TUTU

Ce costume féminin est toujours composé de trois parties : la trousse (culotte), le jupon et le bustier. On coud le juponnage composé de plusieurs couches de tulle (d'épaisseur différente) sur la trousse et on le fixe sur le bustier. Le bustier, sorte de dérivé souple du corset de lingerie, peut être en satin, en soie ou en faille. Il modèle le corps de la danseuse. Le tutu n'est généralement pas monté à la taille mais sur les hanches pour ne pas alourdir la silhouette. Le tutu long, utilisé pour les Wilis dans *Giselle*, doit être fluide et vaporeux, ce qui implique une qualité de tulle particulière.

À galette ou à cerclette ?

Il existe deux sortes de tutus courts :

- le tutu à galette ou tutu anglais. Il est constitué de onze à treize volants
- le tutu à cerclette. Une armature de métal maintient le juponnage.

? LE SAIS-TU ? Il faut en moyenne 3,60 m de volants de tulle pour confectionner un tutu court.

VOIR AUSSI
Deux

Valse

Toujours d'actualité, cette danse de bal a été popularisée à Vienne au XVIIIe siècle. Pour être honnête, on rêve toutes en secret de jouer les Sissi avec une large robe à crinoline !

« Le couple d'Angélique et de Don Fabrice eut un succès considérable. Les énormes pieds du cavalier se mouvaient avec une délicatesse surprenante, et pas une fois les petites chaussures de satin de sa dame ne coururent le danger d'être effleurées. La grande patte du prince serrait vigoureusement la taille de la jeune fille, son menton s'appuyait sur l'onde nocturne des cheveux [...]. À chaque tour de valse, une année lui tombait des épaules. Il se retrouva tel qu'il était à vingt ans, dansant dans ce même salon avec Stella, ignorant encore ce que sont les désillusions. »

Extrait du roman *Le Guépard* de Giuseppe Tomasi de Lampedusa.*

VIENNE, CAPITALE DE LA VALSE

La valse est une danse sur un rythme à trois temps. Dès son origine, qui fait l'objet de nombreuses discussions, les danseurs l'exécutent en tournant. En 1754, la *Walzer* apparaît en Allemagne. Bien que critiquée, elle devient très populaire à Vienne. Des salles de danse ouvrent. Aujourd'hui encore, cette ville est considérée comme la capitale de la valse.

JUGÉE INDÉCENTE

Cela peut t'apparaître bizarre mais, au XVIIIe siècle, la valse était considérée comme indécente et peu digne des jeunes filles de bonne famille. Certains ont même dénoncé une danse vulgaire (les danseurs se font face !!!) qui fait perdre la tête aux filles. Il faut dire qu'à cette époque, certains voyaient d'un mauvais œil ces couples enlacés tournant sur eux-mêmes. Avec le recul, cela te fera sans doute sourire !

DROITE OU GAUCHE ?

On peut danser la valse à droite (dans le sens des aiguilles d'une montre) ou à gauche. Mais la manière la plus courante est le tour à droite car la plupart des personnes sont droitières. La règle veut que le danseur enlace sa partenaire en plaçant son bras droit dans son dos pour la guider.

Compositeurs de valses

Au XIXe siècle, la valse est popularisée par la musique de Joseph et Johann Strauss. De nombreux musiciens ont composé des valses célèbres : Brahms, Chopin, Liszt, Ravel, Tchaïkovski ou encore Chostakovitch. Aujourd'hui encore, on tourbillonne sur ces notes mille fois entendues. La plus célèbre est sans doute *Le Beau Danube bleu* de Johann Strauss ; elle date de 1867.

LA VALSE-ATTITUDE

On t'invite à danser la valse ? Voici quelques conseils pour adopter une gracieuse position de départ. Place ta main droite dans la main gauche de ton cavalier. Pose ta main gauche sur le haut de son bras droit. Le danseur place sa main droite dans ton dos, sous ton omoplate gauche. Ton coude gauche repose sur le coude droit de ton partenaire. Ainsi tes bras sont tenus à l'horizontale. Enfin, veille à garder le buste droit et adopte un maintien de princesse !

INTEMPORELLE

Même si les danses de couple ont souffert de la concurrence des danses individuelles, le charme de la valse séduit encore. Dans de nombreuses écoles, on enseigne la valse viennoise ou anglaise (plus lente). En effet, les bals de mariage s'ouvrent encore très fréquemment sur une valse du couple de mariés. Et certains poussent l'exigence en prenant des cours pour briller le temps d'une danse !

* Cité par l'association *Carnets de bal*.

Claudia Cardinale et Burt Lancaster dans *Le Guépard*, de Luchino Visconti (1962).

? LE SAIS-TU ? Dans son roman *Les Souffrances du jeune Werther* (1774), Goethe mêle valse et amour dans une sublime scène de bal.

Cette comédie musicale imaginée par le chorégraphe américain Jerome Robbins a été adaptée au cinéma en 1961. Version moderne de *Roméo et Juliette*, elle connut un immense succès et continue d'être reprise dans le monde entier.

Rita Moreno dans le film *West Side Story* (1961).

JEROME ROBBINS : CHORÉGRAPHE ET METTEUR EN SCÈNE

Né à New York en 1918, Jerome Rabinowitz, dit Jerome Robbins, débute comme acteur mais se dirige très vite vers la danse. Il rencontre George Balanchine et devient soliste au Ballet Theatre qui deviendra l'American Ballet Theatre (ABT). En 1944, il crée sa première chorégraphie, *Fancy Free*. Son succès l'incite à continuer dans la comédie musicale. Il mène alors une carrière de danseur mais crée de nombreux ballets pour Broadway, avec la complicité du compositeur Leonard Bernstein. Pendant toute sa vie, il ne cessera de chorégraphier avec un perfectionnisme, un raffinement, une énergie et une musicalité qui font de lui une figure majeure de l'histoire de la danse.

1957 : NAISSANCE D'UNE COMÉDIE MUSICALE CULTE

L'histoire de *West Side Story* est une transposition moderne de la pièce de Shakespeare, *Roméo et Juliette*. Nous sommes dans les années 1950. Dans le West Side, un quartier malfamé de New York, deux bandes de jeunes s'affrontent, les Sharks de Bernardo et les Jets de Riff. Un ex des Jets, Tony, s'éprend de Maria, la sœur de Bernardo. Jerome Robbins a l'idée de mettre en scène de jeunes artistes qui dansent, chantent et jouent la comédie. Une révolution ! Toute l'intrigue est portée par la chorégraphie et, pour la première fois, les changements de scène se font au fil de la musique et de la danse.

MARIA !

La première de la comédie musicale a lieu le 26 septembre 1957 à Broadway. Le succès est immédiat. Les producteurs de la Mirisch Company en rachètent les droits pour adapter *West Side Story* au cinéma. Associé au metteur en scène Robert Wise, Jerome Robbins signe les passages dansés mais n'assistera qu'à une petite partie du tournage. Comme pour la version théâtrale, la musique est de Leonard Bernstein ; toutefois, seules quelques chansons célèbres ont été conservées pour le film (*I feel pretty, Tonight, Maria…*). Tourné en partie dans des décors naturels, le film sort le 18 octobre 1961 aux États-Unis et le 1er mars 1962 en France. C'est un carton !

Un film aux dix Oscars

Récompensé par dix petites statuettes (meilleur film, meilleur acteur dans un second rôle, meilleure actrice dans un second rôle, meilleure direction artistique, meilleure photographie, meilleure création de costumes, meilleur réalisateur, meilleur montage, meilleure musique de film, meilleur son), *West Side Story* appartient au Panthéon du cinéma hollywoodien. Seuls trois films ont remporté onze Oscars : *Ben Hur* en 1957, *Titanic* en 1997 et *Le Seigneur des anneaux, le Retour du Roi* en 2003.

JETS CONTRE SHARKS

Quelques claquements de doigts en rythme nous renvoient immédiatement à l'affrontement entre les Jets et les Sharks. La rivalité entre ces deux gangs de rue est le fil rouge du film. Les Jets sont des fils d'immigrés irlandais ou polonais, et les Sharks sont des immigrés d'origine portoricaine. Ils font régner la loi dans le quartier du West Side. Un soir de bal, Tony, le jeune fils d'un émigré polonais, tombe amoureux de Maria, une belle Portoricaine. Cette idylle met le feu aux poudres. Entre les Jets et les Sharks, la guerre est déclarée. Le propos trouve un écho dans l'actualité car, à cette époque, New York commence à connaître des affrontements ethniques.

? LE SAIS-TU ? Le tournage du film a duré six mois et bénéficié d'un important budget de 6 millions de dollars.

Crédits photographiques

pp. 10 © Pascal Dacasa, 13 © Evans/Hulton Archive/Getty Images, 15 © Colette Masson/Roger-Viollet, 16 © Bettmann/Corbis, 19 © Colette Masson/Roger-Viollet, 21 © Bettmann/Corbis, 22 © Joachim Huber/Imagestate/Eyedea, 25 © Robbie Jack/Corbis, 27 © David Lefranc/Kipa/Corbis, 29 © George Robinson/AGE Fotostock/Hoa-Qui/Eyedea, 31 © David Lefranc/Kipa/Corbis, 33 © Philippe Pache/Rapho/Eyedea, 34 © Benoite Fanton/CIT'en scène, 36 © Rue des Archives/BCA, 39 © Gérard Rancinan/Sygma/Corbis, 40 © Rue des Archives/BCA, 43 © Colette Masson/Roger-Viollet, 44 © PM Images/Getty Images, 46 © Studio Lipnitzki/Roger-Viollet, 50 © Editions Gallimard, collection « Folio junior », 52 © Pascal Dacasa, 55 © Pascal Dacasa, 56 © Raymond Delalande/JDD/Gamma/Eyedea, 59 © Rue des Archives/Collection CSFF, 61 © Heinz Ruckemann/UPI/Eyedea Presse, 65 © Bettmann/Corbis, 67 © TSPL/Camerapress/Gamma/Eyedea, 69 © Pascal Dacasa, 71 © Rue des Archives/BCA, 75 © Benoite Fanton/CIT'en scène, 76 © Dominic Favre/epa/Corbis, 79 © Soeren Stache/dpa/Corbis, 82 © Kevin Fleming/Corbis, 84 © Charles E. Rotkin/Corbis, 85 © Editions Pocket jeunesse, 89 © Vincent Dargent/CIT'en scène, 90 © Photo Josse/Leemage, 95 © Rue des Archives/BCA, 97 © JNS/Rapho/Eyedea, 98 © Rue des Archives/BCA/CSU, 101 © Colette Masson/Roger-Viollet, 103 © Gideon Mendel/Corbis, 105 © FIA/Rue des Archives, 106 © Bettmann/Corbis, 108 © Colette Masson/Roger-Viollet, 110 © Philippe Pache/Rapho/Eyedea, 111 © Rue des Archives/BCA, 112 haut gauche © Photo Arnold Jerocki/ArtcomArt, Luis Castilla/graphisme Contrepoint, 112 bas gauche © Photo Dan Aucante/graphisme Pierre Milville, Corinne Geney, 112 droite © Tactique graphique. Raphaele de Gorostarzu, 114 © Elke Stolzenberg/Corbis, 117 © Leemage, 118 © Colette Masson/Roger-Viollet, 121 © Franck Robichon/epa/Corbis, 123 © Hulton-Deutsch Collection/Corbis, 125 © Alain Benainous/Gamma/Eyedea Presse, 127 © Tanner Productions/zefa/Corbis, 129 © Nigel Norrington/Camerapress/Gamma/Eyedea, 131 © Adebari/Stills/Gamma/Eyedea Presse, 133 © Sunset Boulevard/Corbis, 135 © Julie Lemberger/Corbis, 136 © Vincent Dargent/CIT'en scène, 138 © Editions Pocket, 139 gauche © Editions du Seuil, 139 droite © Mercure de France, 140 © Colette Masson/Roger-Viollet, 141 © Alain Benainous/Gamma/Eyedea, 143 © Emmanuel Scorcelletti/Gamma/Eyedea, 144 © Pascal Dacasa, 145 © Vincent Dargent/CIT'en scène, 147 © Steve Raymer/Corbis, 148 © Jean-Erick Pasquier/Rapho/Eyedea, 151 © Heritage Images/Leemage, 153 © Julie Lemberger/Corbis, 154 © Pele Coll/Stills/Gamma/Eyedea, 158 © *Paris-Taub/Gamma/Eyedea Presse, 161 © Colette Masson/Roger-Viollet, 163 © John Springer Collection/Corbis, 164 © Selva/Leemage, 166 © Colette Masson/Roger-Viollet, 168 © Jean-Pierre Couderc/Roger-Viollet, 170 © Emmanuel Scorcelletti/Gamma/Eyedea, 172 © Rudy Sulgan/AGE Fotostock/Hoa-Qui/Eyedea, 174 © Nigel Norrington/Camerapress/Gamma/Eyedea, 175 © Colette Masson/Roger-Viollet, 178 © Bettmann/Corbis, 181 © Keystone France/Eyedea, 183 © Philippe Pache/Rapho/Eyedea, 184 © Ben Welsh/zefa/Corbis, 186 © Eric Robert/Corbis Sygma, 189 © Left Lane Productions/Corbis, 192 © Anne-Christine Poujoulat/AFP Photo, 195 © Gérard Uféras/Rapho/Eyedea, 196 © Gaston Paris/Roger-Viollet, 199 © Gérard Uféras/Rapho/Eyedea, 202 © Repetto, 205 © Jerry Cooke/Corbis, 206 © Keystone France/Eyedea, 209 © Peter Williams/Corbis, 211 © Antonio Scorza/AFP Photo/Getty Images, 213 © Julie Lemberger/Corbis, 214 © Gérard Uféras/Rapho/Eyedea, 218 © Nigel Norrington/Camerapress/Gamma/Eyedea Presse, 225 © Barry Sweet/KPA/Gamma/Eyedea, 228 © Ann Lindberg/Etsa/Corbis, 230 © Michael Buckner/AFP Photo/Getty Images, 234 © Gérard Uféras/Rapho/Eyedea, 237 © Sunset Boulevard/Corbis, 238 © Rue des Archives/BCA.

Merci à Repetto pour le prêt des articles de danse reproduits dans l'ouvrage et au Centre de danse Alésia pour leur accueil.

RECHERCHE ICONOGRAPHIQUE :
Grégory Berthier-Gabriële.

Annexes

Ton carnet d'adresses

CENTRE NATIONAL DE LA DANSE (CND)

1, rue Victor-Hugo
93507 Pantin
Tél : 01 41 83 98 98
www.cnd.fr

MÉDIATHÈQUE DU CENTRE NATIONAL DE LA DANSE

Ouverture au public :
- lundi et mardi de 13h à 19h
- mercredi et vendredi, de 10h à 19h.

http://mediatheque.cnd.fr

FÉDÉRATION FRANÇAISE DE DANSE

20, rue Saint-Lazare 75009 Paris
Tél : 01 40 16 53 38
www.capserveur.com/ffdanse

LIBRAIRIE BONAPARTE (SPÉCIALISÉE DANS LES SPECTACLES)

19 Bd Raspail
75007 Paris
Tél : 01 47 03 40 12
www.bonaparte-spectacles.com

CINÉMATHÈQUE DE LA DANSE

www.lacinemathequedeladanse.com

ÉCOLES NATIONALES SUPÉRIEURES

- **École de danse du ballet de l'Opéra de Paris**
  20, allée de la Danse
  92000 Nanterre
  Tél : 01 40 01 80 00
  www.operadeparis.fr

- **Conservatoire national supérieur de musique et de danse de Paris**
  209, avenue Jean-Jaurès
  75019 Paris
  Tél : 01 40 40 45 45
  www.cnsmdp.fr

- **Conservatoire national supérieur de musique et de danse de Lyon**
  3, quai Chauveau
  C.P. 120
  69266 Lyon cedex 09
  Tél : 04 72 19 26 26
  www.cnsmd-lyon.fr

- **École nationale supérieure de danse de Marseille**
  20, boulevard de Gabès
  13417 Marseille cedex 08
  Tél : 04 91 32 72 72
  www.ecole-danse-marseille.com

- **Centre national de danse contemporaine d'Angers**
  17, rue de la Tannerie
  BP 50107
  49101 Angers cedex 02
  Tél : 02 44 01 22 66
  www.cndc.fr

- **École supérieure de danse de Cannes Rosella Hightower**
  25, chemin de Faissole
  06250 Mougins
  Tél : 04 93 94 79 80
  www.cannesdance.com

QUELQUES CENTRES DE DANSE PRIVÉS

- **Le Centre de danse du Marais**
41, rue du Temple
75004 Paris
Tél : 01 42 77 58 19
www.parisdanse.com

- **Centre international danse jazz**
54 A, rue de Clichy
75009 Paris
Tél : 01 53 32 75 00
www.centre-rick-odums.com

- **Centre des arts vivants**
4, rue Bréguet
75011 Paris
Tél : 01 55 28 84 00
www.le-centre-des-arts.com

- **Studio Harmonic**
5, passage des Taillandiers
75011 Paris
Tél : 01 48 07 13 39
www.studioharmonic.fr

- **Centre de danse Alésia**
119, avenue du Général-Leclerc
75014 Paris
Tél : 01 45 43 56 57
www.centre-danse-alesia.com

SITES INTERNET

www.ladanse.com
www.idancedb.com
www.france-danse.com

AVIS AUX LECTRICES

Chère lectrice, cette *Encyclo de la danseuse* est avant tout la tienne. Si tu souhaites y voir figurer une nouvelle entrée, écris-nous pour nous la proposer à :

Éditions Plon
L'Encyclo de la danseuse
76, rue Bonaparte
75 006 Paris.

ou si tu préfères, par mail, à :
encyclodeladanseuse@live.fr

Comme tu le constateras, nous avons dû faire des choix mais nous pourrions enrichir une édition future avec tes suggestions et tes remarques. N'hésite pas !

BLOG

Des idées de spectacles à aller voir, des petites news, des infos sur L'Encyclo de la danseuse (revue de presse, signatures...), des bonnes adresses, des conseils pratiques... Tu trouveras tout cela sur ce blog :

http://encyclodanseuse.blogspot.com

Nous attendons tes commentaires !

Œuvres à voir et à revoir

En plus des œuvres qui jalonnent déjà cette *Encyclo de la danseuse*, voici une petite sélection de ballets ou pièces chorégraphiques des chorégraphes cités. À toi de compléter au fur et à mesure des spectacles que tu auras l'occasion de voir*.

DOMINIQUE BAGOUET

- *Déserts d'amour* (1984)
- *Les petites pièces de Berlin* (1988)
- *Meublé sommairement* (1989)
- *Jours étranges* (1990)
- *So schnell* (1990)

GEORGE BALANCHINE

- *Apollon Musagète* (1928)
- *Le fils prodigue* (1929)
- *Concerto Barocco* (1941)
- *Agon* (1957)
- *Who cares ?* (1970)

PINA BAUSCH

- *Orphée et Eurydice* (1975)
- *Le Sacre du printemps* (1975)
- *Barbe-bleue* (1977)
- *Café Müller* (1978)
- *Nelken* (1982)
- *Le laveur de vitres* (1997)

MAURICE BÉJART

- *Le Sacre du printemps* (1959)
- *La IXe Symphonie* (1964)
- *Messe pour le temps présent* (1967)
- *Bakhti* (1968)
- *Le concours* (1985)

CAROLYN CARLSON

- *Blue lady* (1983)
- *Still Waters* (1986)
- *Vu d'ici* (1995)
- *Signes* (1997)
- *Eau* (2008)

MERCE CUNNINGHAM

- *Suite for Five* (1956-1958)
- *Roaratorio* (1983)
- *Scenario* (1997)
- *Biped* (1999)
- *Eyespace* (2006)

PHILIPPE DECOUFLÉ

- *Codex* (1986)
- *Triton* (1990)
- *Decodex* (1995)
- *Shazam !* (1998)
- *Tricodex* (2004)

WILLIAM FORSYTHE

- *Artifact* (1984)
- *Steptext* (1985)
- *In the Middle, Somewhat Elevated* (1987)
- *Limb's Theorem* (1990)
- *Loss of Small Detail* (1991)

MAGUY MARIN

- *May B* (1981)
- *Cendrillon* (1985)
- *Coppelia* (1993)
- *Ram Dam Ram* (1995)
- *Turba* (2007)

ROLAND PETIT

- *Les forains* (1945)
- *Carmen* (1949)
- *Les intermittences du cœur* (1974)
- *Coppelia* (1975)
- *Clavigo* (1999)

ANGELIN PRELJOCAJ

- *Roméo et Juliette* (1990)
- *Annonciation* (1995)
- *MC 14/22 Ceci est mon corps* (2001)
- *Le songe de Médée* (2004)
- *Blanche-Neige* (2008)

* Certaines œuvres sont disponibles en DVD. Il arrive aussi que la chaîne Arte diffuse des cycles thématiques consacrés à la danse. Enfin, la chaîne payante Mezzo propose régulièrement de découvrir les classiques du répertoire et des pièces de la scène chorégraphique contemporaine. Programmes disponibles sur www.mezzo.tv

Carnet de spectacles ....

DATE	TITRE DU SPECTACLE	INTERPRÈTES/ CHORÉGRAPHE	FANA-ATTITUDE			
			♥	♥♥	♥♥♥	

	AVEC QUI Y ES-TU ALLÉE ?	CE QUE TU EN AS PENSÉ	SOUVENIRS/ ANECDOTES

Trombinoscope ....

Bibliographie

La danse hip hop, *La danse classique*, *La danse moderne*, *La danse jazz*, Collection Carnets de danse, Gallimard Jeunesse/Cité de la Musique, 1999.

On danse ? Nathalie Collantes et Julie Salgues, Autrement Junior, 2002.

Légendes de la danse : Une histoire en photos 1900-2000, Philippe Verrièle, Hors Collection, 2002.

Chefs-d'œuvre de la danse : Une histoire en photos des plus grands ballets, Philippe Verrièle, Hors Collection, 2004.

Danse, Jacques Moatti, Élisabeth Platel, Play Bac, 2004.

La danse orientale, Laurence Alessandri et Kaltoum Mounhim, Marabout, 2004.

Leçon de danse, Claude Bessy, Le Pré aux Clercs, 2005.

La danse : Histoire, ballets, coulisses, étoiles, Gérard Mannoni et Catherine Ianco, Milan jeunesse, 2005.

Le Chemin des Étoiles, Natacha Hochman, Alternatives, 2006.

Un pas vers les étoiles, Gérard Uféras, Flammarion, 2006.

La Danse vue par Maurice Béjart et Colette Masson, Hugo & Cie, 2007.

Comment avoir un corps de danseuse, Véronique Schapiro-Chatenay, Leduc. S Editions, 2007.

Je danse donc je suis, Alain Foix, Gallimard Jeunesse, 2007.

La danse au XXe siècle, Marcelle Michel, Isabelle Ginot, Larousse, 2007.

Copain de la danse, Agnès Izrine, Milan Jeunesse, 2008.

La comédie musicale (et Fred Astaire), Christophe Champclaux, Seven Sept, 2008.

Panorama de la danse contemporaine, Rosita Boisseau, Textuel, 2008.

Dictionnaire de la Danse, sous la direction de Philippe Le Moal, Larousse, 2008.

Remerciements

MERCI à Dolsy Baudry, directrice artistique de Dansez Masala, Sophie Crouzier, professeur de danse classique à Paris, à Tatiana Guermanova, ancien professeur de danse de caractère, Anne-Marie Pol, auteure de la série *Danse !* et Bernard Rémy de la Cinémathèque de la danse pour leurs conseils éclairés et leur disponibilité.

MERCI à tous ceux (Arthur & Victor en tête) qui m'ont encouragée et soutenue pendant l'écriture de cette *Encyclo*.

MERCI à mes professeurs (Georges Golovine, Line Arnaud et les autres...) pour ce qu'ils m'ont transmis de leur amour de la danse.

MERCI à Philippe Verrièle, ancien rédacteur en chef de la revue *Les Saisons de la danse*, pour m'avoir donné la chance, il y a quelques années, d'écrire sur la danse alors que je n'étais qu'une apprentie journaliste.

MERCI à mes parents pour m'avoir transmis l'amour des mots et des notes.

MERCI à ma sœur Marie-Claire pour s'être prêtée à toutes les idées de spectacles qui me passaient par la tête dans notre enfance. En souvenir de nos après-midi à visionner en boucle le beau Patrick Swayze dans *Dirty Dancing*.

MERCI à Antoinette Delylle, auteure de *l'Encyclo de la cavalière* et bonne fée de cette aventure « encyclopédique ».

MERCI, enfin, à mon éditrice Sonia Feertchak, pour son enthousiasme revigorant et sa patience bienveillante ainsi qu'à toute l'équipe des éditions Plon.

Notes

Loi n° 49-956 du 16 juillet 1949 sur les publications destinées à la jeunesse.
Imprimé en France par Clerc s.a.s à Saint-Amand-Montrond – N° d'imprimeur : 9929
Dépôt légal : mai 2009 – N° d'édition : 14440